外语战略研究丛书

集体认同视角下的
欧盟语言政策研究

田 鹏 著

图书在版编目 (CIP) 数据

集体认同视角下的欧盟语言政策研究 / 田鹏著 . —北京：北京大学出版社，2015.9
（外语战略研究丛书）
ISBN 978-7-301-25819-4

Ⅰ. ①集… Ⅱ. ①田… Ⅲ. ①欧洲国家联盟—语言政策—研究 Ⅳ. ① H002

中国版本图书馆 CIP 数据核字 (2015) 第 097208 号

书　　名	集体认同视角下的欧盟语言政策研究
著作责任者	田　鹏　著
责 任 编 辑	刘文静
标 准 书 号	ISBN 978-7-301-25819-4
出 版 发 行	北京大学出版社
地　　址	北京市海淀区成府路 205 号　100871
网　　址	http://www.pup.cn　　新浪微博：@ 北京大学出版社
电 子 信 箱	liuwenjing008@163.com
电　　话	邮购部 62752015　发行部 62750672　编辑部 62754382
印 刷 者	三河市北燕印装有限公司
经 销 者	新华书店
	650 毫米 ×980 毫米　16 开本　14.25 印张　300 千字
	2015 年 9 月第 1 版　2015 年 9 月第 1 次印刷
定　　价	39.00 元

未经许可，不得以任何方式复制或抄袭本书之部分或全部内容。
版权所有，侵权必究
举报电话：010-62752024　电子信箱：fd@pup.pku.edu.cn
图书如有印装质量问题，请与出版部联系，电话：010-62756370

本专著获得以下项目资助

西安交通大学人文社会科学学术著作出版基金
国家社会科学基金(项目编号:13BYY057)以及
教育部新世纪优秀人才支持计划(项目编号:NCET-13-0905)

特此致谢!

总　序
一变学路　一新学风

李宇明

（国家语委副主任、教育部语言文字信息管理司司长）

近些年来，不少学者一直在研究中国走向世界的外语战略，并进而提出了"国家外语能力""国家语言能力"等概念。衡量国家语言能力的标准，就是国家在处理海内外事务时，能否及时得到合适的语言援助；国家在经济社会的发展中能否获取足够的语言红利。

在处理双边和多边的国际关系中，在国际经贸活动中，在处理人类共同面临的问题中，在反恐、维和、救灾的国际合作中，在睦边戍边中，在为来华外国人员的服务与管理中，都需要外语。因此，在努力将"本土型"国家转变为"国际型"国家的现代中国，在努力争取本应拥有的国际话语权的时代，外语已经成为国家语言能力十分重要的组成部分。

我国是一个外语学习大国，但是国家所拥有的外语能力，却远远不能满足国家发展之需，特别是在语种布局、复合型外语人才培养、各领域精英人物的外语水平等方面，存在较大不足。解决这些问题，亟待在国家层面进行具有远见卓识的外语规划。

一个好的外语规划，首先需要摆正外语在国家发展中的位置，制定有利于提升国家语言能力的外语政策。要特别注意处理好外语同中华语言之间的关系，不能因为加强外语教育而损伤国人的语言感情，同时也要有大国气度，能够包容外语，重视外语，尊重外语人才。其次，要深入开展调查研究，充分考虑国内、国外各领域的外语需求，有计划地培养各种外语人才，建立并不断更新完善外语人才库。第三，要研究外语人才成长规律,完善教学体系,创新教学模式,提高教学效率。此外,还要鼓励高校和科研院所研究国际问题,例如某地区、某国家的政治、历史、经济、法律、宗教、文化、教育、科技等,某国际组织和国际会议的宗旨、架构、工作语言等。在研究国际问题时,应依据各自的学科优势和地缘优势有个大致的分工,并注意据此分工来培养不同的外语人才,发挥不同语种、不同类型的外语人才的作用。

上海外国语大学早在2007年12月就成立了中国外语战略研究中心。中心成立以来,一直关注我国的外语生活、外语战略研究,关注国际语言政策研究,创办了具有资政惠学作用的《外语战略动态》,召开了多次颇具影响的学术会议,形成了一支充满生气的研究队伍。现在,中心又组织编写《外语战略研究丛书》,体现了我国外语学界的国家意识,体现了学者对国家外语规划的战略思考。外语学界侧重于、擅长于研究语言教学,而这套丛书关注现实语言生活,从当今中国社会需求出发,显然一变学路,一新学风。相信它的出版,对我国的语言规划学大有裨益,对我国的外语规划实践亦大有裨益。

今天是农历端午,三闾大夫"路漫漫其修远兮,吾将上下而求索"的话语,久萦不去。而今,国家融入世界的道路更是漫漫修远,吾辈学人更应上下求索,为国家的长远发展做出语言学应作的贡献。

2011年端午节

出 版 前 言

积极推进外语战略研究

曹德明

(上海外国语大学校长,中国外语战略研究中心主任)

  外语规划是国家语言规划的一个重要组成部分,属于语言战略的范畴。语言战略研究就是要把语言学研究同国家发展的需要结合起来,把语言研究纳入国家发展的总体规划和进程之中。由于语言是一切交流和文化传播最主要的媒介,是人类世界观与价值观的载体,也是人的自我意识、个人和社会标志的基本内容,人们利用并改造环境、人际互动和融入社会的能力在很大程度上要依赖于语言的功能,因此,语言是文化的重要组成部分,是维护国家利益的重要手段,是一种特殊的战略资源,在综合国力中占有重要的一席之地,也是国家"软实力"的基本要素之一。

  随着中国经济的快速发展,中国正被推到国际事务的前台,越来越受到国际社会的高度关注。中国在世界舞台上、在国际非政府组织和各类协会中的话语权正逐步提升,在这种大背景下,需要不断提高我们的跨文化沟通能力,有效进入国际话语体系,有效地把中国的观点立场介绍给世界;加快语言战略,特别是外语战略研究,能够更好地为国家制定语言政策提供咨询建议,为国家成功实现"走出去"战略提供服务。在中国走向世界的进程中,需要不断打破语言屏障;当中国加强软实力建设之际,需要更多的语言支持;当我国的语言生活中因外语教育和外语使用引发的争议争端不断出现时,从国家战略角度思考外语规划和外语政策就成为当务之急;从国家战略发展需要出发研究国外的语言政策和语言教育也迫在眉睫。近年来,一些有识之士积极倡导和推动语言战略研究,体现的正是知识分子的国家意识、社会责任感和战略眼光。

这套丛书的作者来自全国多所院校，跨越语言学、教育学、政治学、社会学、传播学、历史学、数学、管理学和计算机科学等领域和多个语种，丛书的内容涉及与外语相关的教育、管理、社会应用、心理认同、语言政策等多个方面，突出宏观视野和战略层面，方法上注重实证调查和跨学科视角。由于本丛书紧贴语言生活实际，面向国家发展大局，因此可以为政府决策部门、社会—文化—政治研究、语言政策、语言教育等领域的读者提供现实的参考，相信它在观念、视角、方法和应用性等方面都能给人以有益的启示。

上海外国语大学于2007年12月成立了中国外语战略研究中心，在国家语委和上海市语委等部门的指导下、在多方的关心和帮助下，对中国的外语规划、国外的语言规划开展了一系列探索性质的研究。这套丛书就是中心致力于开创外语战略研究、积极组织和谋划的直接成果。我们希望以此为平台，团结更多的有识之士，进一步推动语言战略研究，特别是以国家战略和社会需求为导向的宏观应用语言学研究的开展。相信它的出版将对我国构建和谐语言生活，为国家语言战略的研究、制定和实施发挥积极的作用。

前 言

在有着多种语言的多民族国家,既重视国家通用语的推广,又注重维护少数民族使用其民族语言的权力,成为国家制定语言政策的重要指导原则之一。这一原则有助于构建和谐的民族关系和语言生活,增强各民族,尤其是少数民族对于国家的认同。因此,国家语言政策的认同诉求大致体现在以下两个方面:一是通过包括学校教育在内的各种手段在国家范围内推广某一通用语言,以适应国家行政管理以及经济、社会发展需要,同时促进不同民族成员之间的交流;二是通过包括学校教育在内的多种手段维护少数民族的语言权利,并将其语言作为国家文化资源加以保护。国家以立法形式,通过追求上述两方面的目标,实现其语言政策的认同诉求。语言政策具有认同诉求并以法律手段实现这种诉求,是主权国家语言政策的重要特征之一。

目前由28个成员国组成的超国家联合体——欧洲联盟,其政体特征介于一般国际组织和主权国家之间。培养及增强欧盟公民对欧洲联盟的认同,业已成为欧洲联盟的重要任务之一。本书试图回答以下问题:欧盟语言政策的主要内容有哪些?其语言政策是否有认同诉求?或者说欧盟的语言政策在其集体认同形成和增强过程中有没有发挥作用?其语言政策有什么特点?

本书包括八章内容,可分为研究背景、研究基础、研究主体、研究结论四部分。

研究背景。第1章简要归纳了欧洲一体化进程的主要历史节点,分析并概括了欧洲集体认同这一概念的内涵并总结了目前学术界研究分析欧洲集体认同的主要视角,说明从集体认同角度分析欧盟语言政策的必要性,并简要介绍了研究方法及研究思路。

研究基础。包括第2、3章。

第2章分析了语言政策与认同的相互关系,着重从语言与民族及国家认同、全球化时代语言与国家认同的特点等进行了分析,随后从语言人权的角度,归纳、梳理了马克思主义民族语言观以及当代西方民族语言观,并对两者进行比较,确定了当代国家语言政策的基本原则及其认同特征。第3章分析欧洲联盟的超国家性质,并参照国家语言政策的主要领域以确定欧盟语言政策的主要内容。

研究主体。包括第4—7章,分别从集体认同的角度分析了欧盟语言政策的主要方面。第4章分析了欧盟语言地位规划及其实施,梳理了欧盟语言地位规划的法律框架,并考察了欧盟官方语言平等政策的具体实施。随后通过对比分析苏维埃社会主义共和国联盟成立之初及之后语言政策的变化,说明欧盟官方语言平等政策对欧洲集体认同的重要作用。第4章还分析了在欧洲一体化进程不断深化的背景下,欧盟官方语言平等政策面临的挑战,即共同体机构在多语机制中对若干"大语言"的青睐。第5章分析了欧盟地区性及少数民族语言保护政策,并着重从欧盟成员国中的少数民族现状及少数民族语言使用情况来说明少数民族语言权利保护对于增进欧洲集体认同的意义。第6章主要以爱沙尼亚和拉脱维亚为例分析并评估了欧盟东扩对候选国语言政策的影响及对欧洲集体形成的强化作用。第7章分析了欧盟外语教育政策的形成及发展过程,梳理了欧盟推进其外语教育政策的努力,并对这一努力做了评估。

研究结论。第8章简要归纳了研究结论:欧盟语言政策建设在一定程度上具有国家语言政策建设的特征,对欧洲集体认同有一定的促进和强化作用。这主要体现其语言政策的下列诉求:建立官方语言平等政策以构建集体认同基础,通过实施机构多语机制强化公民集体认同意识;推动成员国保护少数民族语言权利以彰显其对于人权及民主的关注,从而有助于构建和谐民族关系;重视提高公民个人多语能力,提出"母语+两门外语"这一目标并着力推进,以促进不同成员国公民之间的相互沟通,努力实现公民跨国自由择业与生活,为公民的生活和事业发展创造更有利的条件,使联盟公民更为深刻而真实地感受到联盟的存在,这有利于强化欧洲集体认同。

但是,欧盟语言政策实现其认同诉求的方式与主权国家实现语言政策认同诉求的方式并不相同。欧盟特殊的政体特征决定了其不同语言之间相互关系的特点:既具有主权国家通过语言政策规范不同语言之间相互关系的一面,又具有国家间不同语言自由竞争的一面。而不断深化的一体化进程,欧盟在机构多语机制中对少数大语言的更多使用,以及欧盟对外语教学的重视则在一定程度上有利于增强少数大语言的地位。其结果是:占优势地位的若干大语言可能逐渐成为联盟范围内的通用语。但这种可能实现的结果目前看上去并不会影响不同语言及民族之间的和谐关系。

欧盟的语言政策的实质是在欧洲经济、政治与社会一体化不断深化的过程中,在尊重语言多样性的前提下,由成员国及其公民选择欧盟范围内的通用语,而尽可能减少对具体语种的政策性限制,以避免某一语言使用民族的不满。欧盟试图通过其语言政策,实现其多种通用语和多语体系的和谐统一,以有助于一体化进程的进一步深化及欧盟公民社会的形成,从而强化对欧盟的集体认同。

目 录

第 1 章　引言 …………………………………………………………… 1
　1.1　研究背景 ………………………………………………………… 1
　　1.1.1　认同视角下的欧洲一体化进程 ………………………… 1
　　1.1.2　认同与集体认同 …………………………………………… 7
　1.2　欧洲集体认同研究概述 ………………………………………… 11
　　1.2.1　欧洲集体认同的研究视角 ………………………………… 11
　　1.2.2　欧盟文化政策与欧洲集体认同 …………………………… 15
　　1.2.3　欧盟语言政策与欧洲集体认同 …………………………… 16
　1.3　研究方法与研究思路 …………………………………………… 19
　　1.3.1　研究方法 …………………………………………………… 19
　　1.3.2　研究思路及主要研究内容 ………………………………… 19
　1.4　几点说明 ………………………………………………………… 21

第 2 章　语言政策与认同 ……………………………………………… 29
　2.1　语言与认同 ……………………………………………………… 29
　　2.1.1　语言与民族认同 …………………………………………… 29
　　2.1.2　语言与国家认同 …………………………………………… 31
　　2.1.3　全球化时代语言与国家认同的特点 ……………………… 34
　2.2　马克思主义民族语言观 ………………………………………… 40
　　2.2.1　马克思主义民族观 ………………………………………… 40
　　2.2.2　马克思主义民族语言观及其实践 ………………………… 45
　　2.2.3　马克思主义民族语言观的时代进步意义 ………………… 49

2.3 当代西方民族语言观 ································· 54
  2.3.1 语言权利与语言人权 ························· 54
  2.3.2 语言生态危机及文化多样性保护 ············· 60
2.4 当代民族语言观的基本原则 ······················· 63

第3章 欧盟语言政策的特点及基本内容 ················ 69
3.1 欧洲联盟的超国家性质 ··························· 69
  3.1.1 欧盟机构的历史沿革 ························· 69
  3.1.2 欧洲联盟的主要决策机构 ···················· 73
  3.1.3 欧盟机构运行的特点及其超国家性 ············ 78
3.2 欧盟语言政策的主要内容 ························· 83

第4章 欧盟语言地位规划及其实施 ···················· 87
4.1 欧盟语言地位规划的法律框架 ····················· 87
4.2 欧盟语言平等政策的实施 ························· 92
4.3 欧盟语言平等政策：形成欧洲集体认同的重要前提 ··· 94
4.4 面临挑战的平等语言政策 ························· 99
  4.4.1 共同体机构多语机制运行面临的挑战 ········· 101
  4.4.2 共同体机构多语信息发布面临的挑战 ········· 109
  4.4.3 "大语言"：实用主义的选择? ················ 115

第5章 欧盟地区性及少数民族语言保护政策 ············ 121
5.1 语言使用的主要范围及少数民族语言保护 ·········· 121
5.2 欧盟地区性及少数民族语言保护简述 ·············· 122
5.3 欧盟地区性及少数民族语言保护评估 ·············· 127
5.4 少数民族语言权利保护：增进欧洲集体认同的需要 ··· 132
  5.4.1 欧盟成员国中的少数民族现状 ················ 132
  5.4.2 欧盟的少数民族语言使用情况 ················ 135

第6章　欧洲联盟东扩对候选国语言政策的影响 ……………… 139
6.1　欧盟东扩的基本过程 ……………………………………… 139
6.2　欧盟东扩对候选国地区性或少数民族语言权利的影响分析：以爱沙尼亚和拉脱维亚为例 ………………………………… 141
6.3　欧盟影响力的评估 ………………………………………… 148

第7章　欧盟的语言教育政策 ……………………………………… 156
7.1　欧盟语言教育政策的演变 ………………………………… 156
7.2　共同体语言教学政策推进分析 …………………………… 164
7.2.1　机构设置 …………………………………………… 164
7.2.2　重要行动计划 ……………………………………… 168
7.2.3　语言相关调查及测试 ……………………………… 175
7.3　欧盟语言教育政策影响评估 ……………………………… 182
7.3.1　"母语＋两门外语"推进情况 ……………………… 182
7.3.2　外语语种多样化推进情况 ………………………… 185

第8章　结论 ………………………………………………………… 189
8.1　本书得出的结论 …………………………………………… 189
8.2　本研究的理论价值、实践价值及创新之处 ……………… 191
8.2.1　理论价值及创新 …………………………………… 191
8.2.2　实践价值及创新 …………………………………… 191
8.3　研究局限及进一步研究的问题 …………………………… 193

附　录 ……………………………………………………………… 194
Ⅰ　本书参阅的欧盟主要机构部分相关文件 …………………… 194
Ⅱ　本书参阅的其他国际组织部分相关文件 …………………… 198
Ⅲ　本书主要参阅的相关网站 …………………………………… 199

参考文献 …………………………………………………………… 201

致　谢 ……………………………………………………………… 211

第1章 引言

1.1 研究背景

1.1.1 认同视角下的欧洲一体化进程

1957年,法国、德国、比利时、卢森堡、意大利和荷兰6个西欧国家签署《罗马条约》成立欧洲经济共同体。五十多年来,欧洲的一体化进程对当今世界政治、经济格局产生了重大影响。从欧洲经济共同体到欧洲联盟的成立,从成立时的6个成员国到现在的28个,从最初仅仅涉及经济合作到现在社会与政治融合的不断深化,欧盟各成员国在包括经济与环境政策、交通、区域发展、教育以及外交等方面密切合作。单一市场的建立,欧元的引入,成员国之间边境控制的取消与人员的自由流动,使得欧盟的超国家色彩变得越来越浓。欧盟有自己的行政机构(欧盟委员会)、立法机构(以前主要是部长理事会,目前欧洲议会开始越来越多地参与立法活动)、法院、银行、货币、甚至盟旗、盟歌和护照。欧盟各主要机构具有的超国家性在欧洲一体化五十余年的进程当中不断得到增强。德国著名法学家马迪亚斯·赫蒂根认为,"随着欧洲各大共同体机构特征的超国家性不断增强,它们也有了自己越来越独立的根基:通过国家主权让渡(用共同体权力来代替成员国权力),各大共同体各机构在更高的级别上越来越独立地形成自己的意志",但他同时也认为,"共同体法律规范作为一个整体,仍然离国家或类似于国家的某种实体的法律规范还有一定的距离"。[①]然而,不容置疑的是,欧洲一体化的过程,就是各成员国逐渐超越

---

① [德]赫蒂根,马迪亚斯.《欧洲法》.张恩民译.北京:法律出版社,2003年,第62—63页。

成员国民族国家、不断向超国家性质发展的过程。始于第二次世界大战以后的欧洲一体化进程,使欧洲进入了一个全新的时代。

不过,回顾欧洲历史,不难得出这样一个结论:1957年《罗马条约》签订并不是欧洲一体化的起点。作为一种观念,对欧洲统一的追求开始出现于18世纪。17世纪以后,欧洲民族国家兴起,使欧洲的分裂持久化并导致了连绵不绝的战争。源于对战争的反思,一些欧洲思想家开始认真地思考通过建立统一的欧洲国家来确保和平。1712年,法国和平主义者卡斯泰尔提出实现欧洲持久和平的方案,他建议在订立持久同盟的基础上,将欧洲各国联合起来,组成一个单一的共和国。1789年,英国功利主义哲学家、经济学家、法学家边沁提出,为了争取持久的和平,应在欧洲建立一个自由体制的政府。1794年,德国哲学家康德在他《争取持久和平》一文中提出建立一个由各国组成的自由合作社来维护和平。1814年,法国著名空想社会主义者圣西门则在一篇题为《我们不属于过去,而是属于未来》的文章中提出,要重组欧洲社会,必须团结全体欧洲民众,在形成欧洲一体化的同时保持各国的民族独立性。他还进一步提出,如果欧洲各国议会由一个统一的机构来领导,承认其拥有超国家、超政府的权力,并赋予其仲裁分歧之权,欧洲将会管理得井井有条。在18世纪末期,欧洲政治上出现了自发的、被普遍接受的联邦制模式的超国家思想,以及通过相互协议的方式争取实现欧洲统一的思想。①

对欧洲和平的追求催生了欧洲统一思想,而欧洲文明的同一性则是这种统一思想的基础所在。源于古希腊的欧洲古典文明与古罗马文明相互交融,成为欧洲文明的基石。公元312年,罗马皇帝君士坦丁皈依基督教,并在公元313年颁布了对基督教的宽容敕令《米兰敕令》,基督教成为帝国境内的合法宗教并逐渐在和其他宗教的竞争中占据优势。公元392年,基督教成为罗马的"国教"。随着罗马共和国和罗马帝国的向外扩张,它把同一种文明推广到整个西欧大陆。公元496年,法兰克王国首任国王、美洛林王朝的奠基者克洛维多让法兰克人改信基督教,强化了基督教

---

① [意]梅吉奥妮,玛丽娅·格拉齐娅.《圣贤之梦——欧洲统一思想史》.陈宝顺,沈亦缘译.北京:世界知识出版社,2004年,第15—32页。

在西欧的主导地位。公元8世纪,加洛林王朝的奠基者查理曼大帝对基督教不遗余力的支持最终促成了西欧宗教的一体化:基督教成为帝国境内的不同种族、不同语言民众的共同信仰,而罗马则成了朝圣者心目中的永恒之城。"基督教世界"的形成,标志着欧洲完成了从古典文明向基督教文明的过渡。从14、15世纪的文艺复兴到18世纪的启蒙运动,共同的历史经历为欧洲整合文化与社会起到了巨大的推动作用。因此,从其来源和发展来看,欧洲文明具有深刻的同一性。这种同一性是欧洲一体化的思想基础。欧共体前主席雅克·德洛尔甚至认为,欧共体是"思想的结晶"。①

然而,尽管欧洲文明具有深刻的同一性,而在漫长历史发展进程中演变出的文化多样性同样是欧洲文明的明显特征。罗马帝国一分为二,东罗马帝国和西罗马帝国在发展过程中显现了不同的文明特征。法兰克王国瓦解后,分裂和战争开始成为欧洲的常态。随着历史变迁,基督教逐渐发展为一种多样性的宗教:公元1054年教会分裂,产生了天主教和东正教,15世纪宗教改革后出现了新教。作为欧洲重要的精神力量,宗教的分裂必然产生精神领域的多样性。17世纪以后,随着欧洲民族国家开始兴起并成为欧洲政治舞台的主体,对民族利益和民族统一的追求,使得不同地区、不同民族国家的社会和经济发展呈现出巨大差异,文化多样性成为近代以来欧洲的明显特征。

第二次世界大战以后,欧洲一体化也正是在这种同一性和多样性并存当中进行的。欧洲一体化进程虽然从经济领域开始,但在现实世界中,经济一体化总在一定程度上是政治性的。要实现更深层次的经济一体化,要么必须得到政治一体化进程的配合,或者本身就是后者的结果。②从一体化的实践来看,欧洲一体化的确是一个包含经济、政治和社会各领域的全面发展进程。1950年5月9日,法国外长罗伯特·舒曼提出了"欧洲煤钢共同体计划",即有名的"舒曼计划",为法德和解提供了基础并得到了德国的赞同,欧洲一体化的序幕就此拉开。1951年4月18日,法

---

① 曹锡龙.《未来世界格局——西方的预测》. 北京:世界知识出版社,1992年,第143页。
② [荷]佩克曼斯,雅克.《欧洲一体化—方法与经济分析》. 吴弦,陈新译. 北京:中国社会科学出版社,2006年,第4—5页。

国、意大利、联邦德国、荷兰、比利时、卢森堡六国签订了为期50年的《关于建立欧洲煤钢共同体的条约》。1955年6月,由六国外长参加的墨西拿会议建议将煤钢共同体的原则推广到其他经济领域,并建立共同市场。1957年3月,上述六国签订《罗马条约》,成立了欧洲经济共同体和欧洲原子能共同体。1965年4月的《布鲁塞尔条约》决定将欧洲煤钢共同体、欧洲原子能共同体和欧洲经济共同体统一起来,统称欧洲共同体,该条约于1967年7月1日生效。1987年,共同体通过了《欧洲单一法令》,决定在1992年底以前建立欧洲单一大市场。1992年《欧洲联盟条约》的签订是一个里程碑式的事件。欧共体从此成为欧洲联盟。联盟由欧洲共同体、司法和民政事务、欧盟共同外交和防务政策三大支柱构成。其中欧洲共同体采用原来的共同体机制,司法和民政事务与共同外交和防务政策则属于政府间合作机制。《欧洲联盟条约》宣布在1999年建立经货联盟,推出欧洲单一货币——欧元。在推动经济一体化的同时,欧盟还开始了政治一体化的步伐。通过1997年的《阿姆斯特丹条约》和2001年的《尼斯条约》,欧盟在机制改革上进行了不断的努力,希望为冷战后的欧洲建立一个统一的政治和经济秩序。

在一体化程度不断深化的同时,欧洲一体化还在地域上不断扩展。6个创始成员国的成功促使爱尔兰、英国和丹麦于1973年申请成为欧洲共同体成员。而此后共同体的成功吸引了更多的欧洲国家申请加入欧盟:1981年希腊;1986年西班牙及葡萄牙;1995年瑞典、芬兰及奥地利;2004年,3个波罗的海共和国——爱沙尼亚、拉脱维亚和立陶宛,以及波兰、捷克、斯洛伐克、匈牙利、前南斯拉夫的斯洛文尼亚、塞浦路斯和马耳他共10个国家;2007年,保加利亚及罗马尼亚;2013年,克罗地亚加入欧盟。经过半个多世纪的发展,欧盟已经成为了当前一体化程度最高的区域组织。从早期的单一商品经济一体化(煤钢共同体),经过自由贸易区、关税同盟和共同市场阶段,发展到经济一体化的最高阶段——经济和货币同盟,欧盟是世界上其他一体化组织难以相比的。此外,欧洲一体化还是一个包括政治、法律、文化和社会领域在内的全方位的一体化过程。随着一体化的不断拓展及深化,欧盟涉及的政策领域及其权限也不断扩张。在从关税同盟走向共同市场,再到经货联盟的同时,欧盟(欧共体)的农业、贸易、竞争和地区等共同政策先后确立起来。在提高竞争力、环境和健康保护、渔业、文化、能源和旅游等方面欧盟各成员国也加强了政策的一致性。欧盟共同外交和安全政策与司法和民政合作这两大支柱的确立和加强更是体现了欧洲政治一体化的趋势。通过《阿姆斯特丹条约》和《尼斯条约》的签订,欧盟在机制改革,如决策程序、投票机制等方面都有所发展。

欧洲一体化进程的特点之一,是欧盟(欧共体)的超国家性质。从煤钢共同体建立开始,共同体机构就是一个独立于各国政府的超国家组织。随着一体化的深入,这种超国家性质得到了不断强化。这在欧盟的经济和货币政策、社会和地区政策等方面体现得更为明显。事实上,1957年的《罗马条约》虽然以成立欧洲经济共同体为目标,但其潜在目的,显然并不局限于成立一个经济共同体,这从《罗马条约》序言的第一段文字就可以看得出来:签署该条约的6国,"决心要为建立一个联系日益紧密的欧洲人民的联盟奠定基础"。① 从1973年至1994年,欧共体成员国范围扩大至15国。经济合作的日益密切,使得《罗马条约》不能适应一体化进程的需要。1986年成员国签订《单一欧洲法令》时,其序言中重申了欧共体"将以建立欧洲共同体条约为基础而进行的工作继续进行下去,并将他们国家间的关系转化为欧洲联盟"的决心,② 以法律的形式更加明确了"单一欧洲"的新目标,为欧洲内部统一大市场的实现提供了必要的政治动力。1992年,《欧洲联盟条约》正式宣告欧洲联盟成立。《欧洲联盟条约》的序言宣称,条约的签署标志着"……决心在以各欧洲共同体的建立为开端的欧洲一体化进程中开创一个崭新的阶段,决心建立一个各国国民所共有的公民资格……"③ 联盟在欧洲成员国公民权之上创立了欧洲公民权,并提出要实现经济与货币联盟。2000年以后,欧盟开始了制宪进程,这一切都似乎让人看到了欧洲政治一体化更进一步的可能。甚至有学者认为,建立欧洲合众国,是欧洲一体化的必然前景。④

---

① 《欧洲共同体条约集》. 戴炳然译. 上海:复旦大学出版社,1993年,第65页。
② 同上书,第355页。
③ 同上书,第381页。
④ Sidjanski, Dusan. *The Federal Future of Europe: From European Community to Europen Union*. Ann Harbor: The University of Michigan Press, 2000, pp. 1—4.

2004年6月,欧盟成员国领导人在布鲁塞尔峰会上通过了《欧盟宪法条约》的最后文本。这似乎使人看到了欧洲一体化更进一步的可能性。然而,2005年,《欧盟宪法条约》先后在法国和荷兰的全民公决中遭到否决。法国和荷兰都是《罗马条约》的签署国,而法国更被认为是欧洲一体化进程的主要推动者之一。这不能不使人思考,欧洲联盟到底是出了什么问题?有学者认为,《欧盟宪法条约》在法国遭到否决,主要是法国民众认为一体化的进一步深化可能会给法国的社会模式带来他们不愿意看到的改变,以及他们对土耳其加入欧盟的疑虑。[1] 也有学者认为,法国否定《欧盟宪法条约》有其深刻的社会文化根源。这一情形是在欧洲经济一体化的速度与规模大大超过欧洲文化交流、交融和整合过程的情况下产生的,它不仅表明了欧盟在经济发展方面的不协调性和不平衡性,更说明了欧盟在集体认同方面遇到的严峻挑战。[2] 欧洲集体认同的增强有利于培养一种共同体意识,促使共同身份认同的形成,能够提高欧盟的政治合法性,有利于欧盟采取一体化的政策方针,从而推动欧洲一体化的发展。[3] 法国和荷兰公民对《欧盟宪法条约》的否决表明,欧洲集体认同的增强落后于一体化进程不断加深的程度。

此后,经过三年漫长的谈判与协商,2007年10月,《欧盟宪法条约》的新版本《里斯本条约》在欧盟非正式首脑会议获得通过,并于当年12月在葡萄牙首都里斯本欧盟首脑会议上正式签署。新条约保留了原《欧盟宪法条约》的主要内容,但不再沿用"宪法"这一用语,关于组建欧盟外交部及设立欧盟"外交部长"的相关条款在《里斯本条约》中也改为设立负责欧盟外交政策的欧盟外交事务"高级代表",也未再提及欧盟的盟旗及盟歌。[4] 放弃"宪法""外交部长"等容易使人联想到国家政体的敏感用语,反映了条约起草者不希望成员国及其公民将条约签订视为欧盟在向一个主

---

[1] Maatsch, Sonke. The Struggle to Control Meaning: The Fench Debate on the European Constitution in the Mass Media. *Perspective on European Politics and Society*, 2007(8,3):261—280.
[2] 曹慧. 法国公投否决《欧盟宪法条约》的文化分析. 《法国研究》, 2007年第1期, 第82—88页
[3] 李明明. 试析欧洲认同与民族认同的关系. 《欧洲研究》, 2005年第3期, 第81—82页.
[4] 见欧盟新闻网站 http://www.euronews.net/index.php?page=info&article=449116&lng=1, 2007年10月19日查询。

权国家转变。

截至 2009 年 11 月,《里斯本条约》获得了欧盟当时全部 27 个成员国的批准。但在批准《里斯本条约》过程中所发生的一些事件,依然反映出欧盟内部对于欧盟转变为或可能转变一个国家政体的担心。① 可见,随着一体化进程的不断加深,如何增强成员国及其公民对于欧盟的集体认同,②将成为欧盟面临的重要任务之一。

1.1.2　认同与集体认同

根据《现代汉语词典》的解释,"认同"一词有两个主要含义,一是"认为跟自己有共同之处而感到亲切",二是表示"承认或认可"。这两个含义是相互联系的:"承认或认可"的前提"认为跟自己有共同之处"。③ 这一概念的英文词汇是"identity",两个主要含义是:一是"身份""特征",二是"同一性""一致"。④ 可见,认同这一概念主要包括两个的内涵:一是身份认同,二是对于某种观念的或规范的认可。这两个内涵是相互联系的:身份认同会影响对某种观念或规范的认同,对某种观念或规范是否认同又在一定程度上会表明自我身份,而对于核心观念的认同则决定了个体或群体的身份认同。⑤

作为社会科学的研究概念,"认同"这一概念最早应用于社会心理学,指行为体在与他者的比较中产生的一种自我认知和自我界定。美国发展心理学家 Erik Erikson 用这一概念来说明个人成长过程中在心理上开始

---

① 例如,2009 年 11 月 3 日,捷克总统劳斯迫于多方压力签署《里斯本条约》,这表示该条约获得欧盟全部 27 个成员国的批准。在签署该条约一个小时后,捷克总统克劳斯在新闻发布会上宣布,从他签署了《里斯本条约》那一刻开始,捷克就去了国家主权。事实上,捷克议会在 2008 年就已经批准了《里斯本条约》,但总统克劳斯认为《里斯本条约》赋予欧盟的权力过大,一直拒绝签署该条约。见人民网,董菁,"捷克签署《里斯本条约》,欧盟将翻开新的一页",http://world.people.com.cn/GB/10318684.html,2009 年 12 月 14 日查询。
② 有关"认同"及"集体认同"概念的分析,见 1.1.2"认同与集体认同"。
③ 中国社会科学院语言研究所词典编辑室.《现代汉语词典》. 北京:商务印书馆,2008 年,第 1150 页。
④ 《新牛津英汉双解大词典》. 上海:上海外语教育出版社,2007 年,第 1042 页。
⑤ 夏建平.《认同与国际合作》. 上海:世界知识出版社,2006 年,第 52—56 页。

形成的归属感以及对自我作为一个独立个体存在而形成的完整的自我形象。① 塞缪尔·亨廷顿对认同这一概念总结为"一个人或一个群体的自我认识,它是自我意识的产物:我或我们有什么特别的素质而使我们不同与你,或者我们不同于他们"。② 亚历山大·温特认为,"认同是一个认知过程,在这一过程中自我—他者的界限变得模糊起来,并在交界处产生完全的超越,自我被归入'他者'"。③ 这里,温特强调的是认同的"建构过程",在这一建构过程的开始之前和结束之后,某一客观体的身份认同发生了变化,新的身份认同替代了原有的身份的认同。

认同具有可塑性,需要借助外来因素完成自身的建构。William E. Connolly 指出:"差异需要认同,认同需要差异……解决对自我认同怀疑的办法,在于通过构建与自我对立的他者,由此来建构自我认同。"④ 文化研究学者 Stuart Hall 也认为:"认同是通过差异构建的……只有借助与他者的关系,表明某个术语不是什么,明确缺少什么,是什么组成了它的外部这样一些'积极'的层面——只有这样,认同才能被建立起来。"⑤

可见,认同就是人们对自我身份的"确认",即回答"我是谁"(个人认同)或者"我们是谁"(群体认同)的问题。认同又是一个实践概念,认同的过程都是行为体在互动实践过程中,通过差异比较而建构自身认同的结果。由于实践过程的连续性,认同的内涵也是不断变化的,但在一定的时期,认同的内涵又是相对稳定的。

在现实社会中,群体认同自身还具有多层次性,其范围可以从基层社会的家族、社区、族群、地区,直到国家。由于群体认同是在与其他群体接触时才出现,在人们置身于不断扩大的"群体"并与其他"群体"接触时,

---

① Erikson, Erik. *Children and Society*. New York: Norton, 1963.
② [美]亨廷顿,塞缪尔.《我们是谁——美国国家特性面临的挑战》.程克雄译.北京:新华出版社,2005年,第20—21页。
③ [美]温特,亚历山大.《国际政治的社会理论》.秦亚青译.上海:上海人民出版社,2000年,第287页。
④ Connolly, William. *Identity/Difference: Democratic Negotiations of Political Paradox*. Ithaca, N.Y.: Cornell University Press, 1991, p. x.
⑤ Hall, Stuart. Who Needs Identity? in Stuart Hall (ed.), *Questions of Cultural Identity*. London: Sage, 1996, p.14.

认同的范围也在不断扩展。当群体 A 与群体 B 相遇时,他们以 A 和 B 相互区分,同时也会发现彼此之间存在着共性;而当他们遇到在这个共性方面与 A 和 B 都不同的群体 D 时,群体 A 便和群体 B 组成了群体 C,以便和这个差异较大的群体 D 相区别;接着群体 C 又可能与群体组 D 成群体 E,以便与差别更大更深刻的群体 F 相区别。这个过程不断升级延续,形成多层次的群体认同系统。①虽然群体认同存在着多个层次,但在现代社会的政治格局中,"族群"和"国家"这两个层面的认同是最核心和最重要的认同。菲利克斯·格罗斯认为,前者偏重于"种族上的亲族认同(民族文化——nation-culture)",而后者偏重于"与国家相联系的政治认同"(nation-state)。②前者属于民族认同,而后者属于国家认同。对于一体化进程不断深化的欧盟来说,现阶段并不是一个主权国家。根据上述观点,也同时存在两种类似的认同,一种是公民业已形成的对其成员国的认同,一种是成员国公民正在形成的对欧盟的认同——集体认同。

集体认同(collective identity)是群体认同发展的一种高级阶段。集体认同包括集体身份的构建以及对这一身份构建的认同。建构主义的代表人物温特将形成集体认同的主要因素概括为四个主变量:相互依存、共同命运、同质性、自我约束。③

一体化进程中欧洲集体认同的建构与发展,也可以从这四个主变量中得到诠释。建构主义认为客观相互依存是形成集体认同的基础,而只有主观上的相互依存才能建构集体认同。经过五十多年的一体化进程,从最初的自由贸易区,经历关税同盟、共同市场,发展到了目前的经济与货币联盟,从最初只涉及部分经济领域的煤钢联营发展到目前包括经济、政治、外交、防务和社会各领域的全面的欧洲联盟,客观上的相互依存和共同命运事实上已经开始形成。

同质性或称相似性是形成欧洲集体认同的另一个关键因素。温特认为,在其他条件相同的情况下,同质性可以通过减少冲突、增加利益趋同

---

① 马戎. 试论"族群"意识.《西北民族研究》,2003 年第 3 期,第 6—17 页.
② 马戎.《民族社会学》. 北京:北京大学出版社,2004 年,第 73—74 页.
③ [美]温特,亚历山大.《国际政治的社会理论》. 秦亚青译. 上海:上海人民出版社,2000 年,第 430—452 页.

来减小利己身份的影响,促使国家彼此产生积极的或亲善的态度和行为,最终促进集体认同的形成。欧洲文明的同一性以及过去五十多年一体化进程中成员国在国家政治体制、经济运行模式等方面的发展使得欧洲联盟的同质性不断增强,强化了共同的价值观念和意识形态,从而有利于欧洲集体认同的增强。

自我约束则被建构主义认为是促使集体认同形成的最关键变量。这是因为,对于奉行理性自私的民族国家来说,是否会被强大的"自家人"吞掉而丧失自我,是其形成或增强集体认同的最大障碍。去掉这一障碍的最有效途径,就要使集体中相对弱小的成员也能有自身认可的平等地位。而欧洲一体化过程中的所谓"制度平衡"则较好地体现了这种自我约束。① 这种制度平衡既能体现成员国在欧盟中的平等地位,维护各成员国自身利益,又能约束各成员国危害欧盟整体利益的过分诉求,从而有利于强化各成员国及其民众欧盟的集体认同。而欧盟平等的语言政策,无疑是自我约束的体现。②

罗尔斯的重叠共识理念建构主义的集体认同观有着某种相似的地方。罗尔斯认为,高度理想化的秩序良好的社会是一个在基本道德信念上相对同质、在社会生活各方面存在广泛共识、统一稳定的社会。③ 但现代民主社会是一个多元思想共存的社会,各种合乎理性的宗教学说、哲学学说和道德学说虽然在理念上存在差异,但又长期共存于民主制度的框架内,构成了民主社会公共文化的一个永久特征。重叠共识就是从各种不同的理念当中形成的公民对基本政治制度、宪法原则及价值观的一种理性共识,这种重叠共识独立于各种完备性宗教学说、哲学学说和道德学说之外,政治的正义观念是其核心内容。由 28 个成员国组成的欧洲联盟无疑是一个典型的多元思想共存的民主社会,而联盟将"确认对自由、民主及尊重人权与基本自由的原则和对法律原则的坚信不渝,意欲加深其

---

① [德]贝科勒,埚特 & 康策尔曼,托马斯.《欧洲一体化与欧盟治理》.北京:中国社会科学出版社,2004 年,第 99—124 页。
② 有关欧盟官方语言平等政策的论述,见本书第 4 章。
③ [美]罗尔斯,约翰.《政治自由主义》.南京:译林出版社,2000 年,第 140—168 页。

人民的团结,同时尊重他们的历史、文化以及传统"。①

上述共识无疑是各成员国在欧洲一体化进程当中形成的基本原则。无论是罗尔斯的重叠共识理念,还是从建构主义的集体认同形成观来看,既致力于推进欧洲一体化进程,追求成员国和平发展和共同繁荣,又尊重各成员国的历史、文化及传统的多样性,都是一体化过程中的欧洲集体认同形成和发展的基本前提和重要条件。

有学者认为,欧洲集体认同是由文化认同、政治认同、社会认同三种认同形态共同构成的整体。文化认同指欧洲各国人民在基于共同历史文化背景之上的共属意识,是欧洲集体认同的核心或文化心理内核;政治认同是指成员国人民由于其公民权利以及自由正义价值观在政治共同体内得到承认而对共同体合法性的认可,是一种与民族或族籍身份相分离的公民认同。民族国家是现阶段实现欧洲人民政治认同最重要的政治框架,而欧盟正努力延伸成员国公民的政治认同。欧洲社会认同则是在这两种认同融合的基础上形成的一种全社会的广泛共有联系,人们相互以共属于一个欧洲社会来实现认同,它是欧洲集体认同形成的外部条件和民众基础。而文化认同构建是欧洲集体认同的第一步,因为个体之间首先要建立一种文化意义上的理解和认可,才可能形成一个共同体。政治认同应该是以共享的文化认同观念为前提,在一种欧洲性法律和权利体系的保障下,在所有欧洲公民的支持下逐渐形成。② 基于上述观点,可以认为,文化认同、政治认同和社会认同的增强有助于欧洲集体认同的增强。

1.2 欧洲集体认同研究概述

1.2.1 欧洲集体认同的研究视角

目前,学术界对于欧洲集体认同的研究,更多的是从政治、经济和法

---

① 《欧洲共同体条约集》.戴炳然译.上海:复旦大学出版社,1993年,第381页。
② 张生祥.新认同政治与欧洲认同的逐步形成.《德国研究》,2006年第1期,第26—31页。

律层面进行分析。具体来说,政治层面的分析主要围绕一体化的制度构建;经济层面的分析主要着眼于一体化给各成员国带来的最大限度的经济利益;而法律层面的分析主要涉及共同体各机构的运作程序及相应的合法性前提。①可以认为,一体化进程中的制度构建、经济一体化进程及其带给各成员国的经济利益以及共同体各主要机构运作程序的不断改进及共同体增进其机构合法性的努力是欧洲集体认同形成和发展的重要基础。目前欧盟在经济领域已经实现了高度的一体化,政治一体化进程也在逐渐深化当中。同经济一体化相比,政治一体化的逐步深入意味着各成员国将向共同体让渡更多的国家主权。但这一进程显然遭到一些成员国公民的反对。正如上文所述,这反映出欧洲集体认同的增强落后于其一体化的不断深化。

根据研究内容的不同,目前针对欧洲集体认同的研究可分为三类。第一类研究以欧洲在长期历史发展过程形成的文明同一性为研究对象;第二类研究以一体化过程中形成的各种共同身份特征为研究对象,以上两类研究对象是欧洲集体认同得以形成和增强的客观基础。第三类研究以成员国公民对这种共同身份主观具有的认同程度为研究对象,这是欧洲集体认同是否形成的重要标志。

第一类认同研究主要是通过分析欧洲历史与文化的发展来归纳欧洲国家所具有的共同特征。一般认为,欧洲文化在哲学思想、宗教信仰、伦理道德、文学创作、音乐绘画以及科学技术等方面具有共同或相似的文化渊源。例如,在过去 2500 年当中,欧洲的文化发展具有一种强烈的向心力;欧洲人的思维方式自古希腊开始,就共同受到毕达哥拉斯、苏格拉底、柏拉图、亚里士多德、欧几里得、伽利略、笛卡尔、洛克、牛顿、莱布尼兹、康德、罗素、萨特等哲学家和科学家的影响;欧洲人的道德观念是在基督教的影响下形成的;欧洲文学共同来源于荷马、贺瑞斯、但丁、莎士比亚、伏尔泰、莱辛、歌德、雨果、狄更斯等;欧洲的音乐都留下了蒙特威尔第、巴赫、莫扎特、贝多芬、罗西尼、施特劳斯、肖邦、瓦格纳等的旋律;欧洲的绘

---

① 张旭鹏. 文化认同理论与欧洲一体化.《欧洲研究》,2004 年第 4 期,第 65 页。

画艺术都受到了达·芬奇、米开朗基罗、拉斐尔、毕加索等的影响。[①][②]有学者甚至认为,部分欧洲国家在历史上的殖民及去殖民过程,也在某种程度上有助于欧洲集体认同的形成。[③]

第二类研究的主要内容是分析成员国公民在一体化进程中在超越民族国家基础上形成的共同身份。例如,有学者详细分析欧共体共同对外政策机制对欧洲政治身份认同的作用,认为欧共体不断增强的共同对外政策应该有助于欧共体的公民将对各自国家的政治忠诚延伸到对欧共体的政治忠诚,而这种逐渐形成的对欧共体的政治忠诚将会有利于增强对欧共体的集体认同。[④]有关"欧洲公民身份"的讨论,也成为近年来学术界讨论的热点。有学者认为,欧盟赋予成员国公民在欧盟范围内自由工作的权利标志着欧洲开始从经济一体化向政治一体化发展,这种欧盟赋予成员国公民个人的权利应该被视为欧盟的公民权,因而也标志着欧洲"公民身份"的出现。[⑤]而《欧洲联盟条约》赋予成员国公民的欧洲联盟公民权,则是这种共同身份的法律确认。按照《欧洲联盟条约》的规定,凡具有欧盟成员国国籍的人均为欧盟公民(第 8 条)。欧盟公民有在各成员国领土上自由流动和居住的权利(第 8A 条),在其所居住的成员国内的欧洲议会选举和市镇选举中享有选举权和被选举权(第 8B 条),在欧盟领土之外,欧盟公民享有任何一个成员国的驻外机构所提供的外交和领事保护权(第 8C 条),欧盟公民享有向欧洲议会和司法检察官申诉和请愿的权

---

① Rietbebergen, Peter. *Europe: A Cultural History*. Cambridge: Cambridge University Press, 1998.

② Müller-Merbach, Heiner. The Cultural Roots Linking Europe. *European Journal of Operational Research* 2002(140.2):224.

③ Hansen, Peo. European Integration, European Identity and the Colonial Connection. *European Journal of Social Theory* 5(4):483—498.

④ Mahant, Edelgard. Foreign Policy and European Identity. *History of European Ideas* 1995(21.4):485—498.

⑤ Maas, Willem. *Creating European Citizens*. Maryland: Rowan and Littlefield Publishers, Inc. 2007, pp.116—117.

利(第 8D、8E 条)。①②因此有学者认为,欧盟公民权是欧洲认同的重要内容和显著标志,欧盟公民权建设既涉及欧洲的法律、政治和社会现实,也涉及它的思想意识。③而欧盟自从20个世纪90年代开始的共同安全防务政策,也被一些学者解读为欧盟着力增强其集体认同的努力,因为这有利于强化欧盟的共同身份。④

第三类认同研究主要以成员国公民对欧洲一体化进程的支持程度为研究对象。1970年,在欧共体资助下,首次进行了成员国公民对欧共体支持程度的民意调查。从1974年开始,欧共体开始每年两次的民意调查("欧洲晴雨表")。⑤ Lauren M. Mclaren 分析了1970至2000年所有的这类民意调查后认为,成员国公民对欧洲一体化的否定态度主要来自两个方面,一个是担心自己国家和自身经济利益受损,⑥另一个担心是自己国家的特征、语言等在一体化过程中逐渐被边缘化。⑦ Michael Bruter 认为,从1970年到2000年这30年间,成员国公民当中逐渐形成了对欧盟的集体认同,欧盟的各类机构、与欧盟相联系的各种标志(如欧盟盟旗、欧元、欧盟护照等等)以及有关欧盟的新闻报道则是促成这种认同的最主要原因⑧⑨。Wolfgang Lutz 等分别对1996年及2004年度欧洲晴雨表相关民意调查进行了分析,认为15个成员国的公民对欧盟的认同均有不同程度

---

① 赵勇. 欧洲联盟公民权的建构——从1970年代到《马斯特里赫特条约》.《欧洲研究》,2005年第3期,第119—133页.
② 《欧洲共同体条约集》. 戴炳然译,上海:复旦大学出版社,1993年,第391—392页.
③ 马胜利. 欧盟公民权与欧洲认同.《欧洲研究》,2008年第1期,第31—42页.
④ Anderson, Stephanie & Seitz, Thomas R. European Security and Defense Policy Demystified: Nation-Building and Identity in the European Union. *Armed Forces & Society* 2006 (33.1):24—42.
⑤ Mclaren, Lauren M. *Identity, Interests and Attitudes to European Integration*. London: Plagrave Macmillian, 2005, p.12.
⑥ Ibid, p.12.
⑦ Ibid, pp.91—92.
⑧ Ibid, pp.167—169.
⑨ Bruter, Michael. The Impact of News and Symbols on Civic And Cultural European Identity. *Comparative Political Politics* 2003(12):1148—1179

的增强。①

1.2.2 欧盟文化政策与欧洲集体认同

从广义上讲,上述第三类研究也应包括欧盟为促进欧洲集体认同所做出的主观努力。为与第二类研究内容相区分,此处的"主观努力",指欧盟为了强化欧洲集体认同而颁布的、但实质上不产生法律意义上的共同身份的政策或建议。欧盟的文化政策,则是近年来学者普遍关注的这样一种努力。

1992 年签署的《欧洲联盟条约》第 128 条规定了共同体文化政策的基本原则。② 第 128 条共包括 5 款,具体内容见下表:

表 1.1 共同体文化政策基本原则

1	共同体应促进成员国文化的繁荣,在尊重各国与各地区的多样性的同时,发扬光大共同体的文化遗产
2	共同体行动应旨在鼓励成员国之间的合作,以及——如果有必要——支持和补充成员国在下述方面的行动。包括:增进对欧洲各国人民的文化与历史的了解及传播,维护和保护具有欧洲意义的文化遗产,发展非商业性的文化交流,鼓励艺术与文化创作(包括在视听部门)
3	共同体及成员国应扶持与第三方国家及文化领域中的有关国际组织,特别是欧洲委员会在文化领域的合作
4	在遵照本条约的其他规定而采取的行动中,共同体应顾及文化方面
5	有关文化领域的行动建议须由欧盟部长理事会根据欧盟委员会的提议以全体一致同意的方式通过

可见,共同体文化政策包括三个核心原则:弘扬共同体的文化遗产、尊重各成员国的文化多样性、共同体在文化领域的行动建议应由所有成

---

① Lutz, Wolfgang & Kritzinger, Sylvia. The Demography of Growing European Identity. *Science* 2006(314.5798):425.

② 见《欧洲共同体条约集》,戴炳然译. 上海:复旦大学出版社,1993 年,第 423—424 页。

员国以全体一致同意的方式通过。有学者认为,文化政策体现了共同体在不断加强文化认同与欧洲公民建设的同时,又突出其保持文化多样性的努力。[①]也有学者认为,共同体的文化政策之所以强调尊重成员国文化多样性的原则,是出于现实的考虑。因为只有在广义的合作性的多元文化主义指导下,实行一种具有亲和力的文化政策,欧洲才有可能动员一切创造性因素为欧洲一体化服务。[②]

欧盟文化政策对欧洲文化认同构建的促进作用,已有多位学者对此进行了详细的分析。[③]其基本观点可归纳如下:

仅仅通过经济、政治一体化并不能造就欧洲的联合,因而以欧洲各民族的历史、文化以及他们长久以来的相互影响所形成的欧洲共同文化来促进欧洲认同,成为欧盟寻求其合法化的途径之一。欧盟文化政策对欧洲文化认同的构建大致集中体现在以下三个方面:

第一,欧盟的视听文化产业政策致力于消除联盟内部购销及发送、接受视听产品中的壁垒,创造一个欧洲视听空间,从而打破国家间有形的界限,这有助于成员国人民间的相互了解,培养他们的共同归属感。

第二,通过支持跨国文化合作与交流活动,增进成员国人民之间的相互了解以及对共同历史及文化遗产的了解,培养和增进共同身份。

第三,欧盟在推行多元化的语言政策的同时,鼓励成员国公民终身学习其他成员国语言,以增进相互了解,努力消除公民自由流动中的语言障碍。

上述研究欧盟文化政策的学者,对于上述第一、第二项内容的研究给予了更多的关注,相应的研究成果也较多。但从集体认同角度分析欧盟语言政策的研究尚不多见。

1.2.3 欧盟语言政策与欧洲集体认同

促进国家认同,是多民族国家语言政策的重要任务之一。现阶段欧

---

① 陈春常.欧洲一体化进程中的文化多样性.《国际观察》,2003年第1期 第44—49页.
② 张生祥.《欧盟的文化政策——多样性与同一性的地区统一》.北京:中国社会科学出版社,2008年,第71页.
③ 张旭鹏.文化认同理论与欧洲一体化.《欧洲研究》,2004年第4期,第66—78页.

洲联盟并不是一个主权国家,那么,欧洲联盟有没有自己的语言政策呢?对此,大部分学者给出了肯定的答案并对欧盟的语言政策进行了分析。这些分析主要包括三方面的内容:一是分析欧盟在联盟层次上的语言政策及各主要机构语言政策的基本内容,以及该语言政策是否能有助于实现有效的沟通与交流;二是欧盟的外语教育政策在促进不同成员国公民相互学习语言方面的作用;三是从欧盟宣称的保护欧洲文化与语言多样性的角度来分析其语言政策,包括其外语教育政策是否有助于实现这一目的。[①]

需要指出的是,上述分析研究主要围绕某一语言政策的具体措施及其有效性展开,并未提及语言政策在欧洲集体认同形成过程中的作用。也有学者从促进国家认同的角度分析欧盟语言政策,其结论是:如果将欧洲集体认同的建构过程视为国家认同的逐步形成,欧盟甚至可以说没有自己的语言政策。因为服务于国家认同目的的语言政策,其首要特征是追求语言的统一。因为语言的统一有助于现代民族国家实现国家范围内的有效沟通与交流,并且在疆界划分方面发挥重要作用。而欧盟实行的多语政策则没有基于这样一个目的语言政策。[②]但这一结论值得商榷。

首先,国家语言政策的核心宗旨是促进公民(尤其是不同民族的公民)之间的相互交流以及国家行政管理的有效实施。为此,语言的统一,或至少全体公民,包括不同的民族或族群拥有共同的交际语言自然成为大部分国家语言政策的指导思想。但这一指导思想在现实世界中未必能够完全实现。因此在有两个或更多人口规模相差不大的民族,或国内某一民族人口有一定规模时,有些国家则实行官方双语或多语制,或者地区性的双语或多语制,例如在比利时、爱尔兰、塞浦路斯、卢森堡、芬兰、瑞士等国家。[③]从本书的研究将可以看出,欧盟的语言政策虽然一直坚持官方

---

① Coulmas, Florian. *A Language Policy for the European Community*. Floriano Coulmas(ed.). Berlin: Berlin Walter de Gruyter & Co. 1991.

② Caviedes, Axexander. The Role of Language in Nation-Building within the European Union. *Dialectical Anthropology* 2003(27):249—268.

③ European Commission. Key Data on Teaching Languages at School in Europe. *EURYDICE* 2008:19.

语言平等政策,强调机构多语机制。但随一体化进程的不断加深,通过提高公民多语能力,促进不同成员国公民相互交流的指导思想愈来愈得到重视。甚至在一定程度上,共同体机构开始更多地依靠若干大语言与成员国公民进行交流,显示出追求通用语的倾向。

其次,以往对于欧盟语言政策的研究忽视了对欧盟自身政体特征的分析。所谓"政策",是"国家或政党为实现一定历史时期的路线而制定的行动准则"。[①]传统的语言政策研究,是与主权国家密切联系的,其政策主体是主权国家,其政策客体是主权国家下的各民族语言。而对于欧盟的语言政策研究,如果忽视对其政策主体——欧盟这一介于国际组织和主权国家之间的特殊政体的分析,则难以准确把握其语言政策的特征。正是由于其政体特点,欧盟不可能将推行统一语言作为其增进集体认同的指导思想。但事实上,随着一体化程度的不断加深,欧盟对于语言政策给予了越来越多的重视:在2004年11月之前,语言政策只是欧盟委员会"教育与文化"总司负责的事务之一,由一名委员分管。而在此之后,"教育与文化"总司改名为"教育、培训、文化及多语使用"总司,"多语使用"成为总司名称的一部分。而从2007年1月1日开始,欧盟委员会专门成立了"多语使用"总司,由一名委员分管。可见,欧盟并没有忽视语言政策在一体化进程中的作用。由于并不具备国家主权,欧盟不可能将追求语言统一作为其语言政策的目的,但这并不能否定其欧盟语言政策在客观上可能起到的增强欧洲集体认同的作用,或者说欧盟的语言政策是以隐蔽的形式来促进欧洲集体认同的形成。

因此,对欧盟语言政策的深入研究,应以分析欧盟政体的特征为切入点,比较欧盟政体特征与国家政体在语言政策方面的共性及差异,在此基础上确定欧盟语言政策的内涵及特点,从增强集体认同的角度深入、系统地分析欧盟语言政策。

---

① 中国社会科学院语言研究所词典编辑室,《现代汉语词典》,北京:商务印书馆,2008年,第1741页。

1.3　研究方法与研究思路

1.3.1　研究方法

本研究以社会语言学为核心,涉及民族学、政治学等学科,属跨学科研究。研究方法主要包括文献分析、实地考察及访谈。具体为:

(1) 深入、系统研究相关文献,主要包括:欧盟相关条约、法案、决议、报告、调查及统计数据,中外学者的相关研究成果,报刊及媒体的相关报道,等等。

(2) 2007年5月至10月,本书作者赴荷兰莱顿大学进行相关研究,期间曾就欧盟语言政策及欧洲集体认同等议题与莱顿大学多位教授进行访谈与交流,并前往欧盟总部所在地布鲁塞尔,实地考察了欧盟多语总司、口译及笔译部并同相关负责人就欧盟机构多语体系的实施、欧盟语言政策的演变及其在一体化进程中的作用等议题进行访谈与交流。上述访谈与交流对明确研究思路、确定研究重点启发很大。

(3) 2011年8月至2012年9月、2014年1月至2月,本书作者曾前往美国华盛顿大学(西雅图)访学,华盛顿大学人类学系,西欧研究中心,俄罗斯、东欧与中亚研究中心以及华盛顿大学图书馆等为本研究提供了支持,完成了本书的最终修改。

1.3.2　研究思路及主要研究内容

(1) 具体思路

首先简要回顾欧洲一体化进程及在这一进程中所反映出的集体认同问题,对目前欧洲集体认同的研究现状做简要分析,归纳目前针对欧盟语言政策研究的特点及不足之处,说明从集体认同角度分析欧盟语言政策的必要性。随后,梳理、归纳语言及认同的相互关系,包括语言与民族认同、语言与国家认同的发展变化,全球化时代语言与国家认同关系的特点,以及近代以来语言政策相关领域(主要指与语言地位规划相关的民族语言地位规划)的主要观点,为系统分析欧盟语言政策确立了理论框架及基础。

本书将对欧盟政体的特征进行分析,以主权国家语言政策的基本内容为依据,试图确定欧盟语言政策的主要内容,将欧盟语言地位规划及其实施、欧盟少数民族语言保护政策、欧洲联盟东扩对候选国语言政策的影响以及欧盟的语言教育政策等确定为欧盟语言政策的基本内容,并从欧洲集体认同形成的角度对其进行系统、深入的分析,联系历史和现实世界中的具体事例进行对比研究。

(2) 主要研究内容

依据以上研究思路,本书共分为8章,可分为研究背景、研究基础、研究主体、研究结论。

研究背景:第1章简要归纳了欧洲一体化进程的主要历史节点,分析、概括了欧洲集体认同这一概念的内涵并总结了目前学术界研究分析欧洲集体认同的主要视角,说明从集体认同角度分析欧盟语言政策的必要性,并对研究方法及研究思路做了介绍,随后对本书外文文献的参考引用、若干用语的翻译进行了说明,并界定了若干术语。

研究基础:包括第2、3章。第2章分析了语言政策与认同的相互关系,着重从语言与民族及国家认同、全球化时代语言与国家认同的特点等进行了分析,随后从语言人权的角度,归纳、梳理了马克思主义民族语言观以及当代西方民族语言观,并对两者进行了比较,确定了当代国家语言政策的基本原则及其认同特征。第3章通过分析欧洲联盟的超国家性质,并参照国家语言政策的主要领域分析确定了欧盟语言政策的主要内容。

研究主体:包括第4—7章。分别从集体认同的角度分析了欧盟语言政策的主要方面。第4章分析了欧盟语言地位规划及其实施,梳理了欧盟语言地位规划的法律框架,并考察了欧盟官方语言平等政策的具体实施。随后对比分析苏维埃社会主义共和国联盟成立之初及之后语言政策的变化,说明欧盟官方语言平等政策对欧洲集体认同的重要作用。第4章还分析了在欧洲一体化进程不断深化的背景下,欧盟官方语言平等政策面临的挑战,即共同体机构在多语机制中对若干"大语言"的青睐。第5章分析了欧盟地区性及少数民族语言保护政策,并着重从欧盟成员国中的少数民族现状及少数民族语言使用情况来说明少数民族语言权利保护对于增进欧洲集体认同的意义。第6章主要以爱沙尼亚和拉脱维亚为例分析并评估了欧盟东扩对候选国语言政策的影响以及对欧盟集体形成的强化作用。第7章分析欧盟外语教育政策的形成及发展过程并从机构设置、重要行动计划、语言相关调查及测试等三个方面梳理归纳了欧盟推进其外语教育政策的努力,并对这一努力做了评估。

研究结论:包括第8章。简要总结了研究成果,说明了欧盟语言政策在一定程度上具备了国家语言政策建设的特征,对欧洲集体认同有一定的促进和强化作用。随后简要分析本研究的理论价值、实践价值及创新之处并对本研究的局限及进一步研究的问题做了简要说明。

1.4 几点说明

为便于研究及交流,对若干术语或名称的使用及翻译以及文献的引用说明如下:

(1) 欧洲的含义

在本书中,"欧洲"一词在不同的用语中其内涵并不一致,可分别指欧盟各成员国、部分或全部欧洲国家。但若非具体说明,一般不包括俄罗斯联邦,因而同地理概念上的欧洲并不完全一致。之所以未将俄罗斯联邦包含在内,是因为俄罗斯未参与始于第二次世界大战之后的欧洲一体化进程,而目前也未有参与这一进程的任何迹象。欧盟虽然以欧洲的代表自居,但也并未将俄罗斯联邦包括在内。

(2) 欧洲共同体与欧洲联盟

"欧洲共同体"(简称为"欧共体"或"共同体")以及"欧洲联盟"(简称"欧盟")是一对内涵联系密切但又必须加以区分的名称。根据《现代汉语词典》,"共同体"一词的含义为"人们在共同条件下结成的集体"或"由若干国家在某一方面结成的集体组织"。① 而其对应的英文原文"community"的相关含义包括"同一地区(尤指行使共同所有权)的一群人"或"由共同利益联合起来的国家"。② 考察欧洲一体化不断深化的进程,不难发现,这一过程就是"共同体"从"由若干国家在某一方面结成的集体组织"到"人们在共同条件下结成的集体"演变的过程。

1952 年根据《欧洲煤钢共同体条约》成立的欧洲煤钢共同体,与 1958 年分别根据《欧洲经济共同体条约》及《欧洲原子能共同体条约》成立欧洲经济共同体和欧洲原子能共同体,并称为欧洲三大共同体。而"欧洲共同体"只不过是原来"欧洲经济共同体"的新名称。此后通过机构合并,三个共同体实现了机构统一,即共同拥有一个共同体议会、一个共同体法院、一个共同的理事会等机构。虽然机构得以合并,但依然按照各自条约运行,所谓"三个机构,一套班子"。2002 年之后,煤钢共同体条约期限届满,欧洲共同体兼并了煤钢共同体条约调整的产业领域,但欧洲原子能共同体依然独立于欧洲共同体之外。因此,2002 年之后,三大共同体只余下了欧洲共同体和欧洲原子能共同体。可以看出,欧洲共同体的实质是一个其成员国在经济领域结成的集体组织。

1993 年根据《欧洲联盟条约》成立欧洲联盟后,"欧洲联盟"(简称"欧盟")并没有取代"欧洲共同体"。事实上,欧洲联盟被认为有三大支柱,欧洲共同体(包括欧洲原子能共同体)是其第一支柱,也是其核心支柱。其第二、第三支柱分别为共同外交与安全政策、司法与内务合作,这两大支柱是欧洲联盟成立后欧洲一体化新的延伸。《欧洲联盟条约》生效后,"欧盟"取代"欧洲共同体"成为这一国家联盟的新名称,但"共同体"一词依然可用来指代这一联盟。用"共同体"一词称呼欧盟,并不是取其"人们在共同条件下结成的集体"或"由若干国家在某一方面结成的集体组织"的字面含义,而是对"欧洲共同体"这一名称的沿用,但不再冠以"欧洲"一词。在使用"共同体"一词来指代欧盟时,往往更多地强调欧盟第一支柱,也就

---

① 中国社会科学院语言研究所词典编辑室,《现代汉语词典》(第 5 版),北京:商务印书馆,2008 年,第 479 页。

② 《新牛津英汉双解大词典》,上海:上海外语教育出版社,2007 年,第 426 页。

是核心支柱所涉及的一体化领域。这一领域的一体化程度最高,成员国在相应政策领域向共同体让渡了一定的国家主权,因此有义务遵守共同体的相关法律。而在第二、第三支柱所涉及的政策领域则更多地属于成员国政府间合作的性质。所谓"共同体化",就是指原本属于第二、第三支柱,主要属于成员国政府间合作的政策领域向第一支柱转移,这意味着成员国在相应的政策领域向共同体让渡一定的国家主权。[①]本书对"共同体"和"欧洲联盟"(或"欧盟")这两个名称不做严格区分。例如,虽然欧盟成立于1992年,远晚于欧洲经济共同体,但"欧盟的历史"这一表述并不仅仅指欧盟1992年成立以来的历史,而是包含了欧洲经济共同体自1958年成立以来的历史。

(3) 欧洲集体认同、欧洲认同、欧盟集体认同

欧盟视自己为欧洲的代表,以欧洲的历史文明及共有的文化遗产来彰显欧洲文明的特征,并以此作为欧盟的重要特征之一,以增强成员国公民对欧盟的集体认同。而欧盟在文化领域的一些活动,例如欧洲语言年的各类活动,也经常邀请其他非欧盟成员国参加。欧盟经常和其他欧洲组织、尤其是欧洲委员会共同合作开展一些活动,如在地区性及少数民族语言方面。由于几乎所有的欧洲国家都是欧洲委员会的成员国,因此上述合作事实上向欧洲所有国家开放。可以认为,欧洲文明特征并不仅仅属于欧盟及其成员国,也同样属于其他非欧盟成员国的欧洲国家。当然,由于欧洲文明自身的多样性,不同的欧洲地区及国家所体现的欧洲文明,其内涵也有差别。在本书中,"欧洲集体认同"与"欧洲认同",皆指"欧盟集体认同"。

(4) 参考文献的引用

本书在写作过程中,参考了较多的共同体条约、指令、决议、公告等,以及较多的外文(英文)文献,而其中有些英文文献译自其他语种,如法语、德语等。为避免人名翻译可能出现的差错,在引用外文文献时,人名(包括正文、脚注及参考文献)一律使用外文原文。外文论文题目、外文书

---

① 参见本书 3.1.1。

名或其他外文文献名称在本书正文中出现时,依据直译原则将其译为中文,若出现在脚注或参考文献中时,使用外文名称。引用的外文文献内容部分,一般由本书作者翻译或者整理后翻译为中文。在引用业已翻译为中文的文献时,人名及文献名称均用中文,但若在本书有引用同一学者外文文献的情况,则在上述中文人名后的括号中给出其外文原名。本书引用了较多的网上文献,为确保来源可靠,网站文献均来自官方网站或权威新闻网站。另外,考虑到正文的连贯及便于阅读交流,注释均以脚注形式给出。参考文献部分列出了本书在撰写过程中有文字或观点引用的其他学者的研究成果,但本书有关欧洲共同体及其他欧洲或国际组织,主要是欧洲委员会及欧洲安全与合作组织的各类文件的引用,马克思、恩格斯、列宁等相关文献的引用,网站及报刊引用等等,不再在参考文献中列出。

此外,由于共同体的某些条约、指令、决议、公告等名称相对较长,如2002年2月14日欧盟部长理事会通过的《关于在落实2001年欧洲语言年目标框架下促进语言多样性和语言学习的决议》及欧盟委员会在2003年7月24日发布了《2004—2006年度促进语言学习及语言多样性行动计划》,为避免重复,上述文件名称在同一段落或者下一段落再次出现时,在不引起理解歧义的前提下,将被分别简称为《决议》及《行动计划》,文中不再予以说明。

(5) 若干包含"European"一词的专门用语翻译

在翻译包含英文"European"一词的专门用语时,若已有标准翻译,一般采用标准译法。若未发现标准译法,而内涵十分明确时,则根据实际情况译为"欧盟的"或"欧洲的";若内涵并不确切,则译为"欧洲的"。例如,由于自认为是欧洲的代表,欧盟的机构也多以"欧洲(的)"为其限定语。如 European Parliament、European Court of Justice、The European Economic and Social Committee 等事实上都是欧盟机构,但汉语翻译一般均为"欧洲议会""欧洲法院""欧洲经济与社会委员会"。若欧盟机构冠以"欧洲"一词会引起歧义,则在外文中"European"一词一般会被

"European Union"替代。如为与欧洲委员会①(Council of Europe)区别，欧盟将其理事会称为欧盟理事会(Council of European Union)。有时，即使欧盟机构名称外文原文中使用了"欧洲(的)"一词，而在译为汉语时为避免歧义，亦将"欧洲(的)"译为"欧盟(的)"，如将"European Commisssion"译为"欧盟委员会"，以区别于上文提及的"欧洲委员会"。②

为简洁起见，本书在一定的语境中，欧洲共同体、欧盟委员会、欧洲议会、欧盟理事会分别简称为共同体、委员会、议会、理事会。另外需要说明的是，在欧盟文献中，英文"European Union"，其法定简写形式"EU"及"Union"都可指欧盟。在同一文献中，这三种形式可交替出现。本书认为这主要是出于上下文语境的需要，类似于汉语中"欧洲联盟""欧盟""联盟"的区别，显然，"欧洲联盟"要更庄重、正式，而"联盟"一词则更为亲切。本书在翻译相关引用文献上述用语时，也考虑这一特点。

(6) 民族与族群，主体民族与少数民族

民族对应的英文用语一般为"nation"，但"nation"又有"国家""全体国民""主权国家的政府"等含义。在西方文献中，"民族"通常表示某种政治实体。而"族群"(ethnic group)则更强调具有语言、宗教和文化习俗等非政治性差异的群体。显然，在一般使用时，汉语"民族"这一概念兼有"族群"之意。③因此，汉语中"民族"与英文"nation"并不对等。本书在引

---

① 欧洲委员会(以下简称欧委会)于1949年5月5日在伦敦成立，总部设在法国斯特拉斯堡。原为西欧10个国家(爱尔兰、比利时、丹麦、法国、荷兰、卢森堡、挪威、瑞典、意大利和英国)组成的政治性组织，现已扩大到整个欧洲范围，共有47个成员国，5个部长委员会观察员国(梵蒂冈、加拿大、美国、日本和墨西哥)以及3个议会观察员国(加拿大、墨西哥和以色列)。其宗旨是保护欧洲人权、议会民主和权利的优先性；在欧洲范围内达成协议以协调各国社会和法律行为；促进实现欧洲文化的统一性。欧委会通过审议各成员国共同关心的除防务以外的其他重大问题、推动各成员国政府签订公约和协议以及向成员国政府提出建议等方式，谋求在政治、经济、社会、人权、科技和文化等领域采取统一行动，并经常对重大国际问题发表看法。参见中华人民共和国驻法国斯特拉斯堡总领事网站: http://www.consulatchine-strasbourg.org/chn/ozjg/t114658.htm, 2009年3月10日查询。

② 国内亦有文献将"Council of Europe"翻译为"欧洲理事会"。例如《欧洲语言共同框架：学习、教学、评估》一书对该机构的翻译就采用了"欧洲理事会"。欧洲委员会文化合作教育委员会编写．《欧洲语言共同框架：学习、教学、评估》．刘骏，傅荣主译．北京：外语教学与研究出版社，2008年。

③ 马戎．《民族社会学》．北京：北京大学出版社，2004年，第73—74页。

用外文文献时,依具体语境将"nation"分别翻译为"民族""国家"或者"国民"。在我国,学术界对如何定义"民族"及区分"民族"和"族群"这两个概念长期在争议。① 本书采用"民族"的如下定义:"民族是在一定的历史发展阶段形成的稳定的人们共同体。一般来说,民族在历史渊源、生产方式、语言、文化、风俗习惯以及心理认同等方面具有共同特征。有的民族在形成和发展过程中,宗教起着重要作用。"② 上述定义综合考虑了不同学者对于构成民族的诸多要素的分析,而且"人们共同体"这一用语,既可理解为政治性共同体,也可解释为文化共同体,概括性强。

"少数民族"对应的英文用语为"minority"。在英文中,"minority"既可指"少数民族",亦可指一个国家中某一人口规模较小的"ethnic group",即族群。显然"少数民族"与"规模较小的'族群'"两者并不完全一致。为便于讨论,本书在引用英文文献时,一般将"minority"译为"少数民族"。在一个国家中,与"少数民族"相对应的是"主体民族"或"主要民族"。主体民族通常只有一个,若其人口占全国人口的绝大多数时,本书称之为"单一主体民族国家",对于所谓的民族国家(nation-state)来说尤其如此。但也有少数国家,存在着多个主要民族,如前南斯拉夫联邦,以及欧盟成员国比利时,③ 两者均不属于单一主体民族国家。一般而言,大部分单一主体民族国家仍是多民族国家,但其国家的稳定性及国民对国家的认同度通常要高于有多个主要民族的多民族国家。近年来,有学者对"主体民族"这一用语提出批评,认为其不利于表达强势民族对弱势

---

① 李振宏. 新中国成立 60 年来的民族定义研究.《民族研究》,2009 年第 5 期,第 12 页—23 页.
② 见《中央民族工作会议精神学习辅导读本》. 北京:民族出版社,2005 年版. 第 29 页. 引自李振宏. 新中国成立 60 年来的民族定义研究.《民族研究》,2009 年第 5 期,第 21 页.
③ 前南斯拉夫联邦共有 24 个民族,主要民族有 6 个,即:塞尔维亚人、克罗地亚人、斯洛文尼亚人、黑山人、马其顿人、穆斯林等,分别占全国总人口的 36.2%、19.7%、7.5%、10.0%、2.3%、5.8%(1985 年统计数据)。见:葛壮. 前南斯拉夫的崩解及其警示.《世界经济研究》,2003 年第 5 期,第 80—84 页. 而比利时两个主要民族佛拉芒人及瓦隆人分别约占全国总人口的 59% 及 32%(1993 年统计数据)。见:斯钦朝克图. 国家的双语化与地区的单语化:比利时语言政策研究. 引自中国社会科学院民族研究所编.《国家、民族与语言:语言政策国别研究》. 北京:语文出版社,2003 年 4 月,第 141 页.

民族的平等态度。①但本书使用"主体民族",以示其在人口、地域分布、经济、文化等方面的优势地位。若将欧盟视为一个正在构建中的人民共同体,这一共同体显然不存在主体民族。

(7) 地区性或少数民族语言

《欧洲地区性语言或少数民族语言宪章》对地区性或少数民族语言(regional or minority languages)的定义是:②

① 该语言传统上由群体人数在全国占少数的国民在特定区域使用,且与该国的官方语言不同;

② 它既不包括该国官方语言的方言,也不包括移民语言。

本书采用上述定义。但需要说明是,地区性语言并不完全等同于少数民族语言:地区性语言只在某一特定区域使用,而某一少数民族语言则可能由生活在不同地区的该少数民族成员使用。一般说来,少数民族语言与特定地区有密切的联系,少数民族成员若离开其传统聚集地前往其他地区生活,则很可能由于语言环境的变化转而使用其他语言。在外文文献中,同"地区性或少数民族语言"这一用语联系密切的概念还有:linguistic minority 或 linguistic minority group,③ lesser-used language,④前者可译为"语言少数民族",指有自己母语的少数民族;后者译为"较少使用语言",指在一个国家中使用人数日渐减少的语言,一般来说,这类语言基本属于少数民族语言。

(8) 语言教育政策与外语教育政策

一般来说,语言教育政策与外语教育政策有着不同的内涵,前者可涵盖后者。在我国,语言教育政策中的"语言"可指汉语、少数民族语言、外

---

① 李林杰,李劲松.论"主体民族"观念的现代转换.《黑龙江民族丛刊》,2006 年第 5 期,第 26—34 页.

② 见:*European Charter for Regional or Minority Languages*,第 1 条,载欧洲委员会官方网站.

③ Bartha, Csilla & Borbely, Anna. Dimensions of Linguistic Otherness: Prospects of Minority Language Maintenance In Hungary. *Language Policy*,2006(5):335—363.

④ Mamadouh, Virginie. Beyond Nationalism: Three Visions of the European Union and Their Implication for the Linguistic Regime of Its Institutions. *GeoJournal* 1999(48):133—144.

语等,但主要指汉语及少数民族语言教育。若分析的重点为外语教育,一般应使用"外语教育政策"。而在欧盟的相关文献中,这两个用语的重点均为"外语教育"。与此类似的是,对于学习外语,欧盟的相关文献用语也不一致。例如,欧盟部长理事会1997年12月16日通过的《关于在较低年龄开始教授联盟语言的决议》,[①]题目中的"联盟语言"显然是指外语。《决议》对语言教学和外语教学在用语上未做区分:"教授一门外语……"(序言第5条)、"提倡精通三门联盟语言"(序言第9条)、"在母语学习之外尽早开始一门或更多语言的学习……"(第一部分第一句)、"在较低年龄提供除母语之外至少一门联盟语言的教学"(第二部分第三段)等等。这种用语上的不一致其实是欧盟超国家性的一种体现。本书在引用、叙述及分析相关文献时,一般根据原文的用语翻译为"外语教学(学习)""其他一门联盟语言的教学(学习)""共同体其他官方语言的教学(学习)""语言教育政策""外语教育政策",等等。但都主要指外语教育。

(9)"multilingualism"及相关用语的翻译

《牛津英语大词典》对"multilingualism"的释义为:①具有使用多种语言的能力;②多种语言的使用。[②]根据上述释义及不同语境,本书对相关用语的翻译如下:"institutional multingualism"译为"机构多语机制",或"机构多语服务",或"机构多语能力";"individual multilingualism"译为"个人多语使用"或"个人多语能力"。

---

① 原文 Council Resolution of 16 December 1997 on the Early Teaching of European Union Languages, http://eur-lex.europa.eu/LexUriServ/site/en/oj/1998/c_001/c_00119980103en00020003.pdf

② 《牛津英语大词典》(简编本),上海:上海外语教育出版社,2004年,第1858页。

第 2 章　语言政策与认同

2.1　语言与认同

2.1.1　语言与民族认同

语言在人类历史发展过程中起着十分重大的作用,这是因为语言不仅仅是人们之间必不可缺的交流工具,而且也往往是极其重要的群体身份标志。因而语言与社会群体乃至民族有着十分紧密的联系。在历史上,对语言的称呼往往也成为对讲该语言人群的称呼。例如,早在公元前5世纪,波斯国王大流士一世(公元前 522—486 年在位)就用语言的名称来称呼讲该语言的民族。[1]而于公元 4 世纪逐渐开始形成的英语[2]以及公元 7 世纪开始形成的德语[3]都是用同一个词来称呼语言及讲该语言的民族。这里,语言成为民族的最主要特征。

德国哲学家 Fichte(费希特)认为:"国家首要的、最初的、并且是真正自然的边界毫无疑问是他们的内在边界。那些讲相同语言的人们天生就有无形的巨大吸引力,他们相互聚集起来……形成了不可分割的整体。"[4] 这里,Fichte 强调的是语言对民族认同的作用。

---

[1] Ostrower, Alexander. *Language, Law and Diplomacy*. Philadelphia: University of Pennsylvania Press, 1965, p. 589.

[2] Gelderen, Elly Van. *A History of English language*. Ansterdam: John Benjamin Publishing Company, 2006, p. 2.

[3] Waterman, John T. *A History of German Language*. Seattle: University of Washington Press, 1966, p. 74.

[4] Fichte, Johann Gottlieb. *Address to the German Nation*. R. F. Jones & G. H. Turnbull Ctrans(trans.), George A. Kelly(ed.). New York: Harper Torch books, 1968, pp. 190−191.

Anderson(安德森)则分析了印刷的书面语言对民族特征形成的影响。他认为,印刷语言需要在不同的语言变体中确定标准文字,而这个标准的确立有助于在整个民族范围内实现交流,这种标准的确立意味着多样性的减少,语言形式趋向固定。这使得语言不但能实现跨空间和地域的交流,也能跨越时间连接过去。而从前拉丁语则未能做到这一点。[①] Anderson 虽然肯定了语言在形成民族特征方面的重要作用,但显而易见,他更强调的是语言的交流与沟通作用,而不是语言的特征标志作用。早在1882年,法国哲学家 Renan(勒南)也认为"一个民族是一个灵魂和精神的集合体。这个集合体由两个要件构成:一个是过去,一个是现在。过去是共同拥有的记忆,现在则是共同达成的协议:他们愿意在一起生活,愿意延续共同继承的传统"。[②] Renan 也更多地强调语言的沟通作用而不是语言的身份认同作用。但是,拥有相同的语言则更有利于形成共同记忆。Karl W. Deutch(卡尔·多伊奇)明确提出了社会交流对民族与国家构成的作用。他认为,民族认同形成的前提是"一个较大的群体,其成员相互之间能在广泛议题上比同群体之外的成员进行更为有效地交流"。[③] 这里强调的是语言的沟通作用而不是语言的身份标志作用。但显而易见,不具备相同的语言,或不同语言之间的群体缺乏通用语言,则难以进行有效的交流。

可见,语言对于民族形成的作用可归纳为两个方面,一是语言的身份标志作用,也就是特定的民族使用特定的语言;二是语言的沟通和交流作用,即交流和沟通有助于一个民族形成共同的历史和记忆,强化民族认同。从欧洲历史来看,每个民族基本上都拥有自己特定的语言,或相近的语言。相同或相近的语言既是一个民族的身份标志,同时也是形成共同历史和记忆的必要条件。例如,德意志民族在形成现代国家之前就已经

[①] Anderson, Benedict. *Imagined Communities*. London: Verso Editions and NLB, 1983, pp. 44—46.

[②] Joseph, John Ernest. *Language and Identity*. London: Palgrave Macmillian, 2004, p. 112.

[③] Deutch, Karl W. *Nationalllism and Social Communication: An Enquiry into the Foundation of Nationality*. Cambridae: M. I. T. Press, 1953, p. 97.

通过趋于一致的德语实现了语言与文化的相对统一,使得德语成为德意志民族的主要特征。这个过程大约发生在 1520 至 1546 年间,在这 26 年间,三分之一的德语出版物都是马丁·路德的德文《圣经》译本或他的其他出版物。①

2.1.2 语言与国家认同

一般认为,欧洲的现代国家制度开始形成于欧洲 1618—1648 年 30 年战争之后。战争结束后于 1648 年 10 月签订的《威斯特伐利亚和约》标志着欧洲逐渐进入了以民族国家为主体的现代国家制度时代。②在此之前,语言和国家认同并不具有必然的联系。例如,罗马帝国在其军队、司法和官僚机构中使用拉丁语,但在不同的地域,当地民众进行交流时仍使用当地语言(例如希腊语)。罗马帝国的统治者似乎并不关心广阔疆域中各种不同的地区语言。但事实是,在罗马帝国的西部疆域(西欧)拉丁语逐步替代了一些地区性的语言,但这并不是特定的语言政策的同化结果,而是罗马帝国在行政管理中使用拉丁语的影响。③在拜占庭帝国时代,希腊语成为国家机器的官方语言,但在文化艺术领域,各地方语言仍得以广泛使用。在奥斯曼帝国时代,土耳其语是军队和王宫中使用的语言,而其他地区语言仍得以广泛使用。④

罗马帝国没有在其帝国范围内的民众当中统一语言,主要原因大致包括以下三个方面:一是罗马帝国兴起的时代,不同地区之间的交流十分有限,至少普通民众缺乏与其他地区交流机会;二是罗马帝国庞大的疆域及其政治体制对推进语言统一缺乏促进作用;三是落后的大众教育不

---

① Ozment, Steven. *A Might Fortress: A New History of German People*. New York: Harper-Collins, 2004, pp. 88—90.

② Friese, Heidrun. & Wagner, Peter. *European Political Modernity in The Shape of New Europe*. Ralf Rogowski & Charles Turner (eds.). Oxford: Oxford University Press, 2006, pp. 61—86.

③ Wright, Sue. *Language Policy and Language Planning: From Nationalism to Globalisation*. London: Palgrave Macmillan, 2004, pp. 21—27.

④ Varennes, Fernand De. *Language, Minorities and Human Rights*. The Hague: Martinus Nijhoef Publishers, 1996, pp. 1—20.

可能给其帝国疆域内的普通民众提供有效的语言教育,尤其是学习其他语言的机会来影响语种结构。

可见,在现代民族国家兴起之前的欧洲,语言与国家认同并没有必然的联系。民族国家兴起后,追求国家语言统一成为绝大多数民族国家语言政策的重要指导原则。这一过程大致始于资本主义在欧洲开始兴起的时代。美国政治学家 Karl Deutsch(卡尔·多伊奇)经过对相关史料和文献分析后认为,欧洲现代国家兴起之后,官方语言或国家通用语言数量的增加和 1871 年以来民族国家数量的增加呈现出一致性:1800 年,欧洲有 16 种官方语言或通用语言,到了 1900 年,这一数目成为 30 个,而到了 1937 年,又增加为 53 个。①因此可以认为,民族国家体系是国家通用语形成的重要前提。无论是单一主体民族的语言通过国家推广成为通用语言(例如英国)②,或者民族国家通过推行通用语促使单一主体民族的形成(例如法国)③,最终成为国家通用语的语言一般就是主体民族的民族语言。而在存在着两个或两个以上主体民族的民族国家,若其民族语言不同,则往往实行官方双语或多语政策,例如比利时和瑞士。

可见,欧洲现代民族国家兴起之后,特定的民族语言则成为民族国家认同的重要标志,以国家意志推行某一语言,使其成为全国的通用语,成为欧洲民族国家语言政策的基本方针。指定唯一官方语言是欧洲民族国家兴起以来大部分欧洲国家语言政策的重要内容。然而这一做法在当今受到质疑。有学者认为,以语言作为国家认同特征,推广唯一官方语言的做法,也许迎合了 18 世纪欧洲工业化和现代国家形成同时进行的需要,但并不适合当今社会的具体情况。④也有学者认为,即使国家推广一种官方语言,也不可能消除地区性的方言和少数民族语言。多种官方语言并

---

① Deutsch, Karl W. International Affairs: The Trend of European Nationalism—The Language Aspect. *The American Political Review*, 1945(36.3):533—545.

② 参见 2.2.3

③ 参见 2.2.3

④ Witte, Bruno De. The Impact of European Community Rules on Linguistic Policies of the Member States. In *A Language Policy for the European Community*. Florian Coulmas(ed). New York: Mouton de Gruyter, 1991, p.163.

不会产生分离主义,重要的是人们对自己所讲的语言所持的情感。①

但事实是,当今在欧洲,大部分国家实行唯一官方语言政策。以欧盟的 28 个成员国为例,17 个国家宪法规定全国唯一官方语言(包括奥地利、保加利亚、爱沙尼亚、丹麦、法国、德国、希腊、拉脱维亚、立陶宛、马耳他、荷兰、波兰、葡萄牙、罗马尼亚、斯洛伐克共和国、捷克共和国、意大利);4 个国家规定全国使用唯一官方语言,但法律规定有地区性官方语言(斯洛文尼亚、西班牙、英国);使用两种以上官方语言的国家仅有 7 个(比利时、塞浦路斯、芬兰、爱尔兰、卢森堡、瑞典、瑞士)。②不过在这 7 个国家中,除比利时外,其余 6 国都有在全国占一定优势地位的事实上的通用语。而比利时由于其三种官方语言,尤其是其北部的荷兰语区和南部法语区的划分,事实上将比利时分成了南北两部分,有学者认为,这不利于强化比利时国家认同③。2007 年、2010 年比利时两次国会大选结束后,荷语区政客和法语区政客围绕组建联合政府引发的政治危机在某种程度上支持了这一观点。④

---

① Bambgbose, Ayo. *Language and the Nation*: *The Language Question in Sub-Saharan Africa*. Edinburgh: Edinburgh University Press, 1991, p.14.

② Trifuvska, Snezana. *European Minorities and Languages*. The Hague: T. M. C. Asser Press; 2001, pp. 389—606.

③ Craen, Piet van de. What, if Anything, Is a Belgian. *Yale French Studies*, No. 102, *Belgian Memories*. 2002: 24—33.

④ 2007 年 9 月,比利时国会大选结束已 3 个月,但因来自荷语、法语区的政治人物间缺乏互信,无法组成联合政府。代表极端组织的示威者在比利时多个城市示威,要求国家分裂,比利时国会陷于瘫痪。而当时的民调显示,43% 的荷语区民众赞成"分家",法语区民众也有五分之一支持此观点。2007 年 9 月 10 日的比利时《晚报》竟然详细介绍捷克、斯洛伐克"和平分裂"的经验,指比利时或可参考。讲荷语的法兰德斯地区在 2007 年 6 月 10 日国会选举后就积极要求独立公投。比利时主要政党弗兰德斯党魁德威特在 9 月 11 日表示:"我们的政治危机已经超过 92 天,弗兰德斯政府目前还没有被接受,这意味着我们将决定自己的弗兰德斯国会、弗兰德斯政府,来宣布我们自己的独立!"这一危机直到 2008 年 3 月 21 日比利时新联邦政府成立才宣告结束。在长达 148 天的时间里,比利时处于"无政府"状态。而这样的"无政府"危机在 2010 年 6 月大选后重演,时间更长达 540 天。见:1. 比利时陷入国家分裂危机国会瘫痪。载新浪网,http://news.sina.com.cn/w/2007-09-12/091313873048.shtml,2007 年 9 月 28 日查询;2. 比利时新联邦政府宣誓就职,比政治危机宣告结束。载中国新闻网,http://www.chinanews.com/gj/oz/news/2008/03-21/1198098.shtml,2014 年 1 月 28 日查询;3. 比利时结束 541 天"无政府"窘境新内阁今就职。载人民网,http://world.people.com.cn/GB/157278/16520290.html,2014 年 1 月 28 日查询。

因此,从上述论述可以看出,从服务于国家认同出发,实现语言统一,或者拥有全国广泛使用的通用语,依然是当代国家制定语言政策的主要指导原则之一。

2.1.3 全球化时代语言与国家认同的特点

在全球化趋势不断加剧的时代,语言同国家认同之间存在着什么样的关系呢?让我们首先来分析全球化对不同民族国家文化的影响。一般认为,随着经济的全球化与数字与网络技术的快速发展,不同民族国家文化的相互交流与融合明显加快,因而不可避免地在某些方面会发生趋同现象,这主要表现在人类出于对某些共同价值的追求超越了民族国家传统文化观念,并进而形成人类的共同文化。[①][②]但是,全球化背景下的文化传播与交流是不对等的,以美国为代表的西方发达资本主义凭借其在政治、经济以及在大众媒体方面拥有的优势地位,在全球化文化传播中掌握着主导权,有学者甚至将其称为"文化霸权"或者"文化帝国主义"。[③]然而,每一民族国家的文化都有其独特的一面,面对外来文化,维护自身文化特征、提倡本国传统的"复兴",以本土化来与外来文化相抗衡的努力则会出现反弹。因此,有学者认为,文化领域的全球化与各国的本土化实际上是两个并行的潮流。[④]但是,文化的全球化传播无疑促进了不同文化间的交流,呈现出不同文化你中有我、我中有你的融合与发展。

语言在全球化过程中经历了类似的过程,但语言之间的相互交流,或者说语言使用者之间的语言相互学习,呈现出比文化传播更为明显的单向性。伴随着全球化进程,借助美国在政治、经济、科技以及文化领域的强势地位,以及在此之前英国推广英语所奠定的基础,英语已经成为全世界使用最为广泛的语言。这种广泛性表现在无论是以英语为母语的国

---

① 胡显章. 全球化背景下的文化多样性与文化自觉.《清华大学学报(哲学社会科学版)》,2007 年第 3 期,第 140—144 页

② Van Der Bly, Martha C. E. Globalization and the Rise of One Heterogeneous World Culture: A Microperspective of a Global Village. *International Journal of Comparative Sociology* 2007(48): 234—256

③ 张骥,刘中民.《文化与当代国际政治》. 北京:人民出版社,2003 年,第 300—315 页

④ 马戎. 全球化与民族关系研究.《西北民族研究》,2007 年第 4 期,第 1—14 页

家、以英语为第二语言或工作语言的国家以及将英语作为外语学习的国家,还是全世界会讲英语的人数,都远远超出世界上任何其他一种语言,①以至于有学者将英语相对于其他语言不断强化的主导地位及由此而日益加剧的英语和其他语言的不平等称为"语言领域的帝国主义"。②但也有学者认为,将英语的传播用于通常与经济与军事概念相联系的帝国主义并不适当,因为毕竟世界需要一种语言进行交流,而目前英语恰好承担了这一任务。③

不过,比较文化帝国主义和语言领域的帝国主义这两个概念可以发现:文化帝国主义所代表的文化霸权,包括了以美国为首的西方资本主义国家。但语言领域的语言霸权,则越来越成为英语一种语言的特权。对此,有学者提出,作为国际社会使用最为广泛的语言,英语也存在着去文化过程,即英语已不仅仅是以其为母语的少数几个国家的文化承载者,而是逐渐成为国际社会共同拥有的语言资源,因为处于全球化进程中的世界需要一种共同语言进行交流,而英语恰好承担了这一角色。④但在实践中,由于语言和文化之间的密切联系,保持传统文化的努力,往往和维护民族语言地位密切联系在一起。例如,作为欧盟重要的成员国,法国一直将法语作为国家认同的重要特征和社会融合的重要工具。尤其是20世纪70年代以后,面对经济发展缓慢、地缘政治地位相对下降以及大量涌入的移民,法国政府以及民间更加重视对法语地位的维护,法国曾于1972年、1975年、1986年和1994年多次立法,以维护法语的"纯洁"以及法语在法国公共媒体领域的地位,抵御来自英语的影响,并力争保持法国的国际语言地位。⑤

---

① 曹廷军. 语言即人,人即语言——反思英语全球化与弱势民族语言文化的丧失.《外语学刊》,2007年第5期,第8—12页.

② Phillipson, Robert. *Linguistic Imperialism*. Oxford: Oxford University Press, 1992: 39—77

③ Tollefson, James W. *Language and Languages—Study and Teaching-Social Aspects*. Cambridge: Cambridge University Press, 1995: 50

④ McArthur, Tom. World Englishes, Euro-Englishes, Nordic English? *English Today* 2003 (73.19.1):54—58.

⑤ Shelly, Sharon L. the dilemma for French language policy in the 21st century. *Language & Communication* 1999(19):305—316.

荷兰同法国一样,也面临大量移民。2005年,荷兰1600万人口中的11%是出生在国外的移民。如果加上第二代移民,这个比例高达20%。而其中的"非西方"移民达160万。这主要包括土耳其人、苏里南人以及摩洛哥人。[1]而荷兰的移民政策也从20世纪90年代以前的鼓励文化多元政策转变为现在的文化同化政策。现在,移民赴荷兰之前要通过初级荷兰语及荷兰文化水平考试,想加入荷兰籍的移民还要参加一系列荷兰语与荷兰文化考试。从语言和文化价值观上融入荷兰社会,成为移民加入荷兰籍的必要条件。[2]

苏联解体后,民族语言成为那些独立出来的前加盟共和国强化民族及国家认同的重要工具。以乌克兰为例,1991年独立后,乌克兰语在新的宪法中取代了原来俄语的地位,成为国家的官方语言。[3]由于俄语仍然是乌克兰广泛使用的主要语言之一,并且是乌克兰境内俄罗斯族人的第一语言。乌克兰语和俄语地位的变化,折射出这两大民族地位的相互变化,成为民族矛盾的诱因,甚至引发了乌克兰和俄罗斯两个国家在语言问题上的矛盾。2004年4月20日,俄罗斯外交部发言人就乌克兰国家电视与广播委员会[4]提出了优先使用乌克兰语的决定表达了担心,要求这一决定不能侵犯在乌克兰的800万俄罗斯族人(占乌克兰总人口17%)的语言权利。[5] 2006年9月27日,俄罗斯外交部发言人愤怒地指责乌克兰试图在官方以及日常生活中限制俄罗斯语的使用,并认为,乌克兰一直以来就是一个双语国家。第二天,乌克兰外交部长在记者招待会上表示,俄罗斯外交部的上述指责是对乌克兰内政的干涉。乌克兰国内俄语的地

---

[1] Entzinger, Han. Changing the Rules While the Game is on: From Multilingualism to Assimilation in the Netherlands. In *Migration, Citizenship and Ethnos*. Y. Michael Bodemann & Gokce Yurdakul(eds.). New York: Palgrave Macmillian, 2006, p.122.
[2] Lbid, pp.130—131.
[3] Bilaniuk, Laada. *Contested Tongues: Language Politics and Cultural Correction in Ukraine*. New York: Cornell University Press, 2005, pp.18—20.
[4] 英文原文为 The Ukrainian National TV and Radio Broadcasting Council
[5] 参见俄罗斯国际评论通讯社(RIA Novosti)2004年4月20日报道,Moscow Warns Kiev Against Sharp Changes In Electronic Media Language Policy.

位问题,成为乌克兰和俄罗斯之间一个颇为敏感的问题。①

在美国,也有学者担心由于语言差异对不同族群文化交流与融合的负面影响可能削弱对国家的认同。20世纪80年代以后,美国非英语移民数量增加很快(1910年,美国90%的移民来自欧洲;1980年以后,80%的移民来自亚洲和拉丁美洲)。②这引起了美国一些研究者的注意。对于美国各州开设的旨在帮助新移民融入美国的双语教育项目,Arthur Schlesinger进行了激烈的批评,他认为,采用英语之外的语言进行学校授课,无疑鼓励了非英语社区的发展,而这既不利于国民的团结,也更不利于这些非英语移民在美国社会的发展。③这种观点无疑具有广泛的代表性:美国建国以来,关于语言的争论从没有像近二十年来如此引人关注。迄今,美国已经有26个州宣布英语为该州的官方语言,其中21个是1980年以后宣布的。在剩余的24个州中,至少有12州也在就此问题进行辩论。许多城市和市镇也以不同的法律形式对所在区域的商店等场所的用语进行规范。④由于以西班牙语为母语的墨西哥移民不断增加,有学者担心这会对英语在美国的主导地位构成威胁。例如,塞缪尔·亨廷顿认为,由于美国对于移民文化和语言,尤其是墨西哥移民和西班牙语的政策过于宽松,从而导致西班牙语在美国迅速传播起来。2002年6月,拉美裔人口已经达到3880万人,比2000年人口普查时增加了9.8%。而同期美国人口增长仅为2.5%。在这2年又4个月时间里,美国人口增长量的一半是拉美裔人。在2000年,美国5岁以上的人口中有18%的人在家里说英语之外的语言,其中2810万人说西班牙语。对此,他指出,西班牙语正在和英语一起充当美国的主要语言。如果这一趋势继续下去,拉美裔人和非拉美裔人之间的文化分歧将会取代黑人和白人之前的种族分

---

① "Russian Language Infringement", Scandal In Ukraine, Ukrainian Monitor, http://cpcfpu.org.ua/en/projects/foreignpolicy/week_theme/011006/,2007年9月28日查询。

② Schlesinger, Arthur. *The Disuniting of America*. New York: W. W. Norton & Company, 1991. pp.119—120.

③ Ibid., 1991, p.108.

④ Schildkraut, Deborah J. Official-English and the States: Influences on Declaring English the Official Language in the United States. *Political Research Quarterly* 2001(54.2): 445—457.

歧,而成为美国最严重的分歧。两种语言和两种文化,这将使得3个世纪以来一种文化和一种核心——盎格鲁——新教文化的美国变得面目全非。①对于亨廷顿的这一观点,Jack Citrin 等学者表示了不同意见,根据他们对美国1980年和2000年人口普查等相关数据的对比分析,以及对移民的文化认同和爱国思想所进行的问卷调查,他们得出如下结论:以西班牙语为母语的移民从第二代开始,以下两个过程都呈现出不断加速的特点:即在学习英语同时,西班牙语能力却在退化。而且绝大多数来自拉美的移民并没有在主观上突出自己的种族特征或认同,他们的爱国情感一代一代在不断增强,因此,传统意义上的政治同化占据主导地位。②很显然,这里,Jack Citrin 等学者只是对亨廷顿的趋势预测表达了不同的看法,但对于其不同语言会导致文化分歧这一观点,并没有持反对意见。

不过,也有观点认为,在当今全球化时代,语言维护民族认同、促进国家团结的作用得到了更多的重视。这同历史上语言在民族认同方面的作用有类似的一面:通过增强交流和沟通来形成跨越不同民族的共同体,以巩固民族乃至国家认同。毫无疑问,全球化发展之后,许多超国家的行为主体及非政府组织的作用越来越得到加强,国家在一些方面作用有所缺失,而必须依靠国际组织来补充。然而国家的中心地位虽然发生了变迁,但仍然是国际社会的主要行为主体。③而且,全球化时代,各种利益冲突日趋增多,文化全球化对民族文化的冲击日趋明显。正如有学者指出,全球化时代日益便捷的全球信息交流和人员往来使不同文化、民族、宗教以及语言社区之间的接触比以往任何时候都要密切,外来文化的植入与适应,以及与此相伴随的某些原有传统的去文化过程,模糊了不同文化之间的差别。④虽然如此,由于大部分国家都更加重视民族文化对维护国家团

---

① 亨廷顿,塞谬尔.《我们是谁——美国国家特性面临的挑战》.程克雄译.北京:新华出版社,2005年,第264—268页。
② Citrin, Jack & Lerman, Amy & Murakami, Michael. Testing Huntington: Is Hispanic Immigration a Threat to American Identity? *Perspectives on Politics* 2007(5.1):31—48.
③ 刘雪莲.全球化背景下国家中心地位的变迁.《社会科学战线》,2007年第5期,第285—288页。
④ Kim, Young Yun. Intercultural Personhood: Globalization and a Way of Being. *International Journal of Intercultural Relations* 32 (2008):359—368.

结、促进国家认同的作用,语言作为民族文化的直接承担者,其作用当然不可能被忽视。但需要说明的是,对传统文化的重视,包括强化民族语言在民族及国家认同的作用,并不等于说传统文化和民族语言在民族乃至国家身份认同方面的实际作用增强了。也许可以说,上文所提及的"重视"和"强化"正是出于传统文化和民族语言在民族乃至国家身份认同方面的作用被削弱的一种反弹。

对于一个单一民族国家来说,民族文化的建设和国家文化的建设是等同的。两者都和民族语言有着十分密切的关系。当然,在当今世界,纯粹意义上的单一民族国家只是极少数。①绝大部分国家是多民族国家,在这些国家,如何建设能超越各民族文化的国家文化,以增强国家认同,维护国家统一,始终是一项非常重要的政治任务。但即使在这些多民族国家,绝大部分也有,或者事实上存在着国家通用语言,这些通用语言也是其主体民族的民族语言,因此国家的文化建设在很大程度上与其主体民族文化有密切的联系。这或许可以解释上述一些国家通过强化国家通用语言的地位来强化国家认同的举措。

与世界上现有的大多数多民族国家不同的是,欧洲联盟的一个典型特征是它的多语体系。虽然欧盟目前不是一个主权国家,但已有学者在尝试从民族国家建设的经验中寻找对于欧洲联盟建设的规律性认识,因为欧洲联盟是建筑在国家之上(超国家),成长于国家之间(政府间),与国家有着难以分割的关系和一些类似的情况。②例如,在欧洲一体化的历史进程中,民族国家中的经济和法律等机制属于国家建设历程,但它们却在很大程度上向欧洲联盟层面转移,从而促使欧盟具有越来越多的超国家性。上述转移使得欧洲联盟的一体化进程具有一定的国家建设的特征。而对于国家建设至关重要的民族文化建设却基本滞留在各成员国即各民

---

① "严格地说,只有当一个族裔与文化单一的群体居住在一个国家的疆域内,而且那个国家的疆域与那个族裔与文化单一的群体所居的疆域相互重合时,我们才可以把这个国家称为'民族国家'……在这个意义上,世界上没有几个民族国家。葡萄牙、冰岛、日本、丹麦是这种民族国家。像波兰等几个国家大体接近这一模式。但是,联合国成员国中是这种民族国家的不到10%。"见:[英]史密斯,安东尼·D.《全球化时代的民族与民族主义》. 龚维斌,良警宇译. 北京:中央编译出版社,2002年,第103—104页。

② 周弘. 民族建设、国家转型与欧洲一体化.《欧洲研究》,2007年第5期,第3—19页。

族国家的层面。①欧洲一体化的推进者显然意识到了这种不协调性,因此欧洲联盟一成立,文化建设就作为一项重要任务写进了《欧洲联盟条约》。②学术界对欧洲一体化过程中的文化认同研究给予了越来越多的重视。其实,早在20世纪70年代,欧洲一体化的设计者、被誉为"欧洲之父"的让·莫内已经认识到了文化建设对于欧洲一体化的重要作用,他曾说:"如果我们可以重新开始(指欧洲一体化)的话,让我们从文化开始吧!"③

既然与国家通用语言密切联系的国家文化建设对国家的认同有重要的促进作用,而对于欧盟来说,文化建设对其集体认同的增强理应有着同样重要的意义。那么,从增强集体认同的角度分析、研究欧盟这一多语体系的语言政策就显得十分必要。

2.2 马克思主义民族语言观

2.2.1 马克思主义民族观

马克思主义的民族语言观和马克思主义民族观有着密切的联系。马克思主义的民族观是马克思民族语言观的基础。而马克思主义民族语言观则是马克思主义民族观的一部分。马克思、恩格斯、列宁和斯大林为马克思主义民族观的形成都做出了重要贡献。

马克思在1843年发表的《论犹太人问题》一文,是马克思早期论述民族问题的重要著作。马克思在文中批驳了鲍威尔在犹太人问题上错误的

---

① 周弘.民族建设、国家转型与欧洲一体化.《欧洲研究》,2007年第5期,第3—19页。
② Barnett, Clive. Culture, Policy, and Subsidiarity in the European Union: From Symbolic Identity to the Governmentalization of Culture. *Political Geography* 20 (2001): 405—426.
③ Waver, Ole & Kelstrup, Morten. Europe and Its Nations: Political and Cultural Identities. In Ole Waever, Barry Buzan, Morten Kelstrup, Pierre Lemaitre (eds.). *Identity, Migration and the New Security Agenda In Europe*. London: Pinter Publishers Ltd., 1993. p.65. 引自:王昱.论当代欧洲一体化进程中的文化认同问题,兼评欧盟的文化政策及其意向.《国际观察》,2000年第6期。

唯心主义观点。鲍威尔认为,宗教是人类自我意识发展的不同形式,基督教本身已经把自我意识提高到了普遍的水准,而犹太教则处在比较低级的阶段,犹太人所遭受的迫害应该归咎于落后的犹太教,由犹太教所孕育的民族狭隘性与利己性是犹太人被拒绝于欧洲文明之外的根本原因。马克思指出,从宗教角度分析犹太人问题是错误的。犹太人获得政治解放的最大障碍在现存的政治压迫和社会压迫,而绝不在宗教本身。在《论犹太人问题》这篇文章中,马克思虽然没有明确提出民族平等的观念,但他明确批评了犹太教比基督教低劣的论调。1844年,马克思和恩格斯在合著的《神圣家族,或对批判的批判所做的批判》一文中,针对鲍威尔的唯心主义民族理论观点,明确提出,"古往今来每个民族都在某些方面优于其他民族"。[①] 第一次明确提出了提出了民族平等的观点。在其合著的《德意志意识形态》这篇著作中,马克思和恩格斯揭示了民族产生与生产力发展之间的关系,指出了经济基础对民族关系的决定性影响,民族关系对民族内部结构的影响,即"各民族之间的相互关系取决于每一个民族的生产力、分工和内部交往的发展程度"。[②] 在1847年合著的《论波兰》中,马克思和恩格斯则进一步揭示了民族问题产生的根源和实质,指出:"现存的所有制关系是造成一些民族剥削另一些民族的原因。"[③]这里,马克思认为,造成一些民族剥削另一些民族的原因,同造成同一民族中一些群体剥削另一些群体的原因是相同的,即所有制关系,而不是其他原因,如民族本身的优劣,等等。

马克思认为,民族是一种历史现象,民族有其形成、发展、相互融合等等过程。[④] 恩格斯从语言的角度总结了民族的形成规律,"一旦划分为语族,很自然,这些语族就成了建立国家的一定基础,民族(Nationalit aten)开始向民族(Nation)发展……日益明显地、日益自觉地建立民族国家

---

① 《马克思恩格斯全集》第2卷,北京:人民出版社,1958年,第194页。
② 《马克思恩格斯全集》第1卷,北京:人民出版社,1972年,第25页。
③ 同上书,第287页。
④ Marx, Karl. *The Poverty of Philosophy*. Moscow: Foreign Language Publishing House, 1959. 引自 *Language and Identity*. by John E. Joseph, London: Palgrave-Macmillian, 2001. pp.96—97.

(Nation ale Staaten)的趋向,是中世纪进步的最重要的杠杆之一。"①

列宁在领导俄国革命和建立世界上第一个社会主义国家的实践中面临了比马克思、恩格斯时代更为复杂的民族问题。因而列宁对于民族问题有着比马克思和恩格斯更多的思考和论述。他在诸如《关于民族问题的批评意见》《论民族自决权》《社会主义革命和民族自决权》《民族和殖民地问题提纲初稿》和《关于党在民族方面的当前任务》等著述深刻地表达了他的民族思想。发展了马克思主义的民族观,并使它与无产阶级的革命实践更加紧密地结合,具有了更直接的指导意义。

列宁论证了民族问题的重要性和长期性。列宁认为,尽管"民族问题同'工人问题'比较起来,只有从属的意义",②但不能因此而忽视民族问题在革命总问题中的积极作用,"把社会主义革命和反对资本主义的革命斗争同民主问题之一(在这里是民族问题)对立起来是荒谬的。我们应当把反对资本主义的革命斗争同实现一切民主要求的革命纲领和革命策略结合起来"。③他还特别指出:"必须特别慎重地对待民族感情","必须加紧帮助落后的弱小民族"。④"必须实行民族平等,宣布、规定和实现各民族的平等'权利'。"⑤可见,列宁十分强调民族之间的平等关系。

此外,列宁在研究资本主义制度下的民族发展规律时提出了著名的两种趋势的理论。列宁指出:"发展中的资本主义在民族问题上有两种历史趋势。民族生活和民族运动的觉醒,反对一切民族压迫的斗争,民族国家的建立,这是其一。各民族彼此间各种交往的发展和日益频繁,民族隔阂的消除,资本、一般经济生活、政治、科学等等的国际统一的形成,这是其二。""第一种趋势在资本主义发展初期是占主导地位的,第二种趋势标志着资本主义已经成熟,正在向社会主义社会转化。"⑥

可见,列宁认为,各民族接近和融合是未来人类社会发展的客观趋

---

① 《马克思恩格斯全集》第21卷,北京:人民出版社,1974年,第452页。
② 《列宁全集》第25卷,北京:人民出版社,1988年,第265页。
③ 《列宁全集》第27卷,北京:人民出版社,1990年,第78页。
④ 《列宁全集》第36卷,北京:人民出版社,1985年,第86页。
⑤ 《列宁全集》第28卷,北京:人民出版社,1990年,第169页。
⑥ 《列宁全集》第24卷,北京:人民出版社,1990年,第129页。

势,因而列宁提出了无产阶级政党在领导社会主义革命过程中,要"支持一切有助于消灭民族差别、消除民族隔阂的措施,支持一切促使各民族间日益紧密的联系和促进各民族打成一片的措施"。①十月革命后,列宁关于民族接近和融合的理论强调了社会主义条件下的这一接近和融合过程的长期性,并特别说明了达到民族差别消失和民族融合的基础与条件:一要建立和巩固社会主义制度,二是必须保障各民族平等权利,三是要认真对待少数民族的民族感情。②

从上述讨论可以看出,民族平等与民族团结是列宁在分析民族问题时的基本原则。列宁明确指出:"谁不承认和不维护民族平等和语言平等,不同一切民族压迫或不平等现象作斗争,谁就不是马克思主义者,甚至也不是民主主义者。"③因而列宁主张将民族平等原则作为无产阶级政党的纲领:"工人民主派的民族纲领是:绝不允许任何一个民族、任何一种语言享有任何特权。"④"我们要求国内各民族绝对平等,并且要求无条件地保护一切少数民族的权利。"⑤这里的权利,包括政治、经济、文化、语言文字等各个方面的权利。列宁关于任何民族都不应当享有特权和无产阶级要求各民族在一切权利上完全平等的理论,明确了民族平等的实质内容,是对马克思主义民族观的重大发展。⑥

作为俄国十月革命的主要领导人之一,在列宁之后领导苏维埃社会主义共和国联盟三十余年的最高领导人,斯大林对民族问题也有很多的思考。早在1901年,斯大林在他的第一篇理论著作《俄国社会民主党及其当前任务》中,就描述了被压迫民族的悲惨境地。在大民族与小民族能否实现平等的问题上,斯大林认为,"这样的关系是能够有的,而且是应当有的。苏联人认为:每一个民族,不论其大小,都有它自己的本质上的特

---

① 《列宁全集》第24卷,北京:人民出版社,1990年,第138页。
② 詹真荣,熊乐兰.论列宁关于民族问题的基本观点.《马克思主义研究》,2006年第12期,第66页。
③ 《列宁全集》第24卷,北京:人民出版社,1990年,第130页。
④ 《列宁全集》第23卷,北京:人民出版社,1990年,第449页。
⑤ 同上书,第215页。
⑥ 詹真荣,熊乐兰.论列宁关于民族问题的基本观点.《马克思主义研究》,2006年第12期,第64-69页。

点,都有只属于该民族而为其他民族所没有的特殊性"。"一切民族,不论大小,都处于同等的地位,每个民族都是和其他任何民族同样重要的。"①可见,民族平等,也是斯大林分析民族问题的一个基本出发点。十月革命后,苏联各民族在政治上、法律上的不平等不存在了,但民族间事实上不平等并没有消除。对此,斯大林做了这样的分析:"民族问题加进了新的因素,即加进了使各民族在事实上(不只是在法律上)平等的因素(帮助和协助落后民族提高到走在它们前面的民族的文化水平和经济水平),这是建设各民族劳动群众之间兄弟合作的条件之一。"②

斯大林对民族的概念做了进一步的概括,他在《马克思主义和民族问题》(1913)一文中指出:"民族是人们在历史上形成的一个有共同语言、共同地域、共同经济生活以及表现于共同文化上的共同心理素质的稳定的共同体。"③这里,斯大林认为,只有具备了"共同的语言""共同的地域""共同的经济生活"和"共同的心理素质"等四大特征的群体,才称得上是"一个民族"。在斯大林看来,语言的共同化是民族的第一特征。斯大林对民族的定义,比较符合当时苏联的具体情况,也在一定程度上同他所领导的苏联当时对于各民族在政治体制上所做的安排(加盟共和国、自治共和国、自治州)相吻合。④

因此,从以上的分析可以看出,马克思主义民族观的核心内容是民族平等、民族团结。从一个国家来说,国内各民族一律平等;从世界范围来说,全世界所有民族都完全平等。而且这种平等是各民族在一切权利上的完全平等,即不仅在政治权利上、法律上平等,而且在经济、文化、艺术、科技、语言文字、宗教信仰等各个方面,都要完全平等。而民族团结只有在民族平等的基础上,在各民族有共同利益时,才能够真正实现。

---

① 《斯大林文选》(下),北京:人民出版社,1962年,第507页。
② 《斯大林全集》第5卷,北京:人民出版社,1979年,第46—47页。
③ 《斯大林全集》第2卷,北京:人民出版社,1979年,第294页。自从斯大林提出民族这一定义以来,中外学者从不同的思考角度并根据社会历史实践的发展,对"民族"这一概念进行了长期的研究和辩论。本书不做细致的讨论。有关"民族"概念内涵的讨论,请参见:马戎.《民族社会学》.北京:北京大学出版社,2004年,第40—67页;王希恩.当代西方民族理论的主要渊源.《民族研究》,2004年第2期,第1—12页。
④ 马戎.《民族社会学》.北京:北京大学出版社,2004年,第46—47页。

2.2.2 马克思主义民族语言观及其实践

从民族平等和民族团结的马克思主义民族观,不难得出马克思主义民族语言观的基本原则,那就是各民族语言一律平等。马克思主义民族语言观,主要是在俄国革命和建设的过程中,由列宁提出的。列宁认为,马克思主义民族语言观主要包括三个方面:第一,坚持各民族语言文字一律平等,反对对任何民族语言文字的歧视和限制,不允许任何民族语言享有特权。第二,主张各民族都有使用和发展自己的语言文字的自由。第三,主张各民族在自愿的基础上相互学习语言文字。① 列宁明确指出:"工人民主派的民族纲领是:绝不允许任何一个民族,任何一种语言享有任何特权。"② 并要求"在法律上废除任何语言的特权,实现各民族语言一律平等,保障少数民族文化教育的经费"。③ 因而列宁对于利用国家权力来推行某一特定语言的做法持明确的反对态度,反对指定某一语言为国家语言。他认为,经济活动的发展自然会推动一种应用性最广、使用最为便利的语言成为共同语言。采用行政权力强力推行只能引起持其他民族语言的人民的反感。④ 列宁关于各民族语言一律平等的思想,在苏联建国初期的语言政策方面基本得到了实现。

十月革命刚刚取得胜利,苏维埃政府就于 1917 年 11 月 15 日颁布了"俄罗斯各民族权利宣言",宣布各民族平等以及自由发展的权利。1918 年 10 月 31 日,当时苏联内战还处在最困难的时候,苏维埃教育人民委员会出台了"关于少数民族学校"的决定。同年,在民族事务人民委员会部属下成立了用俄国各民族语言出版书籍的民族委员会。20 世纪 20 年代,苏联在全国范围内建立了广泛的用苏联民族语言教学的普通教育和职业教育体系。1923 年俄共(布)召开第十二次代表大会,建议颁布专门的法律,保障所有国家机构和服务于当地的国家机关使用母语。在 20 世

---

① 金炳镐.《民族理论通论》.北京:中央民族大学出版社,1994,第 488 页
② 《列宁全集》第 23 卷,北京:人民出版社,1990 年,第 449 页
③ 《列宁全集》第 24 卷,北京:人民出版社,1990 年,第 147 页。
④ 《列宁全集》第 19 卷,北京:人民出版社,1959 年,第 253 页。

纪20年代初期,各民族语言在理论上取得了同俄语相同的地位。[1]

苏联建国初期对民族语言问题如此重视,主要是由于其民族构成的复杂程度决定的。苏联包括130个民族,民族语言分属不同的语系和语族。苏联总人口的4/5使用印欧语系语言,其语言又分属不同的语族。其使用者基本情况如下:[2]

1. 东斯拉夫语族,包括俄语、乌克兰语和白俄罗斯语。这几种语言十分接近,使用者能相互通话。俄罗斯人、乌克兰人和白俄罗斯人占到苏联人口的3/4;

2. 伊朗语族,包括塔吉克语、奥塞梯语、库尔德语等;

3. 波罗的海语族,包括立陶宛语和拉脱维亚语;

4. 罗曼语族,摩尔达维亚语(同罗马尼亚语类似);

5. 亚美尼亚语;

6. 日耳曼语族,德语,犹太语。

此外,还有阿尔泰语系(主要包括突厥语族、蒙古语族和满通古斯语族)、伊利比亚高加索语系(包括卡特维尔语族、阿布哈兹阿迪格语族、达吉斯坦语族和韦南那赫语族)等。

在沙皇时期,俄语是沙皇帝国的"国语"。沙俄当局极力推行"义务国语制",强迫各少数民族学习、使用俄语,同时歧视、限制非俄罗斯民族的语言和文化,禁止用非俄罗斯民族语言教学,禁止出版非俄罗斯语言的文艺作品。19世纪中叶,沙皇政府对乌克兰、白俄罗斯、立陶宛和拉脱维亚颁布了一系列禁止使用本民族语言的法令。这种语言歧视政策造成了非俄罗斯民族对整个俄罗斯民族的极端不信任和仇视。[3]

因此,十月革命胜利后,在语言政策上实行各民族语言一律平等,保障各少数民族的语言权利是增进民族团结、维护国家稳定的客观要求。语言政策成为十月革命胜利后文化建设的重要内容之一。各加盟共和国

---

[1] 中国社会科学院民族研究所编.《国家、民族与语言:语言政策国别研究》.北京:语文出版社,2003年,第4页.

[2] 同上书,第1—2页.

[3] 同上书,第3页.

依据各民族语言一律平等的原则,通过立法的形式宣布民族语言是国语或较重要的语言。拉脱维亚(1918年1月)、乌兰克(1919年12月)、亚美尼亚(1920年12月)、巴什基尔(1921年7月)、楚瓦尔(1922年4月)、阿塞拜疆(1924年6月)和白俄罗斯(1924年7月)等共和国都通过了语言平等权利的决议。公文和教育工作采用的语言主要取决于公民的民族成分,教育用母语进行。①

十月革命后,苏联以立法形式确立民族语言的平等,无疑是马克思主义民族语言观的具体体现。十月革命胜利后至20世纪30年代初期,苏联政府大力发展少数民族地区的文化教育事业,取得明显的成绩。为发展民族地区的文化,政府派出语言学家,帮助那些只有口头语言、没有文字的民族创造民族文字。到20世纪30年代,苏联政府先后为52个没有文字的民族创造了文字,用67种民族语言进行电台广播,用50种民族语言上演戏剧,用55种民族文字印刷报纸,用46种民族文字发行杂志,用52种民族文字出版中学教科书,并在民族地区创办学校,建立从初等教育到高等教育的教育体系。②在这一时期,马克思主义语言观在苏联语言政策中得到较好体现。

然而,从20世纪30年代开始,除俄语以外的民族语言的建设开始被忽视,1938年联共(布)中央和人民委员会决议将俄语列为所有学校从一年级起的必修课,开始强行推广俄语。苏共中央也强化了所谓与资产阶级民族主义的斗争。一些少数民族著名人士,因为在自己的文艺作品中反映了民族自豪感而被指控犯罪,斯大林一贯强调的民族文化平等的思想事实上已经被放弃。③不但一些人数较少、不属于东斯拉夫语系的少数民族语言受到压制,甚至对于与俄语同属东斯拉夫语族,且有悠久历史的乌克兰语,苏联政府也组织语言学家从语法、构词和拼写等方面对其开始

---

① 中国社会科学院民族研究所编.《国家、民族与语言:语言政策国别研究》.北京:语文出版社,2003年,第5页.

② 杨玲.斯大林的民族理论与民族政策的错位.《当代世界与社会主义》,2005年第2期,第115页.

③ 顾海良.《斯大林社会主义思想研究》.北京:中国人民大学出版社,2008年9月,第289页.

了系统的改造,以使其更接近俄语。以上这些做法,都严重伤害了广大非俄罗斯族人民和少数民族人民的感情。①

之所以出现上述做法,是斯大林本人一些错误的指导思想决定的。斯大林认为,民族语言的消亡在某种程度上就意味着民族融合的实现。斯大林在1929年发表的《民族问题和列宁主义》一文中认为:"当社会主义经济体系已经十分巩固……各民族在实践中深信共同语言优越于本民族语言的时候,民族差别和民族语言才开始消亡并让位于一切人们共同的世界语言。……各民族未来的大致图画,各民族在将来融合的道路上发展的图画就是如此。"②于是,从20世纪30年代开始,苏联政府开始了在语言政策上体现建设所谓"苏联民族"的努力。

斯大林之后的其他苏联领导人,如赫鲁晓夫与勃列日涅夫,虽然对斯大林的民族政策有所调整,但通过推广俄语、以利于加快民族融合的指导思想并没有根本改变。1961年,赫鲁晓夫在苏共二十二大报告中指出:"党解决了人类世世代代所关心的,而在资本主义世界直到现在仍然是尖锐的一个极其复杂的问题,即各民族间的相互关系问题……在苏联形成了具有共同特征的不同民族人们的新的历史共同体,即苏联人民。"苏共二十二大的决议和大会通过的苏共纲领也涉及俄语学习,宣称俄语是苏联人民的"第二本族语"。③ 1972年,勃列日涅夫在庆祝苏联成立五十周年的报告中指出"我们在总结过去半个世纪的英雄业绩时,可以完全有根据这样说,过去遗留给我们的那种状况的民族问题,已经完全解决,已经彻底和一劳永逸地解决了。④而戈尔巴乔夫在1986年苏共二十七大报告中也认为:"苏联已成为一个崭新的社会主义和族际主义的共同体,这个共同体是由一致的经济利益、意识形态和政治目标结成的。"⑤这种忽视

---

① Bilaniuk, Laada. *Contested Tongues—Language Politics and Cultural Correction in Ukraine*. New York: Cornell University Press, 2005. pp.90—92.
② 《斯大林全集》第2卷,北京:人民出版社,1955年,第299—300页。
③ 中国社会科学院苏联东欧研究所、国家民族事务委员会政策研究室编译:《苏联民族问题文献选编》,北京:社会科学文献出版社,1987年,第250页。
④ 同上书,第343页。
⑤ 《苏联共产党第二十七次代表大会主要文件汇编》,北京:人民出版社,1987年,第80页。

民族问题的长期性、复杂性的做法,完全违背了列宁关于民族问题的结论。列宁认为,民族接近和融合是逐渐发展的漫长的历史过程,是社会主义的长远战略目标之一。因此,应该把民族融合与世界社会主义共产主义胜利联系起来,与人类社会的阶级消灭、国家消亡联系起来。[①]可以看出,缺乏对民族问题长期性和复杂性的认识,认为依靠人为的努力在较短时间的历史内能够实现民族融合,是苏联在斯大林之后在国家语言政策上偏离民族语言平等政策的重要原因。不少学者认为,斯大林虽然在其执政的 30 年中,在民族工作方面取得了巨大成就,但他在民族政策方面也有许多严重的错误,表现出理论与实践的不一致,民族矛盾与阶级镇压手段并用,民族平等与大俄罗斯主义传统并存。这些错误成为以后的联盟解体的重要原因。[②]

2.2.3 马克思主义民族语言观的时代进步意义

马克思主义的民族语言观,以各民族语言平等为其主要内容,体现了马克思主义消除在民族语言领域长期以来存在的民族压迫这一不平等现象的宗旨。在马克思主义民族语言观提出之前,作为资本主义人权重要渊源的文艺复兴运动以及启蒙运动,都没有涉及少数民族的语言权利问题。

文艺复兴开始之前,在西欧中世纪近一千一百多年的时间里,基督教神权思想一直居于主宰地位。以"上帝"为核心的神权思想,抬高神而贬抑人,认定人带有原罪,因而苦难是命里注定,只有通过禁欲、遵守戒律与苦行来赎罪,才能在死后获得罪愆的洗涤。14 至 16 世纪,资本主义生产关系开始在西欧封建社会内部孕育成长,处于成长阶段的新兴资产阶级,为了打破基督教会对文化教育的垄断和支配地位,展开了一场以复兴古代希腊、罗马文化为号召的文化运动,以希腊古典文化中的人道主义与人文精神来抗衡封建的神权思想及其对人性的压抑,其目的是将人性从宗

---

① 詹真荣,熊乐兰. 论列宁关于民族问题的基本观点.《马克思主义研究》,2006 年第 12 期,第 66 页。

② 杨玲. 斯大林的民族理论与民族政策的错位.《当代世界与社会主义》,2005 年第 2 期,第 113 页。

教的束缚下解放出来。

经过16世纪和17世纪的发展,欧洲资产阶级的力量不断壮大,其斗争锋芒开始指向封建专制制度和宗教神学。起源于法国的启蒙运动产生,产生了"天赋人权"的政治哲学思想。这一启蒙运动主要的代表思想家,包括荷兰的格劳秀斯、斯宾诺莎,英国的霍布斯和洛克,法国的伏尔泰、卢梭、孟德斯鸠等。不论是"自然权利说"亦或"社会权利说",都以人权的合理性和普遍性来反对神权以及专制王权,以"天赋人权"对抗"君权神授"的神话,确认人们具有不可剥夺及不可转让的生命、自由与财产的权利。为此,启蒙运动的思想家们对封建的专制主义、教权主义进行不遗余力的批判,为资本主义战胜封建主义做了舆论上的准备。

文艺复兴和启蒙运动为资本主义在欧洲的胜利奠定了思想理论基础并进行了必要的社会动员。随后建立起来的资本主义制度使广大人民脱离神权以及封建束缚,无疑具有历史的进步意义。但是,广大人民的"天赋人权"并没有得到保障,资本主义社会所产生的贫富悬殊、阶级压迫使得占社会人口绝大多数的劳动者被压在金字塔的底层,为了温饱,不得不接受资本家的残酷盘剥。在某种程度上,资本替代了以往的神权及封建束缚,成为一种新的枷锁。正如恩格斯所说,"平等归结为法律面前的资产阶级的平等;被宣布为最主要人权之一的是资产阶级的所有权"。[1]归根结底,"权利永远不能超出社会的经济结构以及由经济结构所制约的社会文化发展"。[2]因为,剥削现象源自资本主义的政治、经济及文化制度,虽然资本主义国家强调自由、平等,但这种自由与平等是带有阶级色彩的自由,反映的是统治阶级的利益。同样,处于服从资本主义利益的需要,少数民族的权利,尤其是文化与语言权利,并没有引起处于统治地位的资产阶级的关注。在西欧资本主义形成的过程以及形成之后相当长的一段时间内,少数民族的语言权利并没有得到关注。

例如,英国是欧洲最早形成的民族国家,英国成为民族国家的时间大

---

[1] 恩格斯,《反杜林论》,《马克思恩格斯全集》第20卷,北京:人民出版社,2008年,第20页。

[2] 马克思,《哥达纲领批判》,《马克思恩格斯全集》第3卷,北京:人民出版社,1995年,第12页。

约在 16 世纪至 17 世纪之间。13 世纪时,英语、法语及拉丁语都在英国被广泛使用。① 在此后两个世纪中,为大多数人使用的英语逐渐占据优势。1362 年,英国议会决定以英语为工作语言,并且通过立法规定,所有的诉讼案件应以英语进行。1385 年,所有英国学校开始以英语为教育语言。② 1610 年,新版英语圣经开始大量印刷发行,这促进了不同区域英语的统一。再加上政府的支持,英语在英国社会各个领域占据的优势地位得到了进一步巩固。③ 1689 年,《权利法案》的颁布标志君主立宪制的资产阶级统治确立。但通过国家政权进行强化英语推广的政策并没有改变。在此之后的 18 世纪,英国大大强化对爱尔兰的英语推广政策。在 16 世纪,爱尔兰语还是爱尔兰人的主要交流语言,到 1850 年,仅有 45% 的爱尔兰人还使用爱尔兰语。而到了 1891 年,这一比例仅为 19.2%。④ 为了推广英语,政府采取了许多措施,例如 19 世纪,在威尔士曾经有过不准讲威尔士语的规定,学校中有刻着"WN"(Welshnot)字样的木板或石板,如果有学生不留神讲了威尔士语,就要被罚挂这块板子,一直挂到传给另一个不留神讲了威尔士语的孩子,挂过板子的学生当天晚上要受惩罚,爱尔兰也有同样的情况。⑤

法语在法国成为普及语言要比英语在英国普及的时间晚将近两个世纪,有学者认为,法国民族开始形成于 1460 至 1560 年间,但当时这个"民族"指介于普通民众和统治者之间的中间群体,主要包括各类官员和贵族。⑥ 1790 年,法国政府指派 Abbe Henri Gregoire 负责调查法语在法国

---

① Petre, Thorlac Turville. *England and the Nation: Language, Literature and National Identity* 1290—1340. Oxford: Clarendon Press, 1996, pp. 181—183。

② Benjamins, John. Language and Nation: The Concept of Linguistic Identity in History of English. *English World Wide* 1997(18): 2—3。

③ McGrath, Alister. *The Story of King James Bible, and How It Changed a Nation, a Language and a Culture*. London: Hodder & Stoughton, 2001, pp. 185—195.

④ Riagian, Padraig O. *Language Policy and Social Reproduction: Ireland 1893—1993*. New York: Oxford University Press, 1997, pp. 4—5.

⑤ 徐世璇. 语言濒危原因探析——兼论语言转用的多种因素.《民族研究》,2002 年第 4 期,第 95 页。

⑥ Porter, David. *A History of France, 1460—1560: The Emergence of A Nation State*. New York: St. Martin's Press, 1995, pp. 110—134, pp. 165—206.

领土的推广情况。1794年，Abbe Henri Gregoire 向国民大会提交了一份名为《关于消灭地方语言的必要性和方法，确保法语的广泛使用》的报告。根据这份报告，在当时法国2500万人当中，有600万人根本不懂法语，还有600万人法语能力非常有限。新当政的革命者认为，法语的这种现状妨碍了大革命的思想和原则在民众当中的推广。法语被赋予了传播民主思想的任务。推广法语，也就是推广法国大革命的思想和理念（包括人权）。于是，法国政府通过立法，限制少数民族语言，加强了对法语推广力度。①

同英国和法国类似，17世纪下半叶之后，大部分欧洲民族国家都将语言作为国家认同的手段，以国家意志将主导民族的语言作为唯一官方语言在全国推广。1871年1月，德国取得了历史上的第一次统一，建立了以普鲁士王国为首的德意志帝国。1876年8月，德意志帝国通过了官方语言法案，规定德语为德意志帝国境内的唯一官方语言。②并在帝国境内的波兰民族区域学校中推行德语教育以逐渐取代波兰语，这一举措成为激发波兰民族主义的一个重要原因。③

事实上，在马克思主义民族观和语言观产生之前，也有资产阶级思想家提出过民族平等的相关理论，并强调民族语言平等的重要性。起源于18世纪德意志地区，以赫尔德（Herder）为代表的文化民族主义理论是其最主要的代表。其主要观点是：世界分为不同的国家和民族，每个民族国家都有自己独特的传统文化；历史和人类社会是多元的，而且各种要素的价值是平等的，多样性并不意味着冲突；文化是区分不同民族国家的本质特征以及民族和国家认同的核心依据。④可见，按照文化民族主义的观点，民族语言应该是平等的。

但是，如果分析一下文化民族主义产生的背景便不难发现，文化民族

---

① Machill, Marcel. Background to French Language Policy and Its Impact on the Media. *European Journal of Communication* 1997(12): 484.
② Blanke, Richard. Prussian Poland in the German Empire. *East European Monographs* 1981(LXXXVZ): 24.
③ Ibid, p. 193.
④ 钱雪梅. 文化民族主义刍论.《世界民族》，2000年第4期，第1—7页。

主义所主张的民族平等和马克思主义所提出民族平等有着本质的不同。在赫尔德所处的时代,法国文化风靡欧洲,法语则成为上层社会的时髦语言。法国的文化霸权对德意志文化的生存和发展构成了极大压力。这种情况引起了以赫尔德为首的一批德意志知识分子的忧虑,他们奋起而疾呼捍卫德意志的民族特性和民族语言,倡导发展德意志文化以团结德意志民族。他们创办刊物,作为宣扬德意志民族文化的阵地;同时还建立了"使用德语"协会,呼吁同胞使用本民族语言,反对使用法语。为了培植统一的德意志文化,增进统一的文化认同,他们还致力于日耳曼民族历史的研究,包括日耳曼民歌、民族神话和传说。正是在这个过程中,赫尔德提出了"文化民族主义"的理论。[①]可见,文化民族主义是德意志知识分子在德意志文化被侵袭的这一历史背景下提出的,是相对处于弱势的德意志知识分子同法国文化霸权进行抗争的理论依据,其目的是振兴德意志语言与文化,从而增强对德意志民族的认同。而马克思主义民族语言观则是指一个国家内大小民族的语言一律平等,大民族或主导民族不能借助国家权力强行推广其民族语言,在国际范围内各民族语言一律平等。

马克思主义者不仅提出自己的民族语言观,而且将其付诸实践。除了十月革命后的苏联外,此后建立其他社会主义也在其宪法中明确规定了各民族语言一律平等的条文,并在实践中努力实行。例如,阿尔巴尼亚宪法第 39 条规定,各少数民族有发展自己的文化权利,包括自由使用自己的语言;保加利亚宪法第 45 条规定,除了学习保加利亚语之外,国家鼓励各少数民族学习和使用自己的语言;蒙古宪法第 83 条规定,各个民族都有使用自己的语言发展文化、进行商业活动的权利;越南宪法第 4 条规定,各个民族都有权利保持及改革本民族的传统习惯,使用自己的书面及口头语言,发展本民族文化。其他社会主义国家,如罗马尼亚、南斯拉夫、捷克斯洛伐克等,其宪法都有类似的条款。[②]因此,马克思主义民族语言观不仅是一种先进的理论,而且是一种先进的实践,虽然不同的社会主义

---

① 李春华. 文化民族主义:原初形态与全球化语境下的解读.《当代世界与社会主义》,2004 年第 5 期,第 89—92 页.

② Connor, Walker. *The National Question in Marxist-Leninist Theory and Strategy*. Princeton: Princeton University Press, 1984, pp. 208—212.

国家在其实践中都存在或发生了各种各样的问题,甚至出现了严重的偏差,但毕竟是人类历史上从理论到实践一次巨大的进步。

2.3 当代西方民族语言观

2.3.1 语言权利与语言人权

自 20 世纪 90 年代以来,"语言权利"(language rights)及"语言人权"(linguistic human rights)逐渐成为西方学者分析多民族国家少数民族语言政策经常提及的两个概念。① 有学者认为,这两个概念并不完全等同:语言权利指有多个不同民族或族群的国家在涉及族群间交流时对不同语言的使用进行规范,以促进不同族裔之间的交流。而语言人权则着眼于从人权角度分析语言政策,突出少数民族使用自己语言的权利。② 可见,语言权利主要涉及对各种语言的使用进行规划,以实现多民族国家不同族群之间的有效沟通与交流;而语言人权则主要强调母语不同于主体民

---

① 参见以下文献:
Philippe Van Parijs. Linguistics Justice. *Politics, Philosophy & Economics* 2002(1.1):59—74.
Joseph Carens, *Culture, Citizenship and Community: A Contextual Exploration of Justice as Evenhandedness*. Oxford: Oxford University Press, 2000.
Stephen May (ed.). *Language and Minority Rights: Ethnicity, Nationalism, and the Politics of Language*. Harlow/London: Longman/Pearson Education, 2001.
Will Kymlicka & Alan Patten (eds.). *Language Rights and Political Theory*. Oxford: Oxford University Press, 2003.
Sue Wright. The Right to Speak One's Own Language: Reflections on the Theory and Practice. *Language Policy* 2007(6):203—224.
Keith Watson. Language, Etucation and Ethnicity: Whose Rights Will Prevail in an Age of Globalization? *International Journal of Educational Development* 2007(27): 252—265.
Miklos Kontra, Robert Philipson, Tove Skutnabbkangas & Tibor Varady (eds.). *Language: A Right and a Resource. Approaching Linguistic Human Rights*. Budapest: Central EuropeanUniversity Press, 1999.
② Christina Bratt Paulston. Language Policies and Language Rights. *Annual Review of Anthropology* 1997(26): 73—86.

族语言的少数民族有使用自己语言的权利,他们的语言往往由于不是国家通用语言而可能受到某些限制。由于国家对不同语言的使用所进行规范往往成为语言公平失衡的重要原因之一。因此,语言权利和语言人权关系十分密切:语言人权是通过语言权利的落实来实现。

这里需要指出的是,在讨论"语言权利"及"语言人权"时,西方学者普遍认为,语言被认可为人权的基本内容,仅仅开始于20世纪80年代末期以后。例如,Tove Skutnabb-Kangas(1998:5)认为:"'人权'是一个被深入研究及分析但依然存在争议的概念……但迄今为止,很少有语言学家对其给予关注。由人权和语言权利结合形成语言人权这一概念只是最近不久的事情,因此这一跨学科的领域需要许多研究工作要做。"[1]2003年,牛津大学出版社出版了由Will Kymlicka与Alan Patten主编的论文集《语言权利及政治学原理》,在为该书撰写的序言中,他们这样写道:"在过去十年,有众多学者从政治学原理对文化多样性以及种族和宗教多元主义进行了讨论与分析……然而,有一种形式的多样化,即语言多样性,却被政治理论学家们忽视了。据我们所知,迄今还没有一本专著或论文集从规范的政治学角度对语言人权进行分析。"[2] Watson(2007:252)认为:"语言人权直到最近才得重视。而以往除了那些在政治上或者经济上处于强势地位的群体,其余群体的语言人权都被忽视了。"[3] Wright(2007:203)也认为:"语言人权直到最近才得到认可。直到20世纪末,一个语言社区能否在公共领域使用自己的语言取决于自身的政治权威或主导群体是否容忍。执政当局也可能允许在政府机构及公民的公共生活中使用其他语言,但这并没有作为人权而被普遍接受。"[4] 上述观点无疑代表了西

---

[1] Tove Skutnabb-Kangas. Human Rights and Language Wrongs: A Future for Diversity? *Language Sciences* 1998(20.1): 5—27.

[2] Will Kymilcka & Alan Patten. Context, Issues and Approaches. in Will Kymilcka & Alan Patten (eds.). *Language Rights and Political Theory*, Oxford: Oxford University Press, 2003, p. 1

[3] Keith Watson. Language, Education and Ethnicity: Whose Rights Will Prevail in an Age of Globalisation? *International Journal of Educational Development* 2007(27): 252—265.

[4] Sue Wright. The Right to Speak One's Own Language: Reflections on Theory and Practice. *Language Policy* 2007(6):203—224.

方学者在语言人权方面的主流观点。

国内也有学者持相似的观点。如范俊军认为,"历史和现实表明,语言同一化常常演变为对异质文化和民族权益的干涉与威胁,这不但不能促进国家的稳定与安全,相反会引起民族关系的恶化和国家的动乱。这一事实,自20世纪后期以来已经为越来越多的有识之士和国家政府所认识,也正由于此,西方人权运动在维护少数民族人权方面,已经从政治、经济和社会人权延伸至文化领域,并由此产生了语言人权思潮"。①

认为语言人权思潮产生于20世纪80年代之后西方的人权运动,这一观点符合西方资本主义国家语言立法的发展历程。正如本书2.2.3节所述,自现代民族国家体系开始兴起以后,消除少数民族语言以实现语言统一成为绝大部分资本主义国家语言政策在相当一段历史时期的主要目标之一。此外,在西方国家为主导的国际法体系中,也只是在第二次世界大战以后,一些主要的国际人权公约开始提出有关语言权利的条款,但这些条款对少数民族语言权利的保障仅仅只是提出"非歧视性对待"的要求,缺乏具体措施,尤其是没有提及少数民族语言在国家教育体系中的地位及作用,因此没有实质意义。②而对少数民族语言人权提出具体保障措施且在教育领域提出明确要求的第一个区域性国际条约,是1992年欧洲委员会通过的《欧洲地区性或少数民族语言宪章》。

作为一个学术概念,"语言人权"的确诞生于20世纪80年代,由西方学者主导提出。但语言人权的核心要求,即多民族国家对其国内不同于国家通用语言的少数民族语言权利的保障,列宁在领导建设第一个社会主义国家——苏维埃社会主义共和国联盟时就已经明确提出并在实践中

---

① 范俊军.少数民族语言危机与语言人权问题.《贵州民族研究》,2006年第2期,第53页。

② Tove Skutnabb-Kangasy 以及 Robert Phillipson 详细分析了第二次世界大战结束后一些主要的国际人权条约中有关语言权利保障部分并得出这一结论。这些条约包括:《联合国宪章》(1945)、《世界人权宣言》(1948)、《经济、社会及文化权利国际公约》(1966)、《公民权利和政治权利国际公约》(1966)、《儿童权利公约》(1989)、《欧洲人权公约》(1950)、《非洲人权和民族权宪章》(1981)、《美洲人权公约》(1969)。详见:Tove Skutnabb-Kangasy, Robert Phillipson. Linguistic Human Rights: Past and Present. in *Linguistic Human Rights: Overcoming Linguistic Discrimination*. Tove Skutnabb-Kangasy, Robert Phillipson(eds.). Berlin: Mouton de Gruyter, 1995, pp.71—110.

得到实施,这也是我国建国以来民族语言政策的基本原则。上述语言人权思潮产生于 20 世纪 80 年代之后,语言人权由西方人权运动主导推进的观点,是不能成立的。

"语言人权"及"语言权利"之所以受到关注,一个重要原因,是由于现代国家推广国家官方语言或国家通用语而产生的语言同化。因此有必要对语言同化的两种主要途径进行分析。一种途径是:出于个人发展的需要,一些少数民族成员自愿学习主体民族语言,逐渐放弃使用自身母语,其后代也逐渐使用主体民族语言,通常也是国家官方语言或国家通用语,不再使用本民族母语。如果这种情况发生在某一少数民族的大量成员身上,那么这个少数民族的语言就有可能被本民族成员放弃,从而这一少数民族整体发生语言同化,这就是转移。另一种情况是,在"一个民族国家,一种语言"①的指导原则下,国家通过法律手段将主体民族使用的语言作为国家通用语强行推广,限制甚至禁止少数民族使用其母语,以追求语言同化的实现。在第一种情况下,少数民族同主体民族在经济、文化以及社会等方面交往的密切程度以及社会的流动性等诸多因素在很大程度上影响着语言同化的程度。在第二种情况下,少数民族对这种推广政策的态度以及国家语言推广政策是否能成功推行(包括推广时间以及效果)决定着语言同化的进程。一般情况下,语言同化的实现,往往是上述两种原因的综合作用。例如,欧洲民族国家的语言同化与民族国家的兴起和资本主义的不断发展是同时进行的。民族国家为了有效地进行国家管理、强化国家认同推行语言同化政策。②而资本主义的发展,大工业的出现和市场的不断扩大,以及社会流动性不断增大,少数民族若不参与这一过程,就难以分享社会不断进步所带来的益处。

少数民族及其语言本身的一些特征同样会影响语言同化的进展。如果一个民族(即使是规模很小的少数民族)是聚居的,包括由于历史原因造成的大分散、小聚居,它的语言也会顽强地保留自己的特点,按照其发

---

① "一个民族国家,一种语言"是欧洲现代国家兴起后的大部分国家语言政策的指导原则之一。

② 参见 2.2.3 相关论述。

展规律,在不断吸收融合其他民族的词汇来丰富充实自己词汇的过程中,随着社会发展而向前发展。① 而对于一个规模较大,且世代聚居同一地域的少数民族来说,语言同化会非常困难,尤其是那些在历史上曾经建立过自己的国家或政体,或相对自治的少数民族。

语言同化的宗旨在于减少一个国家的语言多样性,推广各民族使用的通用语。这一宗旨是否合理,涉及语言多样性和国家发展的关系,一些学者对此进行了分析和论证。1962 年,美国学者乔纳森·普尔分析了 133 个国家的发达程度(以人均国内生产总值为标准)和语言多样性(以最大本族语社区人数占总人口的百分比)的关系,其结论是:"一个国家不管其语言统一和分歧到何种程度,都仍可能是不发达国家。一个全民大体使用同一种语言的国家可能或贫或富,程度不均。但是,一个在语言方面极其繁杂的国家却总是不发达的,而一个发达的国家总是具有高度统一的语言——如果不是在语言起源上的同源,就是一种共同语言的广泛传播。语言的同一性是经济发展必要不充分条件,而经济发展是语言统一性的充分不必要条件。没有(或甚至有)语言同化,经济增长可能不会发生,但是,如果经济增长确实发生了,那么语言统一也将接踵而至。"这里不对这一结论做详细分析。但就当时的历史事实来看,这一结论中的事实描述部分(前两句)基本成立。② 32 年后的 1994 年,另外两位美国学者 Stephen L. Walter 和 Kay R. Ringenberg 研究了 51 个国家的国民识字率、少数民族语言和语言政策的关系。选择这些国家进行分析的主要原因是这 51 个国家中的绝大部分独立的历史不超过 50 年。通过对比分析这些国家的人口、语言种类、少数民族语言使用者以及人均国内生产总值。这两位学者得出结论:识字率高的国家,其人均国内生产总值要更高一些。而语言多样性和少数民族语言使用者的人数往往对提高识字率产生负面影响。对此,他们提出的语言政策建议是:在这些传统人口比例相

---

① 李敬忠.《语言演变论》.广州:广州出版社,1994 年,第 6—7 页。
② [美]普尔,乔纳森.《国家发展与语言多样性,国外语言政策与语言规划进程》.中国社会科学院民族研究所编,北京:语文出版社,2001 年,第 7 页。本书译自 National Development and Language Diversity. by Jonathan Pool,from *La Monda Lingvo-Problemo* 1969(1):140-156. 译者魏淑花

对较高的国家,要有效地推进国家发展,应先从利用少数民族语言开始。教育首先从地方语言以及少数民族语言开始做起,应该对提高国民识字率更有利。然后在此基础上,逐渐推行在更大范围乃至全国通用的语言。①

以上两个研究可以在一定程度上支持一些学者的观点,即:一个国家的语言多样性,往往对政治和经济的发展产生负面影响。对这一现象的解释一般包括:语言的多样性会加剧政治上的地方主义,妨碍群体之间的交流、国家的统一和区域多民族合作,阻挠对社会上占优势文化类型的政治适应性、降低政府工作效率和政治稳定性等等。不过也有学者认为,政治和经济的不发达,除了是语言多样性的一个结果外,还是它的一个原因,或者说政治与经济的不发达,与其说是语言多样性的一个结果,不如说是它的一个原因。②

上述语言同化主要是从语言的交际功能特性进行分析的。从交际功能特性来看,对少数民族的语言同化有利于国家的政治与经济发展,少数民族也可从中受益。然而在大多数情况下,民族语言同时也是民族文化的重要承载者以及民族身份的主要标志之一,是实现民族认同的重要方式之一。出于对本民族的强烈认同和归属感,历史上和现实中存在的民族矛盾,以及在有些情况还存在的对国家认同的缺失,一些少数民族便抵制来自主体民族或者国家以行政手段推行的语言同化政策,甚至不惜牺牲交际的便利性。从现实看,语言同化在不同的国家进展各异,以部分欧洲国家为例:英国、法国、德国等国在 20 世纪之前就形成了全国通用的官方语言,而比利时、西班牙等国至今还因民族语言问题而困扰。

有学者认为,正是由于语言同化对于国家政治与经济建设的有利作用,西方的人权以及民主理论家或许是出于有意的疏忽,在讨论基本人权

---

① Walter, Stephen L. & Ringenberg, Kay R. Language Policy, Literacy, and Minority Languages. *Policy Studies Reviews* 1994:341—346.

② [美]普尔,乔纳森.《国家发展与语言多样性,国外语言政策与语言规划进程》. 中国社会科学院民族研究所编,北京:语文出版社,2001 年,第 7 页. 本书译自 National Development and Language Diversity. by Jonathan Pool, from *La Monda Lingvo-Problemo* 1969(1):140—156,译者魏淑花。

时没有将语言政策包含在内。即使是20世纪最前沿的自由主义哲学家约翰·罗尔斯,对于语言政策领域应如何体现个人的自由与权利也没有进行讨论。① 这或许也成为一些西方学者认为语言人权思想产生于20世纪80年代以后的原因之一。

2.3.2 语言生态危机及文化多样性保护

语言生态危机这一概念源于生态危机。因此,在具体分析这一概念之前,有必要对生态危机这一概念做一简要阐述。根据现代汉语词典的解释,"生态"是"指生物在一定的自然环境下生存和发展的状态,也指生物的生理特性和生活习性"。② 所以生态危机是对全球生物(包括动植物以及人类自身)生存环境不断恶化的一种描述。人类社会自农耕文明进入工业文明后,世界人口呈几何级数增长。随着科学技术的迅猛发展,人类出于对物质型增长的片面追求,忽略对生态环境的保护,从而导致当今全球生态危机的出现,主要表现:全球性淡水危机,人类将不得不面对淡水资源匮乏的挑战;土地沙漠化以及耕地减少;全球森林危机使当今世界正在从一个全球森林丰富的时期过渡到全球森林贫乏的时期;全球大气危机已成为全球环境危机的突出问题,气候变暖,对全人类生存构成威胁;地球生物多样性衰减,物种灭绝速度加快;有害废物在全球转移,是环境问题在世界范围内蔓延的突出表现。③

在上述生态危机的种种表现中,地球生物多样性衰减与物种灭绝速度加快,既是生态危机的后果,同时又在某种程度上进一步加剧了生态危机的程度。生物多样性可包括三个主要层次,即基因、物种和生态系统,

---

① Kymlicka, Will & Grin, Francois. Assessing the Politics of Diversity in Transition Countries. in Will Kymlicka & Francois Grin (eds.). *Nation-Building, Ethnicity and Language Politics in Transition Countries*. Local Government and Public Service Reform Initiative, 2003, p. 8.

② 中国社会科学院语言研究所词典编辑室,《现代汉语词典》,北京:商务印书馆,2008年,第1220页。

③ 刘建伟. 中国生态问题与生态治理理念研究,西安交通大学2009年(博士论文),第1页.
刘思华,方世姣,刘江宜. 经济与环境全球化融合发展问题探讨.《陕西师范大学学报(哲学社会科学版)》,2005年第2期,第88—96页.

包括物种多样性、遗传多样性和生态系统多样性。其中物种多样性则应是生物多样性最基础和最关键的层次。而生物多样性的减少,将对人类生存环境产生严重的负面影响,甚至威胁人类的生存与发展。①

语言生态危机则是源于人类对自然生态危机,尤其是生物多样性衰减以及物种灭绝的深刻思考而对文化生态遭受破坏所产生的危机感。这里的文化生态,是指多种文化保持和发展的社会环境。在漫长的发展历史过程中,人类创造和发展了丰富多彩的社会和文化。作为文化的重要组成部分和最重要的载体,语言多样性是文化多样性的重要体现之一。生态语言研究正是这种背景下产生的。

一般认为,Einar Haugen 在 1970 年提出了语言生态这一观点。他对语言生态的定义可简单概括为目标语言同其所在环境之间的相互作用。这里的语言环境包括心理与社会两个方面。心理方面主要指该语言在双语及多语使用者心目中与其他语言的相互关系,而社会方面则主要指该语言在社会中的交际功能作用。Haugen 提出,研究者不仅要研究特定语言的心理及社会环境的特征,而且要研究这一特征对该语言的影响。Haugen 认为,要借用生物学的某些概念来理解语言的形成、目的、形式,并进一步指出,应以生态学研究传统来对语言的现状进行分析,同时更要关注文化的培养及保护。②

Peter Mühlhäusler 进一步扩展了 Haugen 的观点。他认为,语言生态应从对特定的语言研究转向以人类交流为整体,探讨语言生态结构的支持体系而不是特定语言本身,将研究置于语言演变这一视角之下。他认为个体语言的生存状态以及语言交流的有效性取决于语言之外的其他因素以及并存的其他语言。因而,研究的重点应是探索决定语言间相互影响的不同因素之间的功能关系,而不是那些对特定语言产生影响的相关因素。他认为语言环境应该作为研究的重点。Mühlhäusler 对世界范围内的语言差异性减少及语言丧失表示担忧。他认为,应该将生态学原

---

① 王伯荪,王昌伟,彭少麟. 生物多样性刍议.《中山大学学报(自然科学版)》,2005 年第 6 期,第 68—70 页.

② Hornberger, Nancy H. Multilingual Language Policies and The Continua of Biliteracy: An Ecological Approach. *Language Policy* 2002(1):32—33.

理用于语言保护。同 Mühlhäusle 相比,Richard B. Baldauf Jr. 和 Robert B. Kaplan 更加重视对语言演变和语言环境的研究。他们认为,某一语言计划的实施不能同所在环境中的其他语言孤立起立进行。他们提出,语言计划的目的是通过维护某一语言的语言环境,以便在文化、教育、历史、人口、政治以及社会等特定结构对这一语言进行保护,因为语言政策正是在上述这些特定结构中形成并变化的。[①]

Robert Phillipson 和 Skutnabb-Kangas 则认为,文化多样性和生物多样性是相互联系的,而在全球化背景下,语言多样性正在以历史上前所未有的速度在减少。其消亡的速度甚至超越生物多样性的减少。他们认为,应当将语言人权保护同保护语言多样性结合起来,通过语言政策的调整、教育等手段挽救濒危语言[②],避免语言生态危机进一步恶化。[③]

语言生态危机也引发了国际语言学界的广泛关注。1992 年在加拿大召开的第 15 届国际语言学家大会将"濒危语言"作为会议的两大议题之一,引起了代表们的强烈反响。在语言学家的积极推动下,语言多样性以及濒危语言问题也引起了联合国教科文组织的高度重视;1993 年,《联合国教科文组织濒危语言红皮书》发布,其目的是收集有关濒危语言的材料并促进相关研究,1993 年也被确定为"抢救濒危语言年";1997 年第 29 届联合国大会批准了《世界语言报告》项目,以便记录人类语言的多样性;从 1999 年开始,联合国教科文组织将每年的 2 月 21 日定为"国际母语日"以推动语言及文化的多元发展。

2001 年第 31 届联合国大会通过的《世界文化多样性宣言》,将文化权利和保护文化性结合起来,并提出,"文化多样性是交流、革新和创作的源泉,对人类来讲就像生物多样性对维持生物平衡那样必不可少,从这个

---

① Hornberger, Nancy H. Multilingual Language Policies and the Continua of Biliteracy: An Ecological Approach. *Language Policy* 2002(1):34—35.

② 濒危语言(Endangered Language)指正在走向灭绝的语言。一旦语言使用者不再使用该语言,或使用该语言进行交际的场合日益减少,且不再将它传授给下一代,即没有新的使用者出现,该语言就处于濒危。

③ Kangas, Tove Skutnabb & Phillipson, Robert. Language in Human Rights. *International Communication Gazette* 1998(60.1):27—46.

意义上讲,文化多样性是人类的共同遗产,应当从当代人和子孙后代的利益考虑予以承认和肯定"。①

自 2001 年起,联合国教科文组织成立了濒危语言特别专家组,起草濒危语言保护和抢救的相关文件计划。2003 年第 32 届联合国大会通过了《保护非物质文化遗产公约》,将语言列为五种非物质文化遗产之首。②同年在巴黎召开了濒危语言国际专家会议,会上通过了专家组提交的《语言活力与语言濒危》报告。③报告认为,大约 97% 的世界人口仅使用了 4% 的世界现存语言。而其余 96% 的世界语言则仅有 3% 的人使用。6000 多种现存语言中有半数语言使用人口日益减少。到 21 世纪末,90% 的语言将被强势语言取代。该报告对语言濒危程度进行了分类并系统阐述了对濒危语言的保护思路。2005 年联合国教科文组织通过了《保护和促进文化表现形式多样性公约》。此后,2008 年被联合国大会宣布为国际语言年,以提高国际社会对各种语言问题的认识,动员各类伙伴和各种资源,支持在世界各地执行各种有利于语言多样性和语言多元化的战略和政策。④

2.4 当代民族语言观的基本原则

本书所指的当代民族语言观,指第一次世界大战以后民族语言观的

---

① 《世界文化多样性宣言》,见联合国教科文组织官方网站 http://www.un.org/chinese/hr/issue/docs/62.PDF,2009 年 3 月 16 日查询。

② Text of the Convention for the Safeguarding of Intangible Cultural Heritage. 见联合国教科文组织官方网站 http://www.unesco.org/culture/ich/index.php?pg=00006,2009 年 3 月 16 日查询。

③ 报告英文原文见联合国教科文组织官方网站,http://www.unesco.org/culture/ich/doc/src/00120-EN.pdf,2009 年 2 月 21 日查询。

④ 参见《国际语言年—2008》,载联合国教科文组织官方网站 http://www.unesco.org/culture/files-languages/broch2008_zh.pdf,2009 年 3 月 16 日查询。

但作为一个国际组织,联合国及其教科文组织缺乏有效的政策手段来推行语言多样化的理念。联合国教科文组织的此类宣言以及公约,也许可以通过媒体的宣传提高公众的文化多样性意识。见:Barbara Soukup. Language News in Review: UNSCO and the Quest for Cultural Diversity. *Language Policy* 2006(5):209—218.

发展。基于 2.1 至 2.3 的分析，可以认为，当代民族语言观包含了以下两个方面的内容：

一是语言人权观，这包括了马克思主义的民族语言平等观以及当代资本主义国家学者提出的语言人权观。两者的不同之处在于，马克思主义的民族语言平等观，依据的是各民族一律平等这一马克思主义民族观，是针对资本主义社会民族压迫所导致的民族语言不平等而提出的。而语言人权观，则是资本主义国家学者从个体及群体权利出发，提出语言权利是基本人权不可缺少的组成部分。可见，同资本主义国家学者提出的语言人权相比，马克思主义民族语言观更为强调语言人权的民族属性。而且，马克思主义从民族语言平等观提出保障少数民族的语言权利，要早于西方资本主义国家学者从基本人权角度提出的保障少数民族语言人权。前者可以追溯至 1917 年列宁领导建设世界上第一个社会主义国家，而后者则始于 20 世纪 80 年代以后。①

当代民族语言观的另一重要内容是濒危语言保护。②这里，语言被视为人类的文化资源。作为文化的载体，每一种语言都承载着一种独特的文化。语言的消亡会给文化多样性和人类文明遗产带来不可挽回的损失。

不过，语言人权和濒危语言保护有着不同的内涵，前者是指某一少数民族或某一群体有使用自己语言的权利，而这种权利在某些情况下会遭

---

① Tove Skutnabb-Kangasy 以及 Robert Phillipson 详细分析了第二次世界大战结束后一些主要的国际人权条约有关语言权利保护部分的条款。这些条约包括：《联合国宪章》(1945)、《世界人权宣言》(1948)、《经济、社会及文化权利国际公约》(1966)、《公民权利和政治权利国际公约》(1966)、《儿童权利公约》(1989)、《欧洲人权公约》(1950)、《非洲人权和民族权宪章》(1981)、《美洲人权公约》(1969)。其结论是：虽然上述主要国际人权公约都有关于保护语言权利的条款，但由于这些条款只是一般性的要求，局限于对少数民族语言的"非歧视性对待"，缺乏明确而具体的权利保护措施，尤其是没有提及少数民族语言在国家教育体系中的地位及作用，因此没有实质意义。详见：Skutnabb-Kangasy, Tove & Phillipson, Robert. Linguistic Human Rights: Past and Present. in *Linguistic Human Rights: Overcoming Linguistic Discrimination*. Tove Skutnabb-Kangasy & Robert Phillipson(eds.). Berlin: Mouton de Gruyter, 1995, pp.71-110.

② 同语言人权类似，濒危语言保护不局限于民族语言保护，也可包括某一群体(尚不能称之为民族)的语言保护。

到侵害,甚至被剥夺。例如欧洲民族国家在其发展过程中,少数民族语言几乎毫无例外遭到压制,对少数民族的语言同化成为欧洲资本主义国家语言政策的基本出发点之一。① 这种语言同化是和现代国家建设、资本主义国家发展以及社会进步同时进行的。出于维护资本主义发展的需要,资本主义国家学者和政府是不可能从人的全面解放的角度提出民族语言平等这一观念。而马克思主义作为全面解放被压迫者的学说,其基本理念决定了民族语言观的基本立场,那就是民族语言一律平等。但列宁在提出大小民族语言一律平等的同时,并不是说,国家应该大力发展多种语言。列宁认为,"经济流转的需要总是要使居住在一个国家内的各民族(只要他们愿意居住在一起)学习多数人使用的语言。俄国的制度愈民主,资本主义的发展就会愈有力、愈迅速、愈广泛,经济流转的需要就会迫切地推动各个民族去学习最便于共同贸易往来的语言"。② 可见,列宁认为,多民族国家形成国家统一语言应由经济发展决定其进程,国家不应强迫少数民族学习主体民族的语言。而斯大林则将民族语言的发展分为以下三个阶段:1. 社会主义在全世界范围内胜利以前的时代,由于各个民族和各种语言的和平与友谊的合作条件还没有具备,语言的发展只能通过一些语言被同化,另一种语言取得胜利的方式进行;2. 社会主义在世界范围内胜利以后的时代,由于压制和同化语言的政策已不存在,各民族的语言必将在合作的方式下不受约束地互相丰富起来;3. 这些语言由于各个民族在经济上、政治上和文化上的长期合作将首先划分出最丰富的单一地区性语言,然后地区性语言融合为一个民族性的共同语言,这种语言当然既不是德语,也不是俄语和英语,而是吸收了各民族语言和各区域语言的精华的语言。但是,斯大林在苏联语言政策的实践中并未完全贯彻这一原则。在苏维埃社会主义联盟成立十余年后,出于建设苏联民族的考虑,苏联开始了各民族的俄语化实践。

无论是资本主义国家通过语言政策推广通用语,或是经济发展所带

---

① 在少数几个欧洲国家,这种情况也有例外。例如在瑞士和比利时。但这并不是说,在这些国家少数民族语言得到了保护。而是这些国家中若干人口数量较大的少数民族语言得到了平等对待。

② 《列宁全集》第 23 卷. 北京:人民出版社,1992 年,第 447 页。

来的国家通用语的自然形成,都涉及两种或两种以上不同语言的接触。而不同情况下的语言接触可能会有三种不同的结果。一是在平等条件下,相互接触的语言会各自保持并发展。但在长时间的语言接触下,会发生语言借用,这主要是词汇的借用;或产生一定程度的语言融合,即一定程度的结构扩散,尤其是当一种语言对另一种语言有较大影响力的时候,会导致深度的结构扩散。二是在不平等的接触条件下,特别是经过长期、广泛的接触,则会发生语言转用。某一讲话人的群体转向另一种语言而放弃母语。三是新语言变体的形成,即新的语言,这一般会在双语混用之后出现,但这是一种极端的情况。① 列宁所描述的情况,主要是指第二种情况。而斯大林则包括了上述第一、第三种情况。但从欧洲资本主义开始发展,民族国家发展的历史过程来看,资本主义民族国家之间的语言关系大致符合第一种情况,而民族国家内部的语言发展大致符合第二种情况。

可见,在欧洲现代国家体系开始兴起之后,资本主义国家通过国家语言政策,强制推广国家通用语,这一过程是伴随着少数民族语言权利被人为剥夺而完成的,其结果往往导致一些少数民族语言最终消失。列宁提出的马克思主义民族语言观,虽然强调了对少数民族语言权利的保障,但依然没有将语言视为一种文化资源。列宁认为,不能通过国家行政权力强行推广一种语言作为国家通用语,但社会经济的发展会促使各民族学习最便于实现其经济联系的语言,这样,国家通用语会自然实现。因此可以说,语言的文化资源观以及对濒危语言的保护,是民族语言观在当代的进一步发展。事实上,许多民族语言在一开始往往涉及该民族成员语言人权被剥夺、被动使用其他语言的情况,而当这种被动使用经历较长时间,并和社会政治经济的发展结合在一起时,这种被动使用往往会转化为主动使用,从而导致这种语言最终往往变为濒危语言。这种情况在欧洲现代国家兴起之后非常普遍存在。

因此,从国家角度来看,当代民族语言观的主要原则包括:

1. 各民族语言平等;各民族成员有使用自己民族语言的权利;

---

① 徐大明.《语言变异与变化》.上海:上海教育出版社,2006年,第253—254页。

2. 国家应重视通用语的推广；

3. 应对濒危语言进行保护，某一语言的消失意味着以该语言为载体的文化的消失。

以上三条原则中，第1、2条原则对于强化国家认同有重要意义。第1条原则有助于巩固各民族之间的团结，强化各民族尤其是少数民族对于国家的认同；而通用语言的推广，对于提高国家管理的有效性、促进各民族之间的交流，尤其是对于少数民族更好地参与国家的政治、经济、社会与文化生活有重要意义。然而，第1及第2条似乎也有矛盾的一面：强调各民族语言平等及各民族成员国有使用自己民族语言的权利，有可能在一定时期影响通用语言的推广。但是，国家政治、经济、社会和文化生活的发展必将会促进各民族之间的交流，通用语言的学习也将有助于少数民族成员个人的发展。而一旦通用语言为更多的少数民族成员所掌握，通用语言所拥有的强势地位就有可能会弱化少数民族语言的交流功能，而当少数民族成员之间也倾向于使用通用语言进行交流时，其民族语言就面临着成为濒危语言的可能。上述语言接触与语言转用的历史发展模式，体现在大多数西欧资本主义民族国家发展过程中通用语言和少数民族语言竞争过程当中。

以上三点，也已成为我国学术界的共识。其中前两点已经体现在我国的语言政策中，是我国语言政策主要的指导原则。① 相关法律制度中对少数民族语言权利的保障，尤其是在教育体系中地位的保障都有明确

---

① 中国语言政策的指导原则体现在《宪法》第4条和第19条。《宪法》第4条规定"各民族都有使用和发展自己的语言文字的自由"。《宪法》第19条规定"国家推广全国通用的普通话"。这既体现了各民族语言文字享有平等的法律地位，保障了各民族选择使用自己需要的语言文字的权利，又肯定了长期以来汉语在中国社会各个领域中自然形成的实际地位。《宪法》这两条相辅相成的根本政策，既体现了我国各民族平等、团结、互助的社会主义民族关系，也体现了中国是统一的多民族大家庭，多样性和统一性得到了有机的结合。而宪法第112至122条确立的民族区域自治原则使少数民族语言权利得到了切实的保障。根据以上宪法精神，我国还制定了其他两部保障少数民族语权利的法律制度：《中华人民共和国民族区域自治法》(1984年制定，2001年修订)以及《中华人民共和国国家通用语言文字法》(2001年制定)。

规定。① 而对濒危语言的保护,也已在我国广泛开展。② 或许可以说,语言的文化资源观及对濒危语言的保护,是马克思主义民族语言观在当代的进一步发展。

因此,基于本章的分析,可以得出以下结论:语言政策的主体是主权国家,而国家语言政策的主要特征之一是:国家以立法形式,通过规范国家中多种语言的不同关系,保障少数民族语言权利,同时在全国有效推广通用语言,以促进各民族成员之间的互相交往,保障全体人民平等参与国家政治、经济、社会及文化生活,从而有助于巩固、强化全体人民,尤其是少数民族成员的国家认同。这里,就出现了一个问题:既然语言政策的主体是主权国家,而现阶段欧盟并不是一个主权国家,那么,欧盟是否有自己的语言政策,其语言政策是否在主观上有促进欧洲集体认同的目的,或者在客观上有促进欧洲集体认同的作用。本书将通过以后各章的分析来试图回答上述问题。

---

① 《中华人民共和国民族区域自治法》(1984 年制定,2001 年修订)共有四条关于少数民族语言权利保障的内容:

第十条:"民族自治地方的自治机关保障本地方各民族都有使用和发展自己的语言文字的自由,都有保持或者改革自己的风俗习惯的自由。"

第二十一条:"民族自治地方的自治机关在执行职务的时候,依照本民族自治地方自治条例的规定,使用当地通用的一种或者几种语言文字;同时使用几种通用的语言文字执行职务的,可以实行区域自治的民族的语言文字为主。"

第三十七条:"……招收少数民族学生为主的学校,有条件的应当采用少数民族文字的课本,并用少数民族语言讲课;小学高年级或者中学设汉文课程,推广全国通用的普通话。"

第四十七条:"民族自治地方的人民法院和人民检察院应当用当地通用的语言检察和审理案件。保障各民族公民都有使用本民族语言文字进行诉讼的权利。对于不通晓当地通用的语言文字的诉讼参与人,应当为他们翻译。法律文书应当根据实际需要,使用当地通用的一种或者几种文字。"

2001 年修改后,《中华人民共和国民族区域自治法》上述各条内容基本保持相同。仅有第三十七条有所改变,从:"……招收少数民族学生为主的学校,有条件的应当采用少数民族文字的课本,并用少数民族语言讲课;小学高年级或者中学设汉文课程,推广全国通用的普通话。"修改为:"……招收少数民族学生为主的学校(班级)和其他教育机构,有条件的应当采用少数民族文字的课本,并用少数民族语言讲课;根据情况从小学低年级或者高年级起开设汉语文课程,推广全国通用的普通话和规范汉字。"这一修改既体现了对少数民族语言更进一层的关心,又加大了推广汉语普通话的力度。

② 李锦芳. 中国濒危语言研究及保护策略.《中央民族大学学报(哲学社会科学版)》,2005 年第 3 期,第 113—119 页。

第 3 章 欧盟语言政策的特点及基本内容

3.1 欧洲联盟的超国家性质

3.1.1 欧盟机构的历史沿革

1951 年 4 月 18 日,法国、联邦德国、意大利、荷兰、比利时和卢森堡等六国签署《巴黎条约》,成立欧洲煤钢共同体。其目的是建立共同煤钢市场,共同开发和经营这两种资源。该共同体的特性在于引入了一种全新的一体化方式:将原本分属各国的管理权集中起来,建立强有力的机构来代表集体利益并确保政策的贯彻实施。条约规定,建立一个最高权力机构(高级管理局,类似于现在的欧盟委员会)、一个共同大会(类似于现在的欧洲议会)、一个特别部长理事会、一个法院和一个审计院。而在这五个机构中,最高权力机构是煤钢共同体的执行机构和主要支柱。该机构实行集体决策并独立于成员国政府,其决策各成员国都要执行。如有异议,可向欧洲法院提起诉讼。部长理事会由各成员国政府代表组成,负责协调最高权力机构和各国的经济政策。其主要任务之一是对最高权力机构做出的重要决定进行批复。共同大会由各国议会委派议员组成,主要职责是监督最高权力机构。由此可见,煤钢共同体的机构组成及其职能设置具有明显的超国家性。①

《巴黎条约》从 1952 年开始生效。但这些创始国并不局限于成立一个煤钢共同体,而是将其作为欧洲国家实现进一步一体化的开端,《煤钢

---

① [法]拉哈,法布里斯.《欧洲一体化史(1945—2004)》.彭姝祎译.北京:中国社会科学出版社,2005 年,第 44 页。

共同体条约》序言第六段文字明确表达了这一意愿:条约各签署国"决心以合并各国根本利益,取代世世代代的对立;通过建立一个经济共同体,为因流血冲突而长期分裂的各国人民间建立一个更为广阔与深刻的共同体打下基础;以及为引导今后共同命运的组织机构奠定基石"。①

正是出于继续追求更深层次一体化的意愿,1957年3月25日,上述六国又签署了《罗马条约》(包括《建立欧洲经济共同体条约》以及《欧洲原子能共同体条约》),建立了欧洲经济共同体与欧洲原子能共同体。同《煤钢共同体条约》的序言相比,《建立欧洲经济共同体》的序言表达了各成员国对一体化进程更为坚定的决心。序言第一段明确表示,签署条约各国"矢志为欧洲各国人民之间日益紧密的联盟奠定基础"。②《罗马条约》于1958年1月1日开始生效。

至此,六个成员国通过签订条约成立了三大共同体机构:欧洲煤钢共同体、欧洲经济共同体与欧洲原子能共同体。欧洲经济共同体与欧洲原子能共同体的组织机构继续与欧洲煤钢共同体的组织结构保持一致。但与煤钢共同体所不同的是,部长理事会在形成共同体意志的过程中发挥了更为重要的作用,各成员国通过自己在理事会里的代表分享共同体层面的立法权与其他管辖权。需要说明的是,虽然欧洲经济共同体与欧洲原子能共同体和欧洲煤钢共同体的成员国都是一样的,但是欧洲经济共同体签署的法律文件,不等于自动地对欧洲煤钢共同体或欧洲原子能共同体发生效力,因为在2002年之前,欧洲煤钢共同体、欧洲原子能共同体和欧洲经济共同体都是同样具有独立法律人格的组织。③

此后通过机构的逐步合并,三大共同体及其共同机构最终形成了"三套体系、一套班子"的组织结构。根据1957年通过的《关于为欧洲三大共同体建立共同机构的协定》,各大共同体实现了一个统一的欧洲议会和共同体法院。依据1965年的《合并条约》,又组建了一个共同的理事会及一个共同的委员会。1977年,欧洲审计院也成为共同机构。不过,上述合

---

① 《欧洲共同体条约集》.戴炳然译.上海:复旦大学出版社,1993年,第1页.
② 同上书,第65页.
③ [德]赫蒂根,马迪亚斯.《欧洲法》.张恩民译.北京:法律出版社,2003年,第42页.

并仅是共同体机构的合并,并不涉及条约的合并。三大共同体依然按照各自的成立条约运行。而1986年签署的《单一欧洲法令》则在三大共同体条约之外为成员国的政治合作创造了一个基础条约。①

《单一欧洲法令》的最终目标是要在成员国内部建立一个统一的大市场。为了实现这一目标,一方面要求共同体扩展职能和活动范围,提出实行统一的经济和货币政策这一目标;另一方面要改进共同体的决策机制,对欧洲议会、共同体理事会及委员会的权力都做了补充或修改,以提高其工作效率。《单一欧洲法令》还明确规定了实现商品、人员、劳务和资本自由流通的具体时间表,即在1992年年底之前实现。②

而1992年11个成员国签署的《欧洲联盟条约》,则将一体化进程推进到一个新的层次。该条约包含了欧洲联盟的"一般条款"(主要是原则)和三根支柱。联盟条约对第一支柱、也就是核心支柱的《欧洲经济共同体条约》进行了修订并将之更名为《欧共体条约》,"欧洲经济共同体"也就更名为"欧洲共同体"。联盟条约还为成员国在外交与安全政策以及司法与内务这两个领域的合作创建了一个机构框架。上述这两个领域的合作被称为欧洲联盟的第二、第三支柱。但是,这两个领域的合作被联盟条约界定为"国家间合作",成员国没有义务在这两个领域让渡自己的主权。③因而有学者认为,《欧洲联盟条约》存在着双重结构,经济与货币联盟和政治联盟,前者是联盟条约的核心,后者的象征意义大于实质意义。④需要说明的是,虽然欧盟的第一支柱(即欧洲共同体)的核心是经济与货币联盟,但共同体社会政策也取得了很大进展,成为一体化深化发展的一个重要方面。一般认为,⑤共同体社会政策的主体部分是"劳工政策"与"性别政策",其余则是共同体社会政策的扩展和延伸,包括反贫困政策、反歧视政策、公共健康政策、老年政策、残疾人政策等等。

---

① [德]赫蒂根,马迪亚斯.《欧洲法》.张恩民译.北京:法律出版社,2003年,第43页.
② 王彩波.《欧盟政体与政治》.吉林:吉林大学出版社,2007年,第38—39页.
③ [荷]佩克曼斯,雅克.《欧洲一体化——方法与经济分析》.吴弦,陈新译.北京:中国社会科学出版社,2006年,第32—33页.
④ [美]威勒,约瑟夫.《欧洲宪政》.程卫东等译.北京:中国社会科学出版社,2004年,第260页.
⑤ 田德文.《欧盟社会政策与欧洲一体化》.北京:社会科学出版社,2005年,第6页.

因此,在《欧洲联盟条约》的框架下,联盟的核心是其第一支柱,即欧洲共同体。在欧共体的框架下,成员国有义务按照相关基础条约的规定,向欧共体让渡部分主权,这部分主权主要同经济(包括货币)以及部分社会政策有关。而作为第二、第三支柱的共同外交与安全政策和司法与内务合作,并未涉及成员国相关主权的让渡,属于政府间合作性质,需要理事会以全体一致的方式做出决定。

1997年10月签署的《阿姆斯特丹条约》,对《欧洲联盟条约》以及对各大共同体条约进行了修改。欧洲议会共同立法的角色得到显著加强。原本属于第三支柱,即司法与内务合作的一些重要内容被转移到第一支柱,例如避难法、移民问题、穿越边境问题和签证政策事务等将归共同体管辖。而在第二支柱,即共同外交与安全政策方面,设立了共同外交与安全政策高级代表,并强调要着力推进共同外交政策。例如,在《欧洲联盟条约》框架下,第二支柱不在欧盟委员会管辖范围之内,①在《阿姆斯特丹条约》中,虽然这一支柱依然主要属于欧盟理事会的决策范畴,但是欧盟理事会可以要求欧盟委员会向其提交有关共同外交与安全政策的建议,以便确保共同外交行动得以实现。② 条约还规定,如果一个成员国在采取共同外交行动时遭遇困难,应向欧洲理事会提出并通过会议讨论寻求合适的解决方案,但方案不能违背共同行动的目的或者削弱其效果。③ 为了实现欧盟范围内成员国公民跨国界自由流动,《阿姆斯特丹条约》通过一个特别的议定书将申根合作纳入了欧盟框架。根据该议定书,从1999年5月1日起,申根合作正式在欧盟框架下运作。截至2008年3月30日,欧盟27个成员国中,24个成员国已根据申根协议的要求取消了对来自其他申根协议成员国公民的边境检查。④ 可以看出,《阿姆斯特丹条约》试图使欧盟的第二、第三支柱的某些政策领域共同体化,推进政治领域的一体化进程,见下表。

---

① [法]法布里斯·拉哈.《欧洲一体化史(1945—2004)》.彭姝祎译 北京:中国社会科学出版社,2005年,第99页。
② 《阿姆斯特丹条约》第一部分第J3条,第1款。见 Official Journal C 340,10 November 1997.
③ 同上。
④ 见欧盟官方网站 http://europa.eu/rapid/pressReleasesAction.do?reference=IP/08/472&format=HTML&aged=0&language=EN&guiLanguage=en,2008年11月28日查询。

表 3.1 欧洲联盟内部结构及关系①

欧洲联盟		
第二支柱 共同外交与安全政策	第一支柱 欧洲共同体	第三支柱 司法与内务合作
外交政策 合作、共同立场和措施 维和 人权 民主 对非成员国援助 安全政策 欧盟安全 裁军 防务的财政安排 欧洲的安全框架	欧共体 关税同盟与单一市场,农业政策 结构政策,贸易政策 新的或经过修订的规定 欧盟公民资格,教育与文化 跨欧网络,消费者保护 健康,研究与环境 社会政策,避难政策 外部边境,移民政策 欧洲原子能共同体 欧洲煤钢共同体	司法机构的民事与刑事合作 警务合作 打击种族主义与排外 打击毒品与武器交易 打击有组织犯罪 打击恐怖主义 打击针对儿童、贩卖人口的犯罪活动

3.1.2 欧洲联盟的主要决策机构②

欧洲联盟的主要决策机构包括欧盟委员会、欧盟理事会、欧洲议会,这三者构成欧盟的决策三角。欧盟的决策程序基本上是由这三个共同体机构按照基础条约的授权和规定的机制来运行。

(1) 欧盟委员会

欧盟委员会是共同体的行政机构,代表共同体的整体利益。欧盟委员会的委员由各成员国政府委派,但须征得欧洲议会的同意。来自各成员国的委员并不对所在国的政府负责,他们在就职时要宣誓忠于共同体的整体利益。欧盟委员会对欧洲议会负责。倘若欧盟议会通过对欧盟委员会的弹劾动议,欧盟委员会就须全体辞职。从 2004 年开始,欧盟委员

---

① [法]拉哈,法布里斯. 欧洲一体化史(1945—2004) 彭姝祎翻译. 北京:中国社会科学出版社,2005 年,第 188 页.

② 本节除另有注明外,主要依据欧盟官方网站 http://europa.eu/about-eu/institutions-bodies/index_en.htm 相关内容(2014 年 1 月 31 日查询).

会由各成员国各派一名委员组成，每届任期5年，可连任。每一名委员负责一个或几个政策领域，如经济与金融事务、教育与文化、交通与能源、渔业与海洋事务等等。

欧盟委员会主席由欧洲理事会提名，任期2年，但在实践中一般都会至少连任一届，所以实际任期至少为4年。根据《尼斯条约》的规定，当欧盟的成员国超过27个时，并不是每一个成员国都有权在委员会中有一名委员。委员资格将按照轮流的方式在各成员国中产生，同时成员国中的大国也失去了在欧盟委员会中拥有两名委员的资格，大小成员国一律平等。

作为欧盟的执行机构，欧盟委员会代表欧盟的整体利益，是共同体条约的守护者，体现着欧盟的超国家利益，它有四项基本权力：立法创议权、执行权、监督权和对外代表权。欧盟委员会在行使其职权时有相当大的独立性。

立法创议权是指欧盟委员会负责提出及拟定立法草案，并向欧洲议会和欧盟理事会提交立法建议。部长理事会只能依据欧盟委员会的立法提案做出决定，其自身无权提出和起草立法议案。若无欧盟委员会的同意，部长理事会和欧洲议会均无权修正议案，欧洲议会也只能在有限的情况下，并且只能在获得绝大多数成员的支持下才能对议案进行修正。

执行权是指欧盟委员会负责执行欧洲议会和部长理事会通过的立法（包括条例、指令、决定）、预算和计划。

监督权是指欧盟委员会有责任监督成员国对欧盟法的执行，同欧洲法院一起保证欧共体法得到实施。

对外代表权指在有关贸易和合作的国际场合与国际条约的谈判中，欧盟委员会均代表欧盟。

欧盟委员会在不同的领域有不同的权力。例如，在竞争政策中，它直接行使权力，而在其他领域，欧盟委员会起草欧盟法律，并提交欧洲议会和理事会批准。作为欧盟的行政机构，欧盟委员会总共约有2.6万名公务员。

（2）欧盟理事会与欧洲理事会

欧盟理事会，也称部长理事会，是欧盟的主要立法机构。理事会由来自欧盟各成员国的部长级代表组成，代表各成员国的利益。在部长理事会中成员国必须有1名部长级的官员代表，并且这名代表必须被授权能够使该成员国政府承担有关的义务,并对所在国家的议会负责。根据不同议题,如外交、农业、工业、交通等,成员国指派相应部长出席理事会会议。除外交事务会议主席,即"欧盟外交与安全高级代表"人员固定外,理事会其他事务会议主席由欧盟轮值主席国的部长或部长级代表担任。欧盟理事会是欧盟的主要决策机构之一,其主要职责包括:立法权,即通过欧盟法令,在有些政策领域还须取得欧洲议会的同意;协调欧洲共同体各成员国之间的事务;缔结欧盟与其他非欧盟国家之间或与其他国际组织之间的协议;同欧洲议会一起,通过欧盟预算;根据欧洲理事会通过的原则,制定共同外交和防务政策等等。

欧盟理事会通过表决进行立法。重要议题,如修订条约、制定共同外交政策及决定是否吸收某一新成员国等要由理事会成员通过全体一致的方式决定。在绝大多数情况下,采用简单多数或有效多数的方式做出决议或通过法律。欧盟理事会的有效多数方式比较复杂。

欧盟理事会总共设有352张票,每个成员国所拥有的投票权数和其人口规模大致一致,见下表。

表3.2 欧盟理事会投票权数分布

国名	每一国拥有的投票权数
德国 法国 意大利 英国	29
西班牙 波兰	27
罗马尼亚	14
荷兰	13
比利时 捷克 希腊 匈牙利 葡萄牙	12
奥地利 保加利亚 瑞典	10
克罗地亚 丹麦 爱尔兰 立陶宛 斯洛伐克 芬兰	7
爱沙尼亚 塞浦路斯 拉脱维亚 卢森堡 斯洛文尼亚	4
马耳他	3
总计	352

说明:大多数成员国(在某些情况下需要达到三分之二多数)支持决议,并且在352张投票中获得至少260张赞成票。此外,任一成员国都可提请理事会确认,赞同票至少代表了欧盟总人口的62%以上,否则,议案将不被采纳。

欧洲理事会由成员国国家元首与政府首脑组成,欧盟委员会主席也是其正式成员。理事会每年至少进行两次会晤。欧洲理事会不参与一般性的欧盟政策制定,通常在重大问题上进行讨论并做出决定,主要包括制定经济与社会总方针,协调成员国的外交政策,就世界政治问题决定共同立场等等。例如 20 世纪 80 年代,欧洲理事会倡议召开多次政府间会议,讨论单一欧洲法令、经济与货币联盟(1989)、政治联盟(1990)等问题,并在 1992 年签订了《欧洲联盟条约》。

(3) 欧洲议会

欧洲议会代表欧盟公民对欧盟机构的活动进行监督并且参与决策。从 1979 年开始,欧洲议会的议员由各成员国公民直接投票选出。而在此之前,欧洲议会是由在各成员国议会中同样履行国家义务的代表组成。现在,这种兼容的双重委任代理关系已不再存在,使其不再有利益上的冲突。根据《里斯本条约》规定,目前各成员国在欧洲议会拥有的席位如下。[1]

表 3.3 欧洲议会代表席位分布

席位总数:736

国名	席位数	国名	席位数	国名	席位数
奥地利	17	德国	99	荷兰	25
比利时	22	希腊	22	波兰	50
保加利亚	17	匈牙利	22	葡萄牙	22
塞浦路斯	6	爱尔兰	12	罗马尼亚	33
捷克	22	意大利	72	斯洛伐克	13
丹麦	13	拉脱维亚	8	斯洛文尼亚	7
爱沙尼亚	6	立陶宛	12	西班牙	50
芬兰	13	卢森堡	6	瑞典	18
法国	72	马耳他	5	英国	72

---

[1] 此为 2009 年欧洲议会选举时各成员国的名额分配,未包括 2013 年加入欧盟的克罗地亚。2014 年 5 月将进行新一届欧洲议会议员选举。新名额分配办法规定,任一成员国的欧洲议会议员席位数不超过 96 个,不少于 6 个。2013 年加入欧盟的克罗地亚有 11 个席位,其余成员国略有微调。席位总数为 751 个。

欧洲议会在三个层次上参与欧盟的决策,具体是:

① 按照 1987 年《单一欧洲法令》引入的"合作程序"要求,欧洲议会可对欧盟委员会草拟的指令或法案提出意见,欧盟委员会应在修改其提议时考虑欧洲议会的立场;

② 自 1987 年以来,"同意程序"开始生效。按照这一程序要求,欧盟委员会所磋商的国际协议或任何有关扩大欧盟的提议必须经过欧洲议会的同意;

③ 按照 1992 年《欧洲联盟条约》引入的"共同决策程序",在对一些重要议题,如成员国之间工人的自由流动、内部市场、教育、研究、环境、跨欧洲网络建设、健康、文化、消费者保护等议题,欧洲议会和欧盟理事会有同等的决策权。如果绝大多数议员投票反对欧盟理事会的某项决议,欧洲议会有权搁置该项决议的通过。

欧洲议会和欧盟理事会在通过欧盟预算方面具有相同的职责。欧洲议会可以否决预算提案。如果预算提案被否决,就要重新开始通过预算的程序。先由欧盟委员会提出预算草案,然后经欧盟理事会和欧洲议会讨论。欧洲议会通过参与预算的决策权可以对欧盟的决策施加其影响。

欧洲议会还有一项重要权力,就是对欧盟机构进行民主监督。议会可以通过启动弹劾程序来解散欧盟委员会,这需要议会三分之二多数票赞同。议会也可以通过口头或书面向欧盟委员会及欧盟理事会提起问询的方式来监督欧盟日常事务的管理。而欧洲理事会轮值主席也要向欧洲议会报告其决策。

(4) 其他主要欧盟机构

① 欧洲法院,其法官来自所有成员国。成员国不分大小,每一成员国在欧洲法院都有一名法官。另外还有 9 名总助理。法官的任命须经成员国政府协商通过,每届任期 6 年,可以连任。欧洲法院是欧盟的最高仲裁机构,它以欧盟法律法规为依据,解释欧盟的各项条约和法规,保证欧盟的规章制度得到执行,同时负责审理和仲裁在执行条约和规定中发生的与成员国同类规定相矛盾的各类争议。欧洲法院独立于任何成员国及欧盟机构。

② 欧洲审计院,其成员来自所有成员国。成员国不分大小,每一成员国在欧洲审计院都有一名成员。其任命须经过成员国政府协商通过并征得欧洲议会同意。审计院主要负责审计欧盟以及所属机构的账目,审查欧盟的财政收支状况,并确保对欧盟财政进行良好的管理。

③ 欧洲经济与社会委员会,为欧盟咨询机构。它是一个代表雇主、工会、农民、消费者及中小企业、环境组织等经济和社会集团利益的机构,在与欧盟委员会、欧盟理事会和欧洲议会的政策讨论中阐明自己的观点,对欧盟提供决策咨询并施加间接影响。欧盟在做出有关经济和社会政策的决定之前,必须与它协商。目前,该委员会有353名成员。各成员国拥有的名额与其人口数量成比例。该委员会成员由欧盟各成员国政府提名,欧盟理事会任命,任期5年,可以连任。但他们在工作上完全独立。

④ 欧洲地区委员会。欧洲地区委员会也是欧盟的咨询机构。该委员会由欧洲各地区和各地方当局的代表组成,如市长、市参议员及地区政府首脑等。它确保这些地方当局在欧洲联盟的决策中有发言权。在涉及地区事务时,欧盟委员会必须向该委员会咨询。目前,该委员会有354名成员,由各成员国政府提名,欧盟理事会通过。每一个成员国拥有的委员数和其人口数量成比例。虽然其成员由各成员国政府提名,但该委员会独立于各自成员国的政府进行工作。

3.1.3 欧盟机构运行的特点及其超国家性

从3.1.1及3.1.2可以看出,欧盟体系的设置从形式上类似于立法、行政、司法三权分立的当代资本主义主权国家。所不同的是,立法权由政府间机构(主要是欧盟部长理事会及欧洲理事会)与超国家机构(主要是欧盟委员会及欧洲议会)分享,政府间机构占据优势地位,行政权由欧盟层次、成员国层次共同行使;司法权由欧洲法院行使,独立于成员国司法体系。

上述对欧盟与当代其他三权分立的资本主义主权国家的比较主要是指其第一支柱,即"欧共体"。欧共体是欧盟成立之前的称呼,今天该名称依然存在,但是意义已经改变。在欧盟的框架下,"欧共体"是欧盟三大支柱之一,也是最重要的支柱。一般来说,共同体机构可以通过5种方式改变或影响其成员国的法规法令。这主要通过共同体机构发布的条例、指令、决定、建议及意见来实现。根据《欧洲共同体条约》第 189 条规定,条例具有普遍应用性,它对所有成员国具有完整的约束力并且直接有效。指令同样对所有成员国有效,但指令仅规定每一成员国必须达到某一结果,而通过何种形式和方法达到这一结果,则由各成员国政府自己决定。决定不具备普遍约束性,只针对个案,如一个或多个成员国或其他对象,包括成员国的一个或数个法人具有完整的约束力。建议或意见并无法律约束力,只是表明共同体机构对所涉及问题的态度或倾向。显然,条例、指令和决定主要针对欧盟第一支柱,即欧洲共同体所涉及的领域,主要是经济与部分社会领域。但从 3.1 及 3.2 的分析可以看出,根据《阿姆斯特丹条约》,作为第二、第三支柱的共同外交与安全政策、司法与内务合作的部分领域的一些内容也开始向第一支柱转移。

从以上的分析可以看出,欧盟与其他地区性国际组织的最大不同在于:其他国际组织,除了秘书处和司法机关外,均由成员国政府的代表组成,尤其是决策与审议机关。然而欧盟的四个主要机构(欧盟委员会、欧盟理事会、欧洲议会、欧洲法院),唯有欧盟理事会的构成仍遵循国家代表原则。其余三个机构都由独立于成员国政府的成员组成。[①] 其中,欧盟委员会独立于各成员国,以完全独立的身份为欧盟的整体利益行使欧盟章程赋予的各种职权。欧洲议会由欧盟成员国人民的代表组成,被认为是欧盟全体民众的代表,原则上不受其政府和国内议会的意志左右。而欧洲法院由独立法官组成。可见,欧盟委员会、欧洲议会和欧洲法院都是欧盟的超国家机构,代表欧盟的整体利益。欧盟的立法与决策的自主性,超越了一般国际组织,因而具有一定的超国家性。欧盟官方对自己的性质也曾这样表述:

> 欧洲联盟(EU)是欧洲民主国家的大家庭,其目的是维护和平,共创繁荣。她既不是一个要替代成员国的国家,也不一个一般意义上的国际合作组织。事实上,欧盟的独特之处在于,她的成员国将各

---

① 熊亮. 驳超国家组织论——兼论欧洲联盟的性质.《东南亚纵横》,2008 年第 7 期,第 79—83 页

自国家的一些主权授予他们成立的共同机构,以便能就一些共同关心的事宜在欧洲范围内民主地进行决策。①

虽然欧盟的超国家性获得了学者的一致认可,对其体制如何界定则在学术界引起了广泛争议。但一般认为,1992年《马斯特里赫特条约》之后的欧盟,其本质虽然仍是基于政府间合作的区域联盟,但已经明显具有超国家政体的性质。②有学者认为,对于那些不愿看到欧盟向超国家政体发展的人来说,"目前欧盟的发展趋势令人担忧,决策规则更多地采用多数票机制,超国家机构变得越来越重要,然而分歧并没有消除"。③有学者对欧盟从1993年成立以来的发展做了这样的总结:

> 欧盟依然是一个权力在国家和超国家机构分享的很好的例子。几乎所有的决策权都在成员国政府与欧盟之间进行。可以说,欧洲一体化就是协商的权力从成员国政治机构向欧盟的超国家机构逐渐转移的过程。如今,这种转移已经显著地影响到了成员国政府的立法和行政机构。同欧盟委员会相比,成员国政府和议会处于相对弱势的地位,虽然目前欧洲议会的这种优势地位还不明显。欧盟法院不断增加重要性意味着类似的权力转移现在也对司法领域产生影响。④

也有学者在分析了欧盟成员国领土概念的变化以及欧盟机构的运行机制之后认为,欧盟再向前发展,就是向联邦制迈进了。⑤也有观点认为,现阶段的欧盟是一个准联邦实体。⑥

---

① 欧盟官方网站 http://europa.eu/abc/panorama/index_en.htm,2007年10月16日查询。
② Rumford, Chris. *The European Union: A Political Sociology*. New Jersey: Blackwell Publishing, 2002, pp 46—81。
③ Bogaards, Matthijs & Crepaz, Markus M. L. Consociational Interpretations of the European Union. *European Union Politics* 2002(3):360.
④ Dorussen, Han. European Integration, Intergovernmental Bargaining, and Convergence of Party Programmes. *European Union Politics* 2006(2):235—256.
⑤ Burgess, Michael. Territoriality and Federalism in EU Governance. in *State Territoriality and European Integration*. Michael Burgess & Hans Vollaard(eds.). London: Routledge, 2006, pp. 100—119.
⑥ 刘文秀。界定欧盟政体性质的几个因素。《欧洲研究》,2004年第1期,第80—92页。

而《欧盟宪法条约》则是要在上述基础上进一步扩大欧盟机构的权力。主要包括：改革欧盟委员会，进一步扩大欧洲议会的权力，并且在欧洲理事会和欧盟部长理事会实行新的表决机制。除特别规定外，欧洲理事会和欧盟部长理事会均以"有效多数表决机制"进行决策，即通过决定只需得到55%的理事会成员的赞同。但是，如果要否决欧盟委员会或欧盟外交部长的提案，则需要有72%的理事会成员的反对。另外一项重要举措，就是要设立欧盟外交部长，组建欧盟外交部，以保证欧盟外交政策的协调与统一①。如果"欧盟宪法条约"得以通过并付诸实施，意味着成员国将向欧盟机构移交更多的权力，包括对主权国家至关重要的外交权力。

上述对欧盟机制的改革固然是《欧盟宪法条约》引起争议的原因之一，然而采用"宪法"一词，则是引发学术界和公众争议的重要原因之一。"《宪法条约》的核心是词语的选用，《宪法条约》内容本身并没有给予它以划时代的重要意义，而其名称冠以'宪法'二字才是真正重要的一面。"② 2005年，《欧盟宪法条约》分别在荷兰和法国全民公决中遭否决，经过多方努力和协商，2007年10月19日，欧盟正式首脑会议通过了欧盟新条约《里斯本条约》以取代《欧盟宪法条约》，因此新条约被视为《欧盟宪法条约》的简化版，但新条约不再使用"宪法"的名称，也不设立原来《宪法条约》所提到的"欧盟外交部"，原定设置的"欧盟外交部长"一职则变为欧盟外交政策高级代表。③ 这似乎印证了这样一种观点：欧盟属下民族国家和人民并不准备将欧盟建成一个主权国家，至少在不远的将来不会改变这种态度。从《欧洲宪法条约》到《里斯本条约》，可以说欧盟官方在刻意

---

① 见欧盟官方网站 http://europa.eu/scadplus/glossary/constitution_en.htm，2007年10月16日查询。

② Weiler, Josoph H. H. On the Power of the Word: Europe's Constitutional Iconography. In *The EU Constitution, the Best Way Forward*? Deirdre Curtin, Alfred E. Kellnermann & Steven Blockmans(eds.). The Hague: T. M. C. Asser Press, 2004, p. 3.

③ 见欧洲新闻网 http://www.euronews.net/index.php?page=info&article=449116&lng=1，2007年10月19日查询。

避免给成员国公民一种印象,即欧盟正在试图走向一种国家体制。[①] 事实上,欧盟成员国并非没有这样的意图,因为在《欧洲联盟条约》的谈判过程中,大多数成员国要求条款 A 明确肯定:"本条约标志着正在逐步走向以联邦为目标的联盟的新阶段",但遭到了英国和丹麦政府的反对,于是"以联邦为目标的联盟"被改写为"在欧洲人民中间创造一个前所未有的紧密地结合在一起,在做出决定时尽可能地接近公民的联盟"。[②] 欧盟围绕制宪问题而在成员国政府及人民当中引发的争论似乎表明:目前欧盟成员国对于欧盟的主权让渡也许预示着一种临界点的接近:进一步的主权让渡可能使欧盟发生质的变化,并将对成员国的主权构成挑战。

可以认为,现阶段的欧盟同其他国际组织有很大不同,其超国家特征已经非常明显,并且具有某些联邦制国家的特征:同联邦制政体下的联邦政府类似,欧盟在明确界定的地理范围内行使成员国让渡于它的部分主权,并且被其他独立的领土实体(如其他主权国家或国际组织)认定具有签署条约的权力。显然,欧盟与联邦制国家的最大区别之一在于:在联邦制国家,联邦政府和地方政府的权力划分由联邦宪法给出完备而详尽的规定,并且对外关系、国防及军队等国家核心权力由联邦政府掌控,而欧盟与其成员国之间并没有宪法规定的权力划分,欧盟只能得到成员国通过协商同意并以条约的方式让渡出来的部分主权,并且对外关系、国防及军队等国家核心权力由各成员国掌控,因而欧盟治理能力的发挥受到各成员国的制约。

不过,也有学者认为,不应用人类已有的国家形态来分析欧盟,因为欧洲联盟的治理具有区别于传统主权国家的治理模式和一般区域性经济政治组织运作的明显特征,即欧盟虽然不具备主权国家政治体系的完全特征,但却展现了一种全方位的制度合作,其多层治理是欧洲一体化发展

[①] 《里斯本条约》条约通过后,欧盟官方网站对其政体的说明有了微妙的变化:"成员国向联盟让渡主权"的表述没有了。新的表述为:欧盟是 28 个欧洲国家独特的经济与政治合作。见欧盟官方网站:http://europa.eu/about-eu/index_en.htm,2014 年 2 月 1 日查询。

[②] 李明明. 试析一体化进程中的欧洲认同.《现代国际关系》,2003 年第 7 期,第 21—22 页。

进程中的一种制度创新。[①]即使对欧盟的政体形态难以形成一致观点,但欧盟在五十余年一体化过程中构建起来的制度性合作体制,不但具有稳定而复杂的机构设置与决策、运行机制,而且拥有对成员国政府、社会集团及公民个体都产生显著影响的政府性权力,并对联盟内经济资源的分割及社会、政治资源分配产生了有效影响,这一切已经成为一个不争的事实。也许正是由于这一事实,欧盟属下成员国的公民对于欧盟未来发展走向的关注是其他国际组织中成员国公民所没有的。2005年荷兰和法国民众对《欧盟宪法条约》的否定,就是这种关注的一种表现方式。这说明,欧洲一体化的进一步深化需要其成员国公民的认同。而此后用《里斯本条约》替代《欧盟宪法条约》,并获得全体成员国的批准,可以视为欧盟针对成员国及其公民对欧盟的认同程度而做出的调整。

3.2 欧盟语言政策的主要内容

由于欧盟具有明显的超国家性,因此可通过比较国家语言政策的主要领域来确定欧盟语言政策的主要内容。

一般来说,语言政策的基本内容可归纳为三个方面:语言地位规划(关于语言使用)、语言教育规划(关于语言的使用者)以及语料库规划(关于语言本体)。[②]语言地位规划是对各种不同语言在诸如行政管理、司法体系、公共服务、教育、传媒等方面使用的规定以及这些语言之间相互关系的调整;语言教育规划则涉及通用语言的推广及少数民族语言的使用等;语料库规划主要指对语言书写形式、发音及语言用语等的规范化要求,如创立新的文字形式或改革原有文字的书写形式,或从多种书写形式中选择标准,等等。

首先可以确定,欧盟的语言政策并不涉及语料库规划。欧盟虽然有

---

① 刘文秀,汪曙申. 欧洲联盟多层治理的理论与实践.《中国人民大学学报》,2005年第4期,第123—129页

② Hornberger, Nancy H. Frameworks and Models in Language Policy and Planning, In *An Introduction to Language Policy: Theory and Practice*. Ricento T (ed.). New Jersey: Blackwell Publishing Ltd, 2006, p.29.

24种官方语言,但成员国的语言政策由成员国立法进行调整,因而这24种官方语言的语料库规划由各成员国负责,并不存在一个欧盟范围内的超国家通用语,其语料库规划需要由欧盟负责。而国家语言政策的其他两项主要内容,即语言地位及语言教育政策,在欧盟的语言政策中均有不同程度的体现。这里的"不同程度"指欧盟三个支柱框架下对成员国不同程度的影响力,以及欧盟多层次的立法及决策体系,主要包括欧盟层次以及成员国层次。但即使主要由成员国立法进行调整的政策领域,欧盟也可通过一定途径施加影响。因此,本书拟研究的欧盟语言政策包括:由共同体立法进行调整的语言政策领域,或共同体通过特定途径可对成员国语言政策施加影响的政策内容。依据这一原则,本书所涉及的欧盟语言政策可分为两类:第一类由欧盟通过立法产生、具有法律效力的语言政策。这主要包括欧盟层次的语言地位规划,即对欧盟机构语言使用的有关规定,其核心是所有官方语言一律平等,以及随着一体化进程不断深化而对共同体机构语言使用进行的调整;第二类属成员国主权范畴,欧盟可对其施加影响,具体包括:

(1) 欧盟对成员国少数民族语言政策的影响

这一政策领域属各成员国主权,欧盟无权对其进行调整,但欧盟可通过其人权原则以及少数民族保护原则对成员国这一政策领域施加影响。

(2) 欧盟在东扩过程中对候选国少数民族语言政策的影响

这一政策领域同样属于候选国的主权。但欧盟将候选国这一政策领域作为评估其是否满足入盟条件的标准之一,对候选国的少数民族语言政策施加影响。从1957年法国、德国、荷兰、比利时四国成立欧洲经济共同体,到2004年欧盟实现东扩之前,共同体共经历了四次扩大。①本研究重点关注始于1998年的欧盟东扩,主要是因为此次东扩所涉及的10个候选国(包括波兰、匈牙利、捷克、斯洛伐克、斯洛文尼亚、塞浦路斯、马耳

---

① 这四次扩大分别是:1973年,英国、丹麦和爱尔兰加入共同体;1981年1月1日,希腊加入共同体;1986年1月1日,葡萄牙和西班牙加入共同体;1995年12月11日,奥地利、瑞典和芬兰加入欧盟,使1993年11月1日生效的马斯特里赫特《欧洲联盟条约》形成的欧洲联盟扩展至15国。在这四次扩大过程中,11个候选国均为西欧、中欧资本主义国家。

他、爱沙尼亚、拉脱维亚和立陶宛)大部分曾为社会主义国家,欧盟对于这些国家的民主、人权以及少数民族权利保护给予了更多的关注。早在1993年6月,欧盟在哥本哈根召开首脑会议,首次承诺只要中东欧国家满足政治及经济条件,就能成为欧盟的正式成员国。这次首脑会议还根据《欧洲联盟条约》的有关条款对申请加入欧盟的国家提出了"哥本哈根标准",其中首要标准即为政治标准,要求候选国有稳定的民主制度、法制,尊重人权,保护少数民族权利。欧盟还通过每年的评估报告公布候选国在达到"哥本哈根标准"方面所取得的进步及存在的不足,来督促候选国采取相应措施。可见,东扩过程中对少数民族权利的保护,成为欧盟考察候选国是否满足入盟政治标准的内容之一。这一点与共同体以前的历次扩大有所不同。

(3)欧盟语言教育政策。

虽然语言教育政策由各成员国自行决定,欧盟只有建议权,并不能强制各成员国执行。但是,随着一体化程度的不断加深,尤其是2000年以后,欧盟就语言教育政策、特别是外语教育政策对各成员国提出了明确建议。因次,有必要具体分析欧盟的语言教育政策及其对成员国语言教育政策(主要是对外语教育政策的影响)。

根据以上分析,本书将以下四项内容作为欧盟语言政策的基本领域进行研究并分析其在欧洲集体认同形成中的作用:

① 欧盟语言地位规划及其实施,亦即共同体机构的平等语言政策及其具体实践;

② 欧盟少数民族语言保护政策;

③ 欧盟东扩过程对候选国少数民族语言政策的影响;

④ 欧盟语言教育政策的演变及其对成员国语言教育的影响。

从3.1的分析可知:上述四项欧盟语言政策的主要内容,第(1)项属于欧盟第一支柱的政策调整范畴,由欧盟立法机构,主要是欧盟理事会,尤其是部长理事会负责立法,以共同体条例、指令、决定的形式颁布,共同体机构必须执行。而第(2)项属于第二支柱,由共同体机构和成员国进行协商,立法由成员国政府负责共同体机构,主要是欧盟委员会及欧洲议会可通过建议、意见及决议等形式对成员国施加影响。第(3)项内容比较特殊,其时间节点为1998年欧盟启动东扩程序至2003年欧盟与东扩候选国签订入盟协定,主要由欧盟委员会、欧洲议会等共同体机构对候选国语言政策的施加影响。

第 4 章 欧盟语言地位规划及其实施

4.1 欧盟语言地位规划的法律框架

1957 年欧共体成立时,6 个创始国(比利时、法国、德国、意大利、卢森堡和荷兰)总共有 4 门官方语言,即法语、德语、意大利语及荷兰语。鉴于语言问题的特殊性,《建立欧洲经济共同体条约》第 217 条规定:"有关共同体机构语言的规定,由理事会在不妨碍欧洲法院议事规则所含规定的情况下,以全体一致决议确定。《建立欧洲原子能共同体条约》第 190 条也有相同的规定。"[①]

依据这一原则,部长理事会于 1958 年 4 月 15 日通过第 1/58 号条例,确立了欧洲经济共同体和欧洲原子能共同体的语言使用规定。该条例一直沿用至今。期间由于共同体不断扩大,因此经过多次修订,使其适用于目前所有成员国的官方语言。条例的最新版于 2013 年 7 月 1 日公布,增加了克罗地亚语,内容如下。[②]

表 4.1 第 1/58 号条例基本内容

第 1 条	联盟机构的官方语言和工作语言为保加利亚语、克罗地亚语、捷克语、丹麦语、荷兰语、英语、爱沙尼亚语、芬兰语、法语、德语、希腊语、匈牙利语、爱尔兰语、意大利语、拉脱维亚语、立陶宛语、马耳他语、波兰语、葡萄牙语、罗马尼亚语、斯洛伐克语、斯洛文尼亚语、西班牙语及瑞典语

[①] 《欧洲共同体条约集》.戴炳然译.上海:复旦大学出版社,1993 年,第 200、336 页。

[②] 条例原文见:Regulation No. 1 Determining the Languages to be Used by the European Economic Community,欧盟官方网站:http://eur-lex.europa.eu/LexUriServ/LexUriServ.do?uri=CONSLEG:1958R0001:20130701:EN:HTML,2013 年 11 月 3 日查询。

第 2 条	任一成员国或其公民可以联盟的任一官方语言向共同体机构提交文件,共同体机构应当以该种语言答复
第 3 条	共同体机构向成员国或其公民发送文件时,应使用该成员国的官方语言
第 4 条	条例及其他具有广泛用途的文件应以所有官方语言起草
第 5 条	欧洲联盟的官方公告应以所有官方语言发布
第 6 条	共同体机构可在其议事规则中规定各种具体情形下所要使用的官方语言种类
第 7 条	欧洲法院的案件审理语言由欧洲法院的议事规则决定
第 8 条	如果一个成员国有一种以上的官方语言,则由该成员国法律决定何种语言作为联盟的官方语言

上述 8 条规定中,第 1 条为一般条款,是欧盟官方语言政策的基础;第 2—5 条具体规定了必须使用全部官方语言的 4 种情况;第 6 条规定共同体机构可以制定在各类具体情况下的语言使用规则,但显然不能违反本条例其他条款的规定。第 1/58 号条例规定了共同体机构语言政策的基本框架,其核心内容是平等地对待所有官方语言政策,因此本书称之为欧盟官方语言平等政策,这一政策一直沿用至今,可见共同体对于平等官方语言政策的重视。不过,第 1/58 号条例并不属于共同体的基本立法。以下是几项重要的共同体条约关于语言政策的规定。

表 4.2 共同体基础条约关于语言政策的规定

条约名称	条款	内容
建立欧洲共同体条约（合并版）①	第 21 条	联盟任一公民可以本条约第 314 条的任一语言向本条所提及的机构或第 7 条所提及的机构致函,共同体机构应以相同语言答复
	第 290 条	有关共同体机构语言的规定,由理事会在不妨碍欧洲法院议事规则所含规定的情况下,以全体一致决议确定

① 该条约原文见:共同体公告 C 325/33 号,2002 年 12 月 24 日发布。其中,第 314 条所提及的语言包括了所有成员国的官方语言,第 7 条所提及的机构包括:欧洲议会、欧盟理事会、欧盟委员会、欧洲法院、欧洲审计院。

欧洲联盟基本人权宪章①	第 11—101 条第 4 款	联盟任一公民可以任一宪法语言致函联盟机构并得到联盟机构相同语言的答复
里斯本条约②	第 34 条第 D 款	……联盟任一公民有权以任一条约语言向联盟机构及咨询机构致函并得到相同语言的答复。

可见,共同体基本立法在语言政策方面主要涉及两项内容:一是共同体机构语言规则的立法机构及立法方式;二是强调了联盟公民与共同体机构书面沟通时的语言权利。因此,除非修改上述共同体条约,否则欧盟理事会作为法定的共同体机构语言政策制定者,虽可依法对第 1/58 号条例进行修改,但无权改变该条例第 2 条规定。

不过,对于联盟公民与共同体机构书面沟通时的语言权利,建立欧洲共同体条约和里斯本条约的规定并不完全相同,前者对共同体机构做了规定,即欧洲议会、欧盟理事会、欧盟委员会、欧洲法院、欧洲审计院,后者无具体规定。

共同体成立至今,总共经历了 7 次扩大。第 1/58 号条例一直得以执行。1973 年,英国、爱尔兰和丹麦加入共同体。英语和丹麦语成为共同体的官方语言和工作语言,但作为爱尔兰共和国官方语言和第一工作语言的爱尔兰语,只获得了共同体官方语言的地位,并未获得工作语言的地位(爱尔兰宪法第 8 条规定,爱尔兰语是爱尔兰共和国官方语言和第一工作语言,英语是爱尔兰第二工作语言)。虽然爱尔兰语未能成为欧盟的工作语言,爱尔兰政府对此并未提出抗议。有学者认为,爱尔兰语在共同体当中的这种"半官方语言"的地位,是爱尔兰政府默认的。③有学者甚至认为,其实是爱尔兰政府建议共同体不要将爱尔兰语列为共同体工作语言,因为爱尔兰政府想避免将大量的爱尔兰语共同体文件译为英语的沉重负担。④然而,自从 20 世纪 90 年代以来,爱尔兰民族主义思潮有所抬头,尤

---

① 该宪章原文见:共同体公告第 C 310/4116 号,2004 年 12 月 16 日发布。该宪章原为《欧盟宪法条约》的一部分,故文中使用了"宪法"一词。后欧盟宪法条约未获通过,被共同体以里斯本条约代替。上述条款修改为:"联盟任一公民可以任一种条约语言致函联盟机构并得到联盟机构相同语言的答复。"见共同体公告第 C 301/1 号,2007 年 12 月 14 日发布,第 41 条第 4 款。

② 共同体公告,第 C 306/52 号,2007 年 12 月 17 日发布。

③ Greech, Richard. *Law and Language in the European Union*: *The Paradox of a Babel "United in Diversity"*. Europa Law Publishing, 2005, p. 16.

④ Murchu, O. M. The Irish Language. in Glanville Price (ed.). *The Celtic Connection*. Buckinghamshire: Princess Grace Irish Library, 1992, pp. 30—64.

其是 2004 年 7 月，爱尔兰爆发了针对爱尔兰语这一在欧盟语言体系中不完全官方地位的抗议浪潮，随后爱尔兰政府也向欧盟提出，爱尔兰语应当成为欧盟的官方语言和工作语言。2005 年 6 月 13 日，欧盟通过决定，承认爱尔兰语的官方语言地位和工作语言地位，该决定自 2007 年 1 月 1 日起生效。[①]

1986 年，葡萄牙和西班牙加入共同体，葡萄牙语和西班牙语同时成为共同体的官方语言和工作语言。然而，在西班牙，加泰罗尼亚语、巴斯克语以及加利西亚语是三种使用人数较多的地方性语言，尤其是加泰罗尼亚语，有超过 600 万西班牙人[②]以其为母语，占西班牙全部人口的 16%。[③]而根据共同体的规定，每一成员国只能有一种语言成为共同体的官方语言和工作语言。作为西班牙全国范围的官方语言，西班牙语自然成为欧共体的官方语言和工作语言，对此加泰罗尼亚人非常不满。经过四年的不断努力，再加上西班牙政府的强烈要求，1990 年 12 月，欧洲议会通过了关于欧共体语言问题的 A3－169/90 决议，呼吁部长理事会支持给予加泰罗尼亚语特别地位，将共同体条约等其他基本文件翻译为加泰罗尼亚语。决议还呼吁在向成员国公众宣传共同体机构相关信息时，加泰罗尼亚应当是媒体语言之一。决议还支持了将泰罗尼亚语列入共同体"Lingua"及"Erasmus"项目资助的语言学习目录，而通常这类项目只包括共同体所有的官方语言[④]。自 2006 年开始，欧盟给予泰罗尼亚语、巴斯克语、加利西亚语三种地区性语言以特别地位。[⑤]

1995 年，奥地利、芬兰和瑞典加入欧盟，芬兰语和瑞典语成为欧盟的官方语言和工作语言。2004 年，8 个前东欧国家，捷克、爱沙尼亚、匈牙

---

① Craith, Mairead Nic. *Europe and the Politics of Language: Citizens, Migrants and Outsiders*. Palgrave: Macmillan, 2006, p.41.

② 也称加泰罗尼亚人。

③ Trifunovska, Snezana. *European Minorities and Languages*. The Hague: T. M. C. Asser Press, 2001, p.573.

④ Craith, Mairead Nic. *Europe and the Politics of Language: Citizens, Migrants and Outsiders*. Palgrave: Macmillan, 2006, p.43.

⑤ 见欧盟官方网站：http://ec.europa.eu/commission_barroso/orban/keydoc/keydoc_en.htm，2010 年 1 月 23 日查询。

利、拉脱维亚、立陶宛、波兰、斯洛伐克、斯洛文尼亚以及两个地中海岛国——塞浦路斯和马耳他加入欧盟。捷克语、爱沙尼亚语、匈牙利语、拉脱维亚语、立陶宛语、马耳他语、波兰语、斯洛伐克语和斯洛文尼亚语等9种语言成为欧盟的官方语言和工作语言。2007年1月,保加利亚和罗马尼亚加入欧盟,保加利亚语和罗马尼亚语成为欧盟的官方语言和工作语言。2013年7月1日,克罗地亚加入欧盟,克罗地亚语成为欧盟官方语言及工作语言。

截至目前,欧盟总共有28个成员国,24种地位平等的官方语言和工作语言。

表4.3 欧盟官方语言:1957—2013

成员国及其加入共同体时间	语言种类
荷兰 比利时 卢森堡 意大利 法国 德国(1958)	荷兰语 德语 法语 意大利语
英国 爱尔兰 丹麦(1973)	英语 丹麦语
希腊(1981)	希腊语
葡萄牙和西班牙(1986)	葡萄牙语 西班牙语
奥地利、芬兰和瑞典(1995)	瑞典语 芬兰语
捷克、爱沙尼亚、匈牙利、拉脱维亚、立陶宛、波兰、斯洛伐克、斯洛文尼亚、塞浦路斯、马耳他(2004)	立陶宛语 拉脱维亚语 爱沙尼亚语 匈牙利语 波兰语 斯洛文尼亚语 斯洛伐克语 捷克语 马耳他语
罗马尼亚 保加利亚(2007)	爱尔兰语[①] 罗马尼亚语 保加利亚语
克罗地亚(2013)	克罗地亚语

对比联合国、东南亚国家联盟、非洲联盟及南美洲国家联盟等其他国

---

① 爱尔兰1973年加入共同体时,作为爱尔兰共和国官方语言和第一工作语言的爱尔兰语,只获得了共同体官方语言地位,并未获得工作语言的地位。爱尔兰语的半官方地位,指其为共同体基本条约起草语言,但不作为机构工作语言使用。2005年6月13日,欧盟通过决定,承认爱尔兰语的官方语言地位和工作语言地位,该决定自2007年1月1日起生效。见:Craith, M. N. *Europe and the Politics of Language: Citizens, Migrants and Outsiders*. Palgrave: Macmillan, 2006, p.41.

际组织的语言使用规则①,欧盟的语言政策有两个特点,一是所有成员国语言一律平等;二是赋予所有成员国公民以本国官方语言(理论上也可以是其他成员国官方语言)同欧盟机构进行交流的权利。而目前任何其他国际组织并不承诺其成员国公民有以本国官方语言与这些机构进行交流的权利。欧盟对翻译在其体系中重要性的描述也折射出其语言政策同其他国际机构的不同之处:

> 欧洲联盟是一个多语体系,其正常运行离不开专业的语言工作者(译员)。联盟各机构的语言服务就是支持并强化欧盟的多语特征,使欧盟更加贴近它的公民。尤其是文件的书面翻译工作,使得欧盟能完成向其公民传递信息并同公民进行交流这一法定职责……联盟通过的法律直接对其公民及公司发生效力,从简单而自然的公正角度出发,公民以及他们的法庭必须有一份以他们的语言写成的法律文本。联盟的每一位成员都有权参加建设联盟的行列,并且应该以自己的语言参与。②

4.2 欧盟语言平等政策的实施

欧盟的语言平等政策原则上是通过其主要机构的语言机制实现的。

---

① 联合国有6种官方语言,包括阿拉伯语、汉语、法语、俄罗斯语、英语和西班牙语,见联合国官方网站 http://www.un.org/Depts/DGACM/faq_languages.htm 2007年9月2日4查询;北大西洋公约组织只有英语、法语两种官方语言,见该组织官方网站 http://www.nato.int/docu/basictxt/treaty.htm, 2007年9月24日查询;成立于1967年的东南亚国家联盟,英语一直是其唯一工作语言。2007年11月20日,参加第13届东盟首脑会议的各成员国领导人签署了《东盟宪章》,这是东盟成立以来第一份对所有成员国具有法律约束力的文件。《东盟宪章》第34条规定,"联盟的工作语言为英语"。根据东盟官方网站 http://www.aseansec.org 相关材料整理,2009年6月14日查询;《非洲联盟章程》(非洲统一组织第36届首脑会议2000年7月11日通过)第25条规定"非洲联盟及其所有机构的工作语言,在可能的情况下,为非洲语言、阿拉伯语、英语、法语及葡萄牙语"。根据非盟官方网站 http://www.africa-union.org/ 相关材料整理,2009年6月14日查询;根据《南美洲国家联盟宪章》(南美洲国家联盟特别会议2008年5月23日由12个成员国领导人签署)第23条规定:"南美国家联盟的官方语言为英语、西班牙语、葡萄牙语以及荷兰语。"根据南美国家联盟官方网站 http://www.comunidadandina.org 相关材料整理,2009年6月14日查询。

② 见欧盟官方网站 http://europa.eu/languages/en/chapter/15,2007年11月25日查询。

部长理事会第1/58号条例第6条规定,共同体各机构可以制定适用于本机构具体情况的语言政策。这里所说的机构主要是指欧盟委员会、欧盟理事会、欧洲议会以及欧洲法院,但并不排除其他共同体其他机构。一般而言,这些机构在与公众以及各成员国打交道时,通常采用相应的官方语言,这可以是24种官方语言的任何一种。而在处理内部事务或进行内部协商时,通常只采用有限的几种语言。例如,欧盟委员会在其内部的日常工作中,基本使用英语和法语两种语言,有时也使用德语。部长理事会在召开部长级会议时,会使用所有欧盟工作语言,而其常设的代表委员会会议则只提供英语、法语和德语翻译。欧洲议会自认为是欧洲人民的代表,因而在其日常工作中使用所有的欧盟工作语言。欧洲议会议事程序规定,所有的会议文件都必须翻译为欧盟所有工作语言,各成员国议员有权用任何一种欧盟工作语言发表讲话,而且他们的讲话将被同声传译为其他所有工作语言。欧洲法院议事程序规定,欧盟任一官方语言都可成为某一案件的诉讼语言,这主要是指起诉、答辩、记录以及法庭的判决,欧洲法院的内部工作语言仅法语一种。①

表 4.4　欧盟主要机构语言使用情况②

机构名称	工作语言	内部工作语言
欧洲议会	所有24种语言	所有24种语言
部长理事会	所有24种语言(部长会议)	所有24种语言
欧盟委员会	所有24种语言	英语、法语、德语
欧洲法院	所有24种语言	法语
经济与社会委员会	所有24种语言	所有24种语言
地区委员会	所有24种语言	所有24种语言

这种大规模多语交流可以说是史无前例的。以欧洲议会为例,假定来自芬兰(芬兰语)和荷兰(荷兰语)的两个议员就某一问题进行辩论,他

---

① Greech, Richard. *Law and Language in the European Union: The Paradox of a Babel "United in Diversity"*. Europa Law Publishing, 2005, pp. 10—24.

② Gazzola, Michele. Managing Multilingualism in the European Union: Language Policy Evaluation for The European Parliament. *Language Policy* 2006(5): 393—417.

们的发言都要先翻译为某一中介语言（目前通常是英语、法语），然后再译为目标语言（荷兰语或芬兰语）。以目前的 24 官方语言计算，如果去掉英语和法语这两种中介语言，其余 22 种语言则有 C21=221 种语言组合。为实现这样超大规模的多语交流，欧盟组建了世界上最大的翻译机构。欧盟各主要机构，如欧洲议会、部长理事会、欧盟委员会及欧洲法院都有各自的翻译服务机构。作为欧盟的行政机构，欧盟委员会的翻译部门最为庞大：笔译部有约 1750 余名笔译人员、600 名相关服务人员；口语部有约 600 名专职口译人员、250 名相关服务人员，以及多达 3000 名非专职口译人员可供聘用。[①] 上述翻译人员在 2010 年总共翻译了约 1800 万页文件（每页约 1500 字），为 11000 场会议提供了口语翻译服务。[②]

4.3 欧盟语言平等政策：形成欧洲集体认同的重要前提

多民族国家的民族语言问题，若处理不当，往往与其他民族问题交织在一起，有可能引发民族矛盾，甚至产生分离主义倾向。对于多民族国家来说，促进共同文化，促进国家认同与保护民族语言往往会成为一个两难选题。处理不好则会引起少数民族的民族主义反弹。欧盟不是一个国家，因此共同体的平等语言政策似乎并没有促进欧洲集体认同的主观意愿，但如此平等并且直接面对成员国公民的语言政策，却是任何一个国际组织或区域性国际组织从未有过的。事实上，欧盟的平等语言政策，同十月革命胜利之后苏联社会主义联盟初期的语言平等政策十分类似。

十月革命之前的沙皇俄国是周边殖民大国，它西临德意志帝国，东到白令海，北至北冰洋，南接阿富汗和中国，成为疆土面积达 2280 平方公里、地跨欧亚两个大洲的大国。在这片广阔的土地上，生活着 150 多个大

[①] 见欧盟官方网站：http://europa.eu/about-eu/facts-figures/administration/index_en.htm，2013 年 11 月 8 日查询

[②] 同上。

小民族。①沙皇俄国实行专制统治,少数民族的文化权利被剥夺。沙俄当局极力推行"义务国语制",强迫各少数民族学习、使用俄语,同时歧视、排挤和摧残非俄罗斯民族的语言和文化,禁止用非俄罗斯民族语言教学,禁止出版非俄罗斯语言的文艺作品。十月革命武装起义时召开了全俄工兵代表苏维埃第二次代表大会(1917年10月25日—27日召开),大会在其第一份立法文件——《告工人、士兵和农民》中宣告,苏维埃政府将保证俄国各境内的各民族享有真正的自决权。由于出席这次大会的有来自原沙皇统治下俄国境内的主要民族的代表,包括乌克兰、白俄罗斯、爱沙尼亚、拉脱维亚、立陶宛、阿塞拜疆、格鲁吉亚、亚美尼亚、鞑靼等,②因此这次大会实际成为俄罗斯主导的苏维埃政府对各民族、尤其是俄罗斯之外的其他民族的庄严承诺。这一承诺甚至可以理解为争取原沙皇俄国境内一些其他主要民族加入以俄罗斯为主导的苏维埃联邦社会主义共和国的努力,因为直到国内战争结束的时候,乌克兰、白俄罗斯、格鲁吉亚、阿塞拜疆、亚美尼亚等5个社会主义共和国还是与俄罗斯苏维埃联邦社会主义共和国并列的独立国家,后者还与前5个共和国分别缔结了条约,规定了各缔约国的独立和各民族的平等地位。但由于上述各国的共产党都隶属俄共(布)中央的统一领导,统一指挥,因而俄罗斯联邦与上述5个共和国之间是一种非常特殊的关系。虽然乌克兰、白俄罗斯、格鲁吉亚、阿塞拜疆等参加了1922年12月30日成立的苏维埃社会主义共和国联盟,③但围绕这一联盟建立过程中发生的矛盾和争执,从某种程度上来说,决定了这一联盟的民族政策(包括语言政策)的平等原则。这里不妨对这些矛盾和争执做一简要回顾。

---

① 周尚文,叶书宗,王斯德.《苏联兴亡史》.上海:上海人民出版社,2002年,第109页。不过,根据《苏联民族国家建设史(上册)》(苏联科学院编写,商务印书馆1997年)第16页:"根据1926年的人口统计,那么就会发现,当时在苏联登记注册的有190多个民族,尽管苏联当时的版图大大小于俄罗斯帝国";而根据《国家、民族与语言:语言政策国别研究》(中国社会科学院民族研究所编,北京:语文出版社,2003年4月)第一页:"在苏联居住着130多个大小民族。"可见,对于苏联民族数量的统计结果相差较大。

② 苏联科学院.《苏联民族国家建设史(上册)》.北京:商务印书馆,1997年,第19页。

③ 周尚文,叶书宗,王斯德.《苏联兴亡史》.上海:上海人民出版社,2002年,第111-112页。

1922年8月,俄共(布)中央成立了一个以斯大林为首的专门委员会,拟定各苏维埃共和国联合的原则及方案。这一委员会随后提交了《关于俄罗斯苏维埃社会主义共和国和各独立共和国的相互关系》的草案,即所谓"自治化"方案。方案规定,上述5个共和国作为自治共和国加入俄罗斯联邦,即由俄罗斯联邦作为最高权力机构领导和管理其他共和国。上述5个共和国当中,只有阿塞拜疆和亚美尼亚对这一方案表示赞同,其他三个共和国都程度不同地表示了反对意见,格鲁吉亚的反对意见尤为强烈。而列宁也对这一方案表示了明确的反对意见,他建议方案第一条中"加入俄罗斯苏维埃联邦社会主义共和国"改为"同俄罗斯苏维埃社会主义共和国一起正式联合组成欧洲和亚洲苏维埃社会主义共和国联盟",并批评斯大林在这一问题上操之过急。①列宁坚决反对在将各苏维埃共和国建成一个统一的联盟国家的过程中采取匆忙或依靠简单命令来推进,决不允许表现出任何形式的大国沙文主义。他认为,坚决贯彻无产阶级国际主义原则的首要要求,就是绝对尊重昔日遭沙皇压迫的各非俄罗斯民族共和国的主权。"重要的是,我们不去助长'独立分子',也不取消他们的独立性,而是再建一层新楼——平等的共和国联邦。"②列宁关于组建苏维埃多民族国家各族人民平等的国家联盟的思想,成为该委员会提出的关于各独立苏维埃共和国相互关系新草案的基础。而这一思想也被各非俄罗斯民族共和国共产党所接受。③

1922年12月30日,苏维埃社会主义共和国联盟成立。并随即举行了苏联苏维埃第一次代表大会。代表大会基本批准了苏维埃社会主义共和国联盟成立宣言和条约,决定提交各加盟共和国审查。这里,提交各加盟共和国审查这一环节无疑体现出对各加盟共和国平等地位的尊重。联盟成立宣言宣布联盟国家的组织原则,即以无产阶级国际主义为基础的苏联各族人民的自愿、平等和兄弟般的合作,无论是现已存在的,还是将来成立的苏维埃共和国随时都可以加入苏联。会议批准的条约规定了各

---

① 周尚文,叶书宗,王斯德.《苏联兴亡史》.上海:上海人民出版社,2002年,第112—114页。
② 《列宁全集》(第43卷).北京:人民出版社,1987年,第214页。
③ 苏联科学院.《苏联民族国家建设史(上册)》.北京:商务印书馆1997年,第290—293页。

共和国加入联盟的手续,并宣布各加盟共和国有自由退出联盟的权利。1924年1月,全苏苏维埃第二次代表大会通过了第一部宪法。宪法进一步确认了各平等民族联合的自愿原则,各加盟共和国有自由退出联盟的权利,现在的或将来成立的各苏维埃共和国可以随时加入联盟。根据这部宪法,联盟的权限包括对外政策、对外贸易、建设武装力量和交通运输等方面,其他方面则属于各加盟共和国。1925年,苏维埃第三次代表大会又接纳了土库曼共和国和乌兹别克共和国加入苏联。截至1925年底,加入苏联的共有6个加盟共和国、15个自治省和16个州。[1]

从苏维埃社会主义共和国联盟成立的过程可以看出,作为促成联盟成立的核心成员,俄罗斯苏维埃共和国是以平等的成员之一加入这一国家联盟的。可以认为,将各非俄罗斯族苏维埃共和国"加入俄罗斯苏维埃联邦社会主义共和国"改为"同俄罗斯苏维埃社会主义共和国一起正式联合组成欧洲和亚洲苏维埃社会主义联盟",以及保证所有共和国的平等地位并赋之以自由退出联盟的权利,这是非俄罗斯族苏维埃社会主义共和国参加联盟的重要前提。而1924年1月通过的宪法第二章第三条明确规定,在苏联机关职权之外,"每个加盟共和国均独立行使自己的国家权利,苏联保护各加盟共和国的主权"。[2]各非俄罗斯族苏联社会主义共和国有自己的民族语言,在联盟成立的初期,联盟内部执行平等的民族语言政策,这既是马克思主义民族语言观的要求,也是争取其他非俄罗斯族共和国加入联盟必须要遵守的重要原则。在1922年12月30日苏维埃社会主义国家联盟成立之前,拉脱维亚(1918年1月)、乌克兰(1919年12月)、亚美尼亚(1920年12月)、巴什基尔(1921年7月)、楚瓦尔(1922年4月)等共和国宪法都已经通过了语言平等权利的决议,并决定公文和教育工作采用的语言主要取决于公民的民族成分,教育用母语进行。联盟成立之后,阿塞拜疆(1924年6月)和白俄罗斯(1924年7月)宪法也通过了相似的语言平等的决议。[3]由此可见,民族语言平等这一原则,在苏维

---

[1] 周尚文,叶书宗,王斯德.《苏联兴亡史》.上海:上海人民出版社,2002年,第117—119页。
[2] 苏联科学院.《苏联民族国家建设史(上册)》.北京:商务印书馆,1997年,第314页。
[3] 中国社会科学院民族研究所编.《国家、民族与语言:语言政策国别研究》.北京:语文出版社,2003年,第5页。

埃社会主义国家联盟成立之前及成立初期得到了认真贯彻。然而,列宁去世后,斯大林成为这一国家联盟的最高领导人之后,逐渐背离了这一原则。①

　　同苏维埃社会主义国家联盟的成立过程相比,欧盟联盟的建设过程有着某种类似性。至少在联盟成立的相关文件和条约上,两者都强调了加入联盟各成员的平等、自愿原则。从苏维埃社会主义国家联盟的建立过程看,平等的语言政策体现了各加盟共和国及自治共和国的平等地位,有助于实现自愿的联合。欧洲经济共同体在建立过程中也面临着同样的问题,没有平等的语言政策,很难想象法国、德国、意大利、荷兰、卢森堡、比利时6个国家会签订《罗马条约》成立欧洲经济共同体。事实上,这一平等的语言政策,也使得以后加入这一超国家组织的其他成员国公民少了一些顾虑。例如,在加入欧盟之前,多达50%以上的拉脱维亚人担心加入欧盟会造成拉脱维亚语使用的下降。一个曾担任欧盟机构自由翻译者的拉脱维亚教授便撰文在拉脱维亚报纸上对欧盟的语言政策进行说明:欧盟联盟的语言政策将确保拉脱维亚语在欧盟具有同其他成员国语言一样的平等地位,欧盟的任何法律文件都将被翻译成拉脱维亚语,甚至包括与拉脱维亚可能无关的法律文件。欧盟所提供的翻译机制将确保拉脱维亚人以自己的语言同欧盟的机构进行交流。这位教授还批驳了一些拉脱维亚人的观点,即欧盟的平等语言政策只是表面文章,将拉脱维亚语列为欧盟的官方语言,只是个烟幕弹,实际上很可能会被忽略。但这位教授也承认,拉脱维亚语能够成为欧盟的官方语言,并不意味着它可以和英语或者法语一样使用广泛。除了拉脱维亚人,没有人使用拉脱维亚语。但只要拉脱维亚人使用自己的语言,欧盟的翻译机构将确保拉托维亚公民与欧盟机构的交流,没有人会有意将拉脱维亚语驱逐出欧盟,但20年以后或者50年以后会如何发展,那就很难预测。也许那时拉脱维亚语将在欧盟的较低层次上使用,但那和欧盟无关。这位教授自豪地写到:拉脱维亚语和爱沙尼亚语的使用人数仅几百万人,但欧盟花在这些语言上的

---

① 参见本书2.2。

翻译费用和花在英语、法语这些语言上的费用一样多。①

语言地位的平等从一个侧面反映出使用这些语言的民族相互关系的平等。这一平等关系在多民族国家的建立过程中对赢得其他少数民族②对国家的认同是十分必要的。苏维埃社会主义联盟成立初期是如此。历史上,比利时联邦自 1873 年就开始实行官方双语制,③瑞士联邦自 1838 年开始实行多语制,④其目的就是为了增强不同族群对联邦的凝聚力及公民对国家的认同。可以说,欧盟平等的语言政策是共同体成立以及一体化不断深化的重要基础,因而是欧洲集体认同的一个重要起点。

4.4 面临挑战的平等语言政策

根据本章以上各节的分析,可以认为,欧盟官方语言平等政策,其实质是一种机构多语制度。立法者的本意是:共同体机构在规定范围平等地以所有官方语言工作,以便成员国政府、机构及公民能平等地参与联盟事务。具体来说,这种机构多语可体现在两个方面,一是共同体机构的运行过程,二是共同体机构信息的发布。只有共同体机构在其运行过程中提供多语服务,才能保证来自不同成员国的非特定公民或机构⑤有平等

---

① 参见 Latvians will be Able to Communicate in Their Native Language at The EU's Institutions,引自 Diena, Riga, in Latvian 12 Jul 02, pp.1—3,载 *Global Newsire-Asia Africa Intelligence*, July 12, 2002, http://web.lexis-nexis.com/professional/download?_m=cb84f22160eab7cde8624f1bde977bf4&_action=download&dd_jobType=spew&wchp=dGLbVlb-zSkSt&_md5=4be28954f2866bbd6610dd55248b6bc8,2007 年 8 月 2 日查询。

② 除语言不同外,这些少数民族往往还具有以下特点:有不同于主体民族的传统习惯(有些还有宗教信仰)、较长历史时期相对固定的生活地域并且其人口在所生活地域占大多数。

③ 斯钦朝克图. 国家的双语化及地区的单语化:比利时语言政策研究. 载《国家、民族与语言——语言政策国别研究》.中国社会科学院民族研究所.北京:语文出版社,2003 年,第 141—156 页。

④ 曹枫. 和谐的官方多语制:瑞士语言政策研究. 载《国家、民族与语言——语言政策国别研究》.中国社会科学院民族研究所,北京:语文出版社,2003 年,第 179—185 页。

⑤ 共同体机构官员及其工作人员可以使用共同体的翻译服务,成员国中专门针对欧盟机构提供服务的机构或个人可以拥有自己的翻译人员,或者自身具有多语能力,上述人员不属于本书此处所称"非特定公民"。此处的非特定公民,指有可能参与共同体机构事务的成员国公民,但他们的参与有可能是随机性的,其所在机构并非为参与共同体机构事务而设立。可以预料,如果共同体机构不提供多语服务,他们就可能失去参与机会。

机会参与共同体机构事务；只有共同体机构信息的发布以多语进行，不同成员国的公民才能平等地了解共同体的事务。但是，分析共同体机构的运行过程及信息发布中的一些举措，不难得出结论，欧盟的平等官方语言政策实际上已面临挑战。

事实上，出现这种挑战并不意外。共同体成立之初，6个成员国有4种官方语言，语言问题并不突出。然而，随着成员国数量和官方语言种类的增加，使得欧盟机构的多语运行受到了很大的影响。从4.2的分析可以看出，翻译在欧盟的日常行政管理中发挥着非常重要的作用。然而，随着一体化程度的不断加深，共同体涉及的政策领域亦不断增加。迅速增加的翻译工作量使翻译人员不堪重负。以欧洲法院为例，其内部工作语言为法语，而某一具体案件的诉讼语言（可以是24种欧盟官方语言的任何一种）被规定为这一案件的唯一原始语言，但由于法院判例在整个欧盟都有法律效力，所以诉讼的有关材料以及判例需以所有欧盟官方语言同时发布，[①]而大量的翻译往往会延误工作进程，以至于欧洲法院自己也认为，这导致了"某种危机"的出现。[②③] 平等地对待24种官方语言意味着浩大的翻译工作，而在欧盟的扩大过程中，对于是否应该限制欧盟官方语言与工作语言这一议题，不同欧盟机构的意见也不一致。20世纪90年代初的一项调查显示，欧洲议会的大部分议员都坚持不应对欧盟工作语言或对新成员国的语言权利做出任何限制，而欧盟官员则有不少人希望能对欧盟的官方语言和工作语言有所限制。不愿意对语言做出限制的欧盟官员则主要来自一些小语言国家，如丹麦、葡萄牙等。他们担心对于欧盟工作语言做出限制会进一步边缘化其语言。由于限制欧盟的工作语言

---

① 指以纸介质印刷发行，而非网站公布。
② Greech, Richard. Law and Language in the European Union: The Paradox of a Babel "United in Diversity". *Europa Law Publishing* 2005:24—26.
③ 为减轻翻译工作压力，共同体对翻译工作提出了相关要求，包括：建立一个核心文件目录；限制文件的长度；提供简要总结而不是全文翻译；将最终文本作为翻译重点等。参见：Working Document on Special Report No 9/2006 of the European Court of Auditors concerning Translation Expenditure Incurred by the Commission, the Parliament and the Council，载欧盟官方网站 http://www.europarl.europa.eu/meetdocs/2004_2009/documents/dt/643/643388/643388en.pdf 2010年2月17日查询。

需要修改欧盟的语言政策,即第 1/58 号条例,而这需要全体成员国一致同意,但显然不可能指望一个成员国放弃自身语言在共同体中的地位。因此尽管曾有限制欧盟工作语言的提议,但从未对其进行过正式的讨论。①共同体从 1958 年成立至今,没有颁布任何改变官方语言平等原则的法律制度。显然,欧盟的政体特征使得其本身不可能挑战成员国官方语言平等这一基本原则。从目前的情况看,这一原则在实际工作中已不断遭遇挑战,即若干"大语言"被更多地用于同成员国机构及公民的沟通。这虽然引发了争议,然而这种"大语言"更受青睐的做法,似乎在逐渐被被动地接受。下文将对其进行分析。

4.4.1 共同体机构多语机制运行面临的挑战

这类挑战指共同体机构在开展工作过程中未遵守官方语言平等这一原则,可分为两类:一是个别欧盟机构在成立之初制定语言政策时,似乎放弃了官方语言平等原则;另一类是在具体运行过程中,没有坚持这一原则。

例如,欧盟在 1993 年成立内部市场和谐局②时,便有意弱化其多语服务。起初,欧盟委员会建议该机构只使用一种工作语言,但没有说明是哪一种。而法国政府则提出,应该使用两种语言,虽然法国政府没有明确两种语言的具体种类,但有猜测认为,法国政府所说的两种语言,应该是指英语和法语。德国政府认为,鉴于德语在商标申请方面的重要性,将德语排除在该机构的工作语言之外是不能接受的。此外,意大利和西班牙也要求将意大利语和西班牙语作为该组织的工作语言。西班牙提出这一要求是因为该机构设在西班牙。经过反复协商,1993 年 12 月 20 日部长理事会就该机构的语言政策达成一致,规定英语、法语、德语、意大利语、西班牙语为该机构的官方语言。不过,该机构并不禁止申请人以其他欧盟官方语言提出申请。申请者可以欧盟任一官方语言提出申请,但在提

---

① Phillipson, Robert. *English-only Europe? Challenging Language Policy*. New York: Rougledge Taylor & Francis Group, 2003, pp. 120—122.

② 英文原文为 Office for Harmonisation in the Internal Market (Trade Marks and Designs),缩写为 OHIM,主要负责共同体统一市场的商标事务。

出申请的同时需在上述 5 种语言中选择一种语言作为申请第二语言,而这一语言则是后续申请过程中的工作语言。对于该机构的这一语言政策,一个名为 Christina Kik 的荷兰知识产权律师兼商标代理商提出质疑。她认为,该机构的语言政策违背了共同体官方语言平等的原则。①

1996 年 5 月 14 日,Kik 以荷兰语向该机构提出商标注册申请,并同时指定荷兰语为"第二语言"。内部市场和谐局经过近两年的审核,最终于 1998 年 3 月 20 日决定不接受 Kik 的申请,原因是她未按要求指定后续申请工作的第二语言。随后她于 1998 年 5 月 4 日向该机构提出申诉,但被该机构申诉委员会于 1999 年 3 月 19 日通过决定驳回她的申诉。1999 年 5 月 19 日,她正式向欧洲初审法院提出诉讼,认为该机构的这一语言政策违背了欧盟的官方语言平等原则,并要求撤销该机构申诉委员会 1999 年 3 月 19 日的决定。但欧洲初审法院 2001 年 7 月 12 日的判决并没有支持她的主张,随后她的代理人上诉至欧洲法院。2003 年 9 月 9 日,欧洲法院支持了欧洲初审法院的判决,Christina Kik 及其代理人最终败诉。欧洲法院的主要理据有两条,一是没有哪一项共同体法律强调共同体所有官方语言的绝对平等,二是根据欧洲共同体条约第 217 条(现在第 290 条),理事会有权制定共同体机构的语言政策。②

这一机构设立及针对其语言政策诉讼开始时,即 1993 年至 1999 年,欧盟共有 11 种官方语言,包括丹麦语、荷兰语、英语、芬兰语、法语、德语、希腊语、意大利语、葡萄牙语、西班牙语及瑞典语。在这一诉讼过程中,主要当事人为 Kik(包括其代理人)与内部市场和谐局,而希腊政府、西班牙政府及欧盟理事会也作为当事人参与诉讼。或许是因为其官方语言不是该机构的第二语言,希腊政府表示了对 Christina Kik 主张的支持,认为欧洲初审法院的判决违背了《建立欧洲共同体条约》第 126 条(现在为

---

① Greech, Richard. Law and Language in the European Union: The Paradox of a Babel "United in Diversity". *Europa Law Publishing* 2005:32—35.
② 根据欧洲法院相关判例概要整理:Summary of the Judgement, Case C-361/01P, Christina Kik v Office for Harmonisation in the Internal Market (Trade Marks and Designs), http://eur-lex.europa.eu/LexUriServ/LexUriServ.do? uri = CELEX: 62001J0361: EN: HTML,2010 年 1 月 26 日查询。

149条)关于共同体尊重成员国语言多样性的原则。而且根据它的观察,在以往有关共同体法律解释的判例中,欧洲法院总是倾向于语言平等这一原则。西班牙政府和欧盟理事会则表示了对内部市场和谐局的支持。①

这一历时 4 年旷日持久的诉讼,并未对欧盟内部市场和谐局的语言政策产生任何影响。如果说欧盟部长理事会未将所有官方语言作为该机构工作语言的两项理由,即翻译存在的局限和额外支出上千万欧元的费用,以其实用主义的考虑有其合理的一面外②,欧洲法院的判决,虽然有其根据,但无异于承认,只要经部长理事会一致同意,某一共同体机构可以改变官方语言平等政策。或许是因为欧盟市场和谐局的这一语言政策引发的争议及诉讼,自此以后,尚未发现欧盟新成立的机构明确制定类似的语言政策。但是,现有欧盟机构在运行过程中,在某一项具体工作中未能履行平等官方语言政策的事例则更为常见,并被申诉至欧盟监察员寻求帮助,③以下两个案例就属于此类。

---

① Case C-361/01P, Christina Kik v Office for Harmonisation in the Internal Market (Trade Marks and Designs),见欧洲法院官方网站 http://eur-lex.europa.eu/LexUriServ/LexUriServ.do? uri=CELEX:62001J0361:EN:HTML,2010 年 1 月 26 日查询。

② 很显然,这种合理性得到了部长理事会的一致认可,否则欧盟内部市场和谐局5种官方语言政策就不可能通过。在 1993 年 12 月 20 日欧盟部长理事会就该机构的语言政策达成一致时,欧盟有 12 个成员国,即法国、德国、比利时、卢森堡、荷兰、意大利、英国、丹麦、爱尔兰、希腊、葡萄牙和西班牙,因此可以认为,这一语言政策得到了上述 12 个成员国部长的一致同意。不过,分析上述 12 个成员国官方语言或通用语言的具体情况,除荷兰、希腊及丹麦外,其余 9 个成员国,由于其官方语言或者通用语言是该机构确定的 5 种语言之一,自然不会反对这一语言政策。

③ 欧盟自 1995 年开始设立监察员,其职责是接受成员国公民(包括机构、组织、协会等)或居住在成员国的人员对欧盟机构和组织(尤其是欧盟委员会、欧盟理事会和欧洲议会等)行政作为不当的申诉,包括不按规定作为、不公平、歧视、滥用权力、不回应有关质询、拒绝公开相关信息、延误等以。监察员将对接到的申诉进行调查,若认定针对该行政不当作为的申诉成立,监察员将通过建议的方式要求相应机构纠正其不当做法,或在以后避免类似行为。但监察员的建议并不具备法律效力。参见欧盟监察员官方网站:http://www.ombudsman.europa.eu/atyourservice/ataglance.faces,2009 年 4 月 20 日查询。

案例 1[①]

1997年6月，荷兰一家家具公司工作人员在一家荷兰报纸上读到了欧洲议会发布的为其会议室购置家具的招标公告说明。于是这家公司向欧洲议会索取招标文件，但只收到了法语文本，并且欧洲议会相关机构的人员确认只有法语文本。于是这家荷兰公司的人员向欧盟监察员申诉，为了确保竞标公平，应向投标者提供其母语版本的相应材料。这一申诉被转给欧洲议会后，它确认，这一招标公告于1997年5月27日在欧盟官方公告上发布，同时分别以每一成员国的官方语言在其报刊上发布，其中包括一家荷兰报纸。对于招标公告的语言政策，欧洲议会援引了部长理事会1993年6月4日通过共同体第93/36号指令第9条对于公共采购程序的规范要求。该条规定：采购方应将采购文件以文件制定语言在共同体官方公告上全文发布，同时将其主要内容以共同体所有官方语言发布，但以文件制定语言版本为准。因此欧洲议会认为自身没有过错。而且欧洲议会及其他共同体机构的实际做法也是不将这些文件翻译为所有官方语言，因此只有法语文本。议会也承认，这一实用主义的做法并不利于共同体机构遵守共同体所有官方语言政策平等的原则。有鉴于此，在欧洲议会的提议下，共同体于1997年11月27日通过一项建议，要求在此类信息发布时，应将文件中所有的重要信息以联盟所有语言发布。并且，申请者可以用任一联盟的官方语言递交材料。对于议会的这一反馈意见，这家荷兰公司没有发表评论。但由于此次没有荷兰文本的采购文件，他最终选择放弃投标，但对欧洲议会承诺以后在此类工作的改进，公司代理人表示了一定程度的满意。

在上述案例中，欧洲议会虽然认为自己并无过错，但为其行为有违欧盟官方语言平等的原则致歉，并表示在以后将对该项予以改进。但是在下一个案例中，欧盟委员会则最终拒绝了欧盟监察员的建议，尽管后者确认其违背了欧盟官方语言平等的原则并构成语言歧视。

[①] 本案例根据欧盟监察员1998年年度报告相关材料整理。见：The Decision 135, The European Ombudsman Annual Report For 1998, Strasbourg, European Parliament, February 1999, pp. 133—135.

案例 2①

2004年,欧盟委员会发布公告,在"欧洲民主与人权行动计划"②框架下进行项目招标,该项目同酷刑受害者的康复有关。申请指南要求申请者应以英语、法语或西班牙语提交所有申请材料。而一家专门为酷刑受害难民及其家属提供心理治疗和社会支持服务的德国机构拟申请该项目。然而,申请书所需附件材料只有德语文本,若要将其翻译为英语、法语或者西班牙语非常昂贵且很费时。于是这家德国机构向欧盟监察员提出申诉,认为这一语言要求构成了对其母语——德语的歧视性对待,并且同共同体法相违背,尤其是部长理事会于1958年4月15日通过的第1/58号条例第2条规定,任一成员国机构或其公民可以以任一成员国的官方语言向共同体机构提交文件,共同体机构应当以该种语言答复。监察员要求委员会对此说明,委员会对此做了如下解释:欧盟委员会一直致力于维护共同体的语言多样性。然而,由于翻译力量有限,并且该项目时间要求特别紧迫,因此委员会不得不对所使用的语言种类进行限制。委员会认为,在这种情形下,最为重要的是,所有文件应以接受国所能理解的语言进行。

申诉者及欧盟监察员并未认可欧盟委员会的上述理由。欧盟监察员在进行了细致的调查后,向欧盟委员会提出建议,要求其在未来这一项目框架下招标时,应避免对提交文件的语言种类进行不合理的限制。然而欧盟委员会拒绝接受监察员的建议,而是提出下列更为详细的理由为自己辩解③:

① 监察员并没有排除在特殊情况下可对语言做出限制,例如某项工作是在紧急情况下或者在某一确定国家进行。对语言的限制应当有充分

---

① 除另有标注,本案例根据欧盟监察员官方网站相关材料整理。见:Summary of Decision on Complaint 259/2005/(PB)GG against the European Commission,http://www.ombudsman.europa.eu/cases/summary.faces/en/3476/html.bookmark,2009年4月20日查询。

② 英语原文为"European Initiative for Democracy and Human Rights"简称 EIDHR,是欧盟外部援助项目。

③ 以下详细理由根据欧盟监察员网站相关材料整理。见:Decision of the European Ombudsman on Complaint 259/2005(PB)GG against the European Commission,http://www.ombudsman.europa.eu/decision/en/050259.htm,2009年4月20日查询。

的理由并且在某一具体招标过程中能得到合理的解释;

② 回应一项外部援助招标公告并提交相应申请材料这一事项并不在第 1/58 号条例第 2 条规定的调整范围之内,这一条款只针对交流本身由非共同体机构的另一方发起。而在招标公告中,共同体机构为交流发起者,邀请可能的候选者提交申请材料。在这种情况下,委员会作为合同主办方,有权对后续有关程序提出要求;

③ 如果以欧盟所有官方语言开展工作,此类工作将会遭受极大延误,以至于欧洲共同体条约第 177 条所要求的效率目标根本无法实现;

④ 在发展与合作以及外部援助方面的招标也涉及欧盟成员国之外的欧盟合作国家。因此,如果认可所有的欧盟官方语言,将对这些合作方的语言形成新的歧视,如:泰语、阿拉伯语、俄语,等等;

⑤ 虽然监察员的建议只针对该类项目,但它完全可能成为有关外部援助项目的先例,因此监察员建议所带来的冲击力非同小可,如要按照建议进行工作,有些困难将无法克服:

⑥ 外部援助项目的参与者数量快速增长,从 2006 年 980 个增加到 2007 年的 1854 个,增长率几乎为 100%,但实际增长率将会更高,因为经验显示,新成员国申请者的数量经过一段时间才能达到顶峰。而且,只有在所有申请材料收齐后才能明确对语种翻译的需要,因而很难在准备阶段针对所需的翻译工作予以安排。显然,对评估工作的进展取决于最后一个申请材料的递交时间,因而整个工作将被延迟。

⑦ 将语言限制为欧盟官方语言中的一种或几种并不只是着眼于最终的受益者,同时也是为了提高评估委员会的工作。委员会不可能有足够多具有相关领域专门知识的多语专家涵盖了所有欧盟官方语言,这是由于委员会代表团人员有限,而绝大部分评估委员会的委员来自代表团成员。

因此,对于申请材料的全面翻译将使评估及筛选过程延长数月之久,很有可能出现下列情形:在规定的时间期限内合同无法开始履行。若委员会必须对以其余 20 余种欧盟官方语言递交的申请材料进行评估,这将意味着增加大约 50000 页文件的翻译量,将额外增加 2—5 个月的评估及筛选时间,而目前这一时间为 6—9 个月,时间如此延长将使得工作难以进行。2006年,翻译的费用支出是平均每页文件188欧元。

由于委员会在其他领域有类似的工作,因此不能排除监察员在未来将其延伸到其他类似工作,例如"公众意识发展及教育"项目①,将会导致更为严重的工作延误和成本增加。根据2006年的数字,每年将有接近500个申请者,这意味着至少需要翻译25000页申请材料,将额外增加至少470万欧元的费用。

基于以上原因,欧盟委员会认为,选择法语、英语以及西班牙语言是考虑了对翻译资源的合理使用以及项目评估委员会的语言能力,同时也是欧盟机构对欧盟纳税人负责任的做法。若允许申请者任意选择递交申请材料的语言,将不可避免地在成本、时间及管理方面产生严重的负面影响。从具体实践和操作层面来看,监察员的建议等于否定了委员会改进、加快及简化管理过程的努力。除非显著增加行政预算,否则委员会难以按照监察员的建议予以改进。另外,委员会认为申请者应当能以接受国语言或者在接受国最为流行的欧盟官方语言进行工作。应此要求申请者以上述语种递交申请也可被认为是评估的一个环节。而在本案中,英语、法语、西班牙语很有可能在这些国家被理解,并且成为最终的受益者语言,即酷刑受害者有可能理解上述语言但不理解德语或者其他共同体官方语言。

欧盟委员会上述辩解中所提及的翻译困难确实存在。但监察员认为,第1/58号条例第2条显然具有广泛效力,本案例应属其调整范围,而任何例外均应由共同体立法机构来决定。监察员确信,委员会既不能说明此事属于不得不对所使用语言进行限制的例外情形,也未能说明此事已经共同体立法机构授权可以例外。因此监察员认为,委员会在此事中行政作为不当,并在给委员会的书面材料中对其提出批评。

上述申诉从开始到结束将近三年时间:2005年1月8日当事人向欧盟监察员提出申诉,欧盟监察员于2007年3月26日向欧盟委员会正式提出建议要求其未来改变现行做法,而委员会于2007年11月6日书面

---

① 英文原文为 Calls for Proposals for Awareness Raising and Development Education,简称"ED",其目的是提高欧盟公众对于发展问题的关注并动员对发展中国家的支持。

给出详细反对理由(英语版),2007年12月17日委员会将德语版交给监察员并转交申诉者,期间双方以及申诉者有过多次沟通及交流。可见,申诉者、监察员及欧盟委员会对待此事都非常认真。但欧盟委员会不仅不打算改变其做法,甚至没有表达任何歉意,毕竟申诉者和欧盟监察员都认为欧盟委员会在这一项目中限制语言种类的做法违背了共同体官方语言平等的原则,即第1/58号条例第2条的要求。鉴于欧盟委员会的上述立场,在这一申诉事件结束后,欧盟监察员于2008年5月27日在欧盟官方网站上公开发布了对欧盟委员会的批评意见,认为欧盟委员会这一做法为语言歧视:

> 监察员并未被委员会的辩解说服。尽管监察员认可委员会所提出的翻译成本的重要性,但委员会并不能因此忽视其认可所有官方语言的法律责任。监察员认为,这一法定职责只能由欧盟立法者改变。因此,监察员认为,委员会坚持采用英语、法语或者西班牙语的做法构成行政作为不当。①

限于本书研究重点,此处不对这一案例中监察员及欧盟委员会双方所涉及的法理依据进行详细分析。不过,无论是欧盟监察员还是欧盟委员会,在提出书面意见时不可能不征求其法律专家的意见,或许书面意见本身就是由具有法律专业知识的专家起草的。但令人困惑的是,对于上述申诉中所涉及的语言问题是否属于第1/58号条例第2条之调整范围这一似乎并不复杂的判断,欧盟委员会坚持认为不属于,而监察员则持相反意见。本书认为,欧盟委员会的立场可能缺乏法律依据,但其之所以坚守自己的立场,是因为如果接受监察员的观点,它就只能按照监察员的建议,在未来取消对于申请材料语种的限制,因为委员会不可能在承认自己违背一项共同体重要条例的同时却拒绝改正其不当行为。欧盟委员会可能预料到它将这一案例所涉及的语言问题排除在第1/58号条例第2条调整范围之外不会被监察员或者申诉者接受,但委员会提出的翻译困境

---

① 见欧盟官方网站:Ombudsman Criticises Commission for Language Descrimination in EU Project.

则是实际存在的,那就是:即使有足够的翻译服务,允许申请者任意选择申请语言也将严重影响项目进展,甚至造成项目不能按要求执行。而且,以现有财政预算,委员会根本不可能拥有足够的翻译服务。换言之,委员会的结论可概括为:允许以所有官方语言提出申请会造成项目无法按要求执行,因此监察员的建议根本不具可操作性,而委员会的做法确保了项目执行质量,同时为纳税人负责。

上述第一个案例涉及欧洲议会,或许是因为自认为是人民的代表,欧洲议会不但致歉并促成了对以后工作的某种改进。与第一个案例相似,2012年7月23日,一名德国公民提出申诉,认为欧洲银行管理局(European Bank Authority)网站的语言服务以英语为主,不符合欧盟的语言规定。欧盟监察员介入后,经多次沟通,欧洲银行管理局表示,要提升多语服务水平,尽快实现用全部官方语言提供服务。[①]

而第二个案例,即使面对来自欧盟监察员的书面批评乃至公开批评,欧盟委员会始终拒绝改变其做法。本案的申诉者虽然最终依然表示不满,但也未发现有进一步的抗议表示。而且,在本案中,申请材料只能以英语、法语或者西班牙语撰写,包括德语在内的其余20种语言都被排除在外,但却只有德国申请者向欧盟监察员申诉德语被歧视对待。这至少说明,一些成员国的相关机构及人员,默认了欧盟委员会的这一做法。本书无从分析这些机构或人员默认的原因,但至少不能排除如下可能:这一项目中严格执行第1/58号条例的规定的确存在困难,因而委员会实用主义的做法取得了部分申请者的谅解。

4.4.2 共同体机构多语信息发布面临的挑战

在一个民主社会,信息的公开与透明对于保障公民的民主权利,实现对行政当局的有效地监督,同时确保公民参与国家事务具有重要意义。共同体自成立以后一直坚持平等官方语言政策,在很大程度也是出于这

[①] 根据欧盟监察员官方网站相关材料整理。见:Decision of the European Ombudsman Closing His Inquiry into Complaint 1363/2012/BEH against the European Banking Authorityhttp. 见:www. ombudsman. europa. eu/cases/summary. faces/en/50528/html. bookmark,2013年11月8日查询。

一目的。信息的公开有多种途径。例如,欧盟的官方公告以所有官方语言发布,坚持了官方语言平等这一原则。本书将着重分析欧盟网站的信息发布。选择欧盟网站作为分析对象,主要基于两方面的原因:一是在现代社会,网络已经成为人们获取信息的重要途径,二是这方面的资料比较容易获得。本书认为,欧盟网站在信息发布方面,其多语服务亦面临挑战。

例如,创建于1995年的欧盟官方网站,包括150多个分类网站,虽然在网站的首页(http://europa.eu/)有全部23种官方语言的链接,但其内容的多语性根本难以做到所有官方语言平等。一般而言,具有重要政治意义的文件和立法以所有官方语言发布,而那些不具法律约束力的文件通常以英语、德语及法语公布;紧急且时效较短的信息、专门信息(技术信息、有关活动、招标)以及新闻、事件,也不用所有语言发布;有一些网站只用三种、两种甚至一种语言发布(当仅为一种语言时,通常为英语)。对此,网站管理者解释,网站所能提供的语种受到翻译能力的限制:翻译人员数量有限,而且预算有限(所有预算来自纳税人),而且有些信息必须尽快发布,而翻译则需要时间,因此这类消息一般以为最大多数欧洲人理解的若干语言发布,而不是将其翻译为所有官方语言。[①] 如今,网络已经逐渐成为民众了解信息的重要途径。欧盟官方网站上述做法,无疑同其平等官方语言政策的指导思想有一定的差距,也引起了一些争议。列举以下两个案例予以说明。

案例1[②]

2002年4月,欧盟监察员接到申诉,称欧洲法院在其网站(http://www.curia.eu.int/)上公布判例的方式有不合理之处。因为在公布之日,判例并不是以所有的官方语言公布,而此后当判例被翻译为某种语言的文本时,该文本并没有被补充至网站上。对于初审法院的判决及辅助

[①] 本段以上内容根据欧盟官方网站关于其语言种类的说明整理,见 http://europa.eu/abouteuropa/faq/index_en.htm,2010年1月19日查询。

[②] 本案例根据欧盟监察员2002年年度报告相关内容整理,见:Decisions Following An Inquiry 39, The European Ombudsman Annual Report For 2002, Strasbourg, February2003, European Parliament, pp. 38-40.

审判法官意见[①]来说问题尤为突出,因为辅助审判法官意见只以法官所在成员国官方语言及法语发布,不懂得这两种语言的人则只能等待印刷文本。申诉者补充说,据其了解,欧洲法院信息部门并不打算在网站上增添更多语言的版本。因此,申诉者认为,欧洲法院的判例其实有更多语言的文本,但只有判例公布之日已有语言的版本被公布在其网站上。申诉者建议,欧洲法院应该建立一个工作程序,将其拥有的所有语言的文本都增补在其网站上。而欧洲法院对此的说明是:根据《欧洲法院程序法》第31条,判例以该案件诉讼语言为依据,送达本案当事人的文本也以该语言写成。判例在送达当事人时,也同时向公众公开。按照《法院程序法》第68条,法院将出版案例报告,并会将报告翻译为所有官方语言。法院同时强调,近年来,已经采取措施以便使公众更快地接触到案例。自1994年以来,已经努力将现有语种文本在判例送达当事人时就向公众公开,但不能确保每一个判例都能如此。因为这要取决于翻译部门的工作量以及人员配置情况。但欧洲法院没有对申诉者关注的初审法院的判决语言种类以及辅助审判法官意见的语言种类问题进行说明。

监察员的结论是,欧洲法院已经履行了其出版案例报告的义务。尽管欧洲法院并没有法定义务在其网站上公布判决,但监察员对欧洲法院在其网站上公布判决的举措表示欢迎,并督促欧洲法院考虑申诉者提出的建议。监察员并不认为欧洲法院有行为不当之处。

这里需要说明的是,申诉者并未要求欧洲法院在其网站上提供所关注内容的所有官方语言的版本,而只是要求欧洲法院能按照一定程序及时补充新增官方语言的版本。欧盟监察员认定欧洲法院的做法无任何不当之处,主要依据是欧洲法院并没有法定责任在其网站上公布判例,因而不能要求其增加某一判例的多种语言版本。但这一认定虽然合法,但对不同语言的使用者来说却有失公允。欧洲法院在其网站上发布判例,是适应网络已经逐渐成为人们了解相关信息的重要途径这一客观变化,以没有法定责任在其网站上公布判例为由,而只以若干语种公布判例的做

[①] "辅审法官意见"原文为:"The Opinions of the Advocates General",亦有译为"护法法官意见"。

法事实上已经形成了对其余语言使用者的不公平对待。

案例 2

2005 年,一家德语促进协会向欧盟监察员申诉,欧盟理事会主席官方网站没有德语版。协会认为,以德语为母语的欧盟公民比例最高。尤其在欧盟东扩之后,德语已经成为英语之后,最多为欧盟公民所理解的语言——母语或者外语。因此申诉者认为,如果要对语言种类做出限制,应该以语言的使用人数为依据。而现实情况是:欧盟理事会主席官方网站所选择的语言通常只有三种,即轮值主席国的官方语言,以及英语、法语。申诉者认为这非常不合理,也难以理解。对此欧盟理事会虽然承认主席网站是欧盟理事会网站的一部分,但理事会并不负责其网站建设,因为轮值主席网站建设由主席轮值成员国负责。但欧盟监察员并未认可理事会的这一说法。监察员在 2006 年 11 月 30 日向欧洲议会提交一份特别报告,[①]表明其以下观点并寻求欧洲议会的支持:

① 欧盟理事会应负责其轮值主席网站建设的语言服务;

② 理想状态下,理事会主席网站应以共同体所有官方语言提供服务;

③ 如必须要对理事会主席网站提供服务的语言种类进行限制,应以客观、公正的标准选择语种;

④ 因而理事会拒绝接受要求主席网站提供德语服务这一申诉,有失公允,构成行政作为不当。[②]

理事会主席网站的多语服务在 2008 年 11 月再次引起关注。2008 年 11 月 20 日,欧洲议会几乎全票通过一项由保守派议员、德国人 Rainer Wieland 提出的决议,支持欧盟监察员于 2006 年 11 月提交给议会的特别报告。决议要求欧盟理事会重新考虑理事会主席网站的语言安排。决

---

① 将这一申诉以特别报告的形式提交欧洲议会是一个并不寻常的决定,因为自从 1995 年设立监察员以来,至 2009 年 12 月,总共只提出了 16 份特别报告。见欧盟监察员官方网站 http://www.ombudsman.europa.eu/cases/specialreports.faces,2010 年 2 月 18 日查询。

② 案例 2 以上内容中的事实引自欧盟监察员官方网站相关内容。见:Summary of Decision on Complaint 1487/2005/GG against the Council of the European Union, The European Ombudsman Annual Report for 2006, Strasbourg, European Parliament, March 2007, pp. 98—99.

议认为,同其他任何欧盟机构一样,理事会应当为其主席网站及网站所用语言负责,理想状态是提供所有欧盟官方语言的文本,而任何对语言种类的减少应当有"客观、透明、可操作的适当理由"。议员们要求理事会认真考虑增加该网站的其语言种类,"以便使欧盟的全体民众能够方便、直接地了解该机构的活动"。决议还肯定了现任轮值主席法国的做法,其网站以欧盟最常用的语言,包括英语、德语、法语、意大利语、西班牙语等发布信息。该报告要求未来轮值主席国用尽可能多的语言,或者至少用那些最常用的语言。①

欧洲议会在上述时间对理事会主席网站的多语服务提出批评及要求可能并非偶然。事实上,欧盟理事会按计划于 2008 年 11 月 20 日至 21 日在布鲁塞尔召开教育、青年及文化委员会会议,其主要议题之一就是欧盟的多语战略。在会议召开前夕,11 月 19 日的《欧洲报道》②就披露,有消息称德国、西班牙、意大利以及其他一些代表将要说服欧盟委员会在网站上使用其各自的官方语言。而欧盟委员会在其最近发布的一项关于共同体多语战略公告③中未提及共同体机构的多语服务议题,也被解读为欧盟委员会有意将其忽略,以避免引发对其自身网站缺乏多语服务的关注。而在本次教育、青年及文化委员会会议召开之前,理事会已经发出明确不满信号,希望欧盟委员会在其网站上能以全部成员国官方语言发布信息,方便欧盟公民了解其内容。理事会准备在会议上通过一项提案,要求欧盟委员会在其网站上采用全部官方语言。而据消息灵通人士称,如果这一提案得通过,欧盟委员会将发布一项声明为自己辩护。④

---

① 见 European Parliament: Eu Presidency Websites Not Multilingual Enough(Report),载 http://www.accessmylibrary.com/coms2/summary_0286-36608547_ITM? email=fielddi@sina.com&library=,2009 年 4 月 18 日查询。

② 《欧洲报道》原文为 European Report,主要以欧盟为报道对象,包括欧盟环境、农业、信息技术、社会政策等领域。

③ 指 2008 年 9 月 18 日,欧盟委员会多语总司发布的《多语社会:欧洲的财富与共同的责任》,原文 Multilingualism: An Asset for Europe and a Shared Commitment,载欧盟官方网站 http://ec.europa.eu/education/languages/pdf/com/2008_0566_en.pdf,2009 年 4 月 18 日查询。

④ 根据欧洲新闻报道整理。见: Education Council : Ministers to Take Commission to Task over Multilingualism. Publication: European Report 19-Nov-08, http://www.accessmylibrary.com/coms2/summary_0286-36608488_ITM,2009 年 4 月 20 日查询。

此后事实的发展完全与《欧洲报道》的上述报道一致。2008年11月21日,理事会会议通过了"欧洲多语战略"决议,成员国部长们呼吁"欧盟委员会采取有效措施……用全部官方语言提供信息,以提升欧盟委员会官方网站的多语性"。也就在同一天,即11月21日,欧盟委员会多语委员伦纳德·奥本会见记者,对上述呼吁做出公开反应。他首先对欧盟委员会网站的多语服务不足做辩护:"我想澄清一点,不可能将一切都翻译。但我们每一天都在做出努力改进我们的网站。"奥本还进一步解释:欧盟委员会"翻译人员非常有限",而且将文献翻译为全部23种官方语言的经费支出"过于昂贵"。不过,奥本表达了对于理事会决议的欢迎。他同时也解释了委员会在最近关于多语报告没有提及机构多语议题的原因,"因为我们一直在努力改进这一方面的工作"。[①]

上述关于网站多语服务之争涉及理事会主席网站及欧盟委员会网站。前者为理事会网站的一部分,而欧盟委员会作为欧盟的行政执行机构,其网站信息的受关注程度会更高一些。在第一个案例中值得注意的是,尽管理事会主席网站通常只以轮值国官方语言、英语及法语提供服务,但也只有德国机构向欧盟监察员提出了申诉。2008年11月,法国为理事会轮值主席国,其网站语言已经包括了欧盟最常用的语言,即英语、德语、法语、意大利语、西班牙语。而此时又是一位来自德国的欧洲议会议员向议会提出该报告,要求未来的轮值主席国用尽可能多的语言,至少应坚持法国的做法,以常用的欧洲语言提供多语服务。可见,这里所要求的,并不是包括了所有官方语言的多语服务,而只是"尽可能多的语言",或者"至少用那些最常用的语言"。欧洲议会在11月20日通过相关决议,其目的显然是引起相关方面对理事会主席网站多语服务的关注,努力促使轮值国主席法国所提供的包括了5种常用语言的多语服务能够在以后其他成员国担任轮值国主席时坚持下去。这里,无论是2005年德国语言协会提出的申诉,或者是欧洲议会的本次决议,都未要求理事会主席网

---

① Education Council/Multilingualism:Orban:Translation A "Very Costly" Business. (Brief Article) Publication:European Report Publication Date:24-NOV-08,http://www.accessmylibrary.com/coms2/summary_0286-36608549_ITM,2009年4月20日查询。

站提供包括了全部官方语言的多语服务。可见,要实现23种语言的多语服务,难度的确太大。而且,除德语之外的其他官方语言(英语、法语除外),包括意大利语、西班牙语使用者也未正式向欧盟监察员提出申诉,不能不使人产生这样的联想:德语使用者希望与英语、法语一起成为欧盟最大的前三种语言。而在第二个案例中,部长理事会则对欧盟委员会网站主要以英语、法语发布信息表示不满。虽然会前有消息称德国、西班牙、意大利以及其他一些代表将要说服欧盟委员会在网站上使用其各自的官方语言,但在理事会会议上通过的决议却要求欧盟委员会以全部官方语言发布信息。这一点并不奇怪。部长理事会作为各成员国的代表,自然要站在本国立场上,但要求委员会以23种官方语言发布信息,仅仅是提出要求而已。在这方面呼声最强烈的,应该是德国、西班牙、意大利等几个国家。从这两个案例可以看出,欧盟成员国的部分小国家,似乎已经在逐渐习惯其官方语言的现实地位。从这个意义来看,这是欧盟多语体系,乃至其官方语言平等政策面临挑战的一个重要原因,是其官方语言事实上的不平等,即"大语言"越来越受青睐,这体现在三个方面:一是作为共同体机构的内部工作语言;二是作为共同体官方语言和工作语言;三是作为所有成员国公民实际学习和使用的母语或者外语。本书在本节对上述第二方面已经做了分析。下面简要分析第一、第三方面。

4.4.3 "大语言":实用主义的选择?

共同体机构的内部工作语言主要指共同体机构文件起草语言,此外还包括共同体机构工作人员之间的交流语言及一些非正式会议语言。有学者将欧盟内部工作语言分为四个等级:英语、法语及德语处于前三位,然后是其余官方语言。[①]将英语、法语及德语之外的其余官方语言同列为第4位,其实表明了其余官方语言作为内部工作语言的重要性几乎可以忽略不计。这一排序大致符合共同体机构文件起草语言的语种使用情况。

---

① Phillipson, Robert. *English-only Europe? Challenging Language Policy*. New York: Rougledge Taylor & Francis Group, 2003, p.132.

表 4.5　共同体机构文件起草常用语言统计[①]

年度	常用语言 1 及比例	常用语言 2 及比例	常用语言 3 及比例	其余官方语言	文件起草量
1970	法语 60%	德语 40%	0	0(2 种)	N/A
1989	法语 49%	英语 30%	德语 9%	12%(6 种)	N/A
1997	英语 45.4%	法语 40.4%	德语 5.4%	8.8%(6 种)	1.13 百万页
2004	英语 62%	法语 26%	德语 3.1%	8.9%(17 种)	1.27 百万页
2006	英语 72%	法语 14%	德语 2.8%	11.2%(17 种)	1.54 百万页
2008	英语 73%	法语 12%	德语 2.5%	12.5%(20 种)	1.80 百万页
2010	英语 77%	法语 7%	德语 2%	14%(20 种)	1.86 百万页

从上表可以看出,在英语成为共同体官方语言之前的 1970 年,法语和德语分别为 60% 及 40%。但自 1973 年英国、爱尔兰和丹麦加入共同体后,英语成为越来越常用的文件起草语言,而法语和德语的使用程度则持续下降。除 1989 年外,1997 年、2004 年、2006 年、2008 年、2010 年 5 次统计数字中,"其余官方语言"比例变化不大,但考虑到共同体官方语言数量的不断增加,因此实际上其他官方语言所占比例也在不断下降。

上述文件起草语言的变化趋势无疑是欧盟机构为提高其工作效率,包括翻译效率所做出的选择。欧盟各种法律提案、指令、决定、意见等等大多由欧盟委员会提出,法律提案还需由部长理事会讨论通过,必要时还要听取欧洲议会的意见。在大多数情况下,上述文本草案在提交部长理事会或欧洲议会讨论时,需要翻译为所有 24 种欧盟官方语言。这些文本的翻译通常需要先从起草语言翻译为中间语言,然后再由中间语言翻译为目标语言。因此,文件起草语言的选择对后续翻译工作的效率和准确

---

① 根据以下材料整理:

1. Phillipson, Robert. *English-only Europe? Challenging Language Policy*. New York: Rougledge Taylor & Francis Group, 2003, pp. 130—131.

2. European Commission. *Translation for a Multilingual Community*. European Communities, B-1049 Brussels, 2007, pp. 6—7.

3. European Commission. *Translation and Multilingualism*. Luxembourg: Publications Office of the European Union, 2012, p. 7.

性有很大影响。因为,如果起草语言是广泛使用的"大语言",则便于委员会成员更有效地工作,而且由于掌握"大语言"的译员也会更多一些,[①]后续翻译也会更迅捷且更准确一些。

本书认为,正是由于共同体内部工作语言的这一发展趋势有利于提高工作效率,因此,大部分成员国对于其官方语言在共同体内部工作语言无足轻重这一事实并无反对意见,或者至少未发现记载这类不满的相关文献,也未发现这些成员国意图提高其官方语言在共同体内部工作语言重要性的努力。对于法语和德语在共同体内部工作语言使用程度的不断下降,法国和德国虽然做出了各自的努力,[②]但似乎无力扭转这一趋势。

根据统计,欧盟公民作为母语及外语最常使用的前六种语言:

表 4.6 欧盟公民最常用语言(母语及外语)统计:2005[③]

语 言	母语使用者(%)	外语使用者(%)	总计(%)
英语	13	38	51
德语	18	14	32
法语	12	14	26
意大利语	13	3	16
西班牙语	9	6	15
波兰语	9	1	10

上述调查时间为 2005 年 5 月至 6 月,德语被作为外语学习的比例甚

---

① 欧盟译员的基本语言能力要求是,必须精通目标语,这通常是译员的母语,另外还必须熟练掌握至少两种欧盟官方语言,其中之一是英语、法语或德语。

② 有关法国政府和德国政府(均包括民间组织)对于维护其语言在共同体的地位的分析,分别见:

　　1. Machill, Marcel. Background to French Language Policy and its Impact on the Media. *European Journal of Communication* 1997(12):495—497.

　　2. 伍慧萍. 德国的欧盟语言政策:从边缘化到重视.《德国研究》,2003 年第 2 期,第 31—37 页。

　　3. Ammon, Ulrich. Language Conflicts in the European Union. *International Journal of Applied Linguistics* 2006(16.3):320—337.

③ 引自:European Commission, Europeans and Their Langauges(Summary), 2006, p. 5. 载:http://ec.europa.eu/public_opinion/archives/ebs/ebs_243_sum_en.pdf,2007 年 9 月 10 日查询。

至高过法语。这是由于德语在东欧国家,尤其是在匈牙利、捷克以及斯洛伐克的影响。而在 2004 年欧盟东扩之前,法语是英语之外欧盟公民的第二常用外语。根据 2000 年 12 月份的一项调查,欧盟公民最常用的外语依次是:英语(41%)、法语(19%)、德语(10%)、西班牙语(7%)、意大利语(3%)。① 这两次调查所得数据一个明显的变化,就是英语、法语作为常用外语的下降(分别从 41%、19% 降至 38%、14%)及德语作为欧盟公民常用外语比例的相对上升(10% 上升至 14%)。

2012 年的调查显示:欧盟公民中母语人数最多的前六种语言分别是:德语(16%)、英语(13%)、意大利语(13%)、法语(12%)、西班牙语及波兰语(各 8%)。而最常用的五种外语分别是:英语(38%)、法语(12%)、德语(11%)、西班牙语(7%)及俄语(5%)。与 2005 年的调查结果相比,以德语为母语及外语的人数比例下降最为明显,分别从 18% 下降为 16%,14% 下降为 11%。②

从上述欧盟母语及外语使用者的情况来看,欧盟官方语言可分为四类:最常用(英语),次常用(法语及德语),较常用(西班牙语、意大利语、波兰语)。

可见,欧盟官方语言平等政策面临的挑战,无论是反映在欧盟机构运行过程中,还是反映在欧盟机构发布信息语种的选用上,其实都是适应欧盟官方语言在欧盟公民当中的实际常用程度,这也包括了欧盟内部工作语言的选择。不过依据上述调查,德语理应在欧盟机构运行、信息发布及内部工作语言诸方面发挥更为积极的作用,因此德国政府及民间机构对于德语在欧盟使用不足表达了关注。但总体来说,欧盟机构平等官方语言政策所面临的挑战,在某种意义上来说,是欧盟机构多语体系为适应不断深化的欧洲一体化进程,依据不同官方语言在欧盟公民当中的常用程

---

① Eurobarometer 54 Special: Europeans and Language, The Education and Culture Directorate-General, February 2001, p. 9, http://ec.europa.eu/education/policies/lang/languages/barolang_en.pdf, 2007 年 11 月 25 日查询。

② Eurobarometer 386 Special: Europeans and Language, The Education and Culture Directorate-General, February 2012: 5, http://ec.europa.eu/public_opinion/archives/ebs/ebs_386_en.pdf, 2014 年 2 月 3 日查询。

度所做的调整,即更多地采用"大语言",而不是严格的执行官方语言平等政策。成员国及其公民对共同体机构在语言使用中更多地依靠大语言这一做法的逐渐接受,也从一个侧面反映出他们对欧盟认同程度的提高。

此外,翻译费用的持续增加及其引发的争议,或许也是促使共同体机构更多采用"大语言"的原因之一。2003年,欧盟东扩前,与翻译服务直接相关的支出为5亿4千9百万欧元,分别占当年欧盟财政支出的0.55%和行政支出的9%。而欧盟东扩后的2004年,翻译支出预算为8亿7百万欧元,分别占当年欧盟财政总预算的0.8%和行政预算的13%。[1] 随着爱尔兰语、罗马尼亚语和保加利亚语从2007年成为欧盟官方语言,欧盟用于翻译的支出无疑会增加。据报道,2008年,翻译总支出已达超过10亿欧元,占欧盟财政总预算的1%。[2]

另一方面,某些翻译费用支出的合理性也受到质疑。例如,据报道,欧洲议会增加爱尔兰语翻译服务意味着议会将增加翻译支出超过1百万欧元,但以爱尔兰语为母语的欧洲议员仅有1人。对此,欧洲议会芬兰籍议员Alexander Stubb认为,"理智和现实必须兼顾,因此我认为我们既然已经有了这么多官方语言,就应坚持使用它们。在爱尔兰语上面花费百万欧元是在浪费纳税人的钱"。[3] 2007年7月10日,欧洲议会通过了这位芬兰籍议员起草的报告,要求共同体机构在翻译费用支出方面应有节约意识,以对纳税人负责。该报告质疑是否有必要将所有文件翻译为芬兰语、瑞典语及马耳他语。报告称,每年仅支付事先预定但被临时取消的翻译服务费用就达2600万欧元。报告呼吁采取更有效地方法评估翻译需要。但报告同时也强调指出,多语是欧盟的宝贵财富,每年用于翻译支

---

[1] Translation in the Commission: Where do We Stand Eight Months after the Enlargement?, MEMO/05/10, Brussels, 13 January 2005 http://europa.eu/rapid/pressReleasesAction.do?reference=MEMO/05/10&format=HTML&aged=1&language=EN&guiLanguage=en,2010年2月17日查询。

[2] EU Multilingualism Strategy to Focus on Language Learning, Published: Tuesday 19 February 2008, http://www.euractiv.com/en/culture/eu-multilingualism-strategy-focus-language-learning/article-170364 2009年5月8日查询。

[3] Cost in Translation, http://ec.europa.eu/commission_barroso/orban/news/docs/55-57_multilingualism.pdf,2010年2月17日查询。

出的费用尚不足欧盟总预算的1％,相对确保民主及有效合作来说,这并不算高。①虽然如此,欧洲议会也采取措施降低翻译支出:2012年11月21日,欧洲议会通过决议,改变议会辩论的记录规范,以控制翻译费用:从2012年12月10日起,不再将会议辩论记录翻译为全部23种官方语言,这一翻译不但昂贵,而且耗时长达4月之久。新的做法是:会议辩论记录仅用其原文语言,若有任一成员国提出要求,再进行相应翻译。②

---

① Cost in Translation-Expense Awareness "Duty to Taxpayers",Published:13 July 2007 http://www. euractiv. com/en/culture/cost-translation-expense-awareness-duty-taxpayers/article－165501,2010年2月17日查询。
② EU Parliament Makes Cuts to Translation Budget,Published on 22 November,2012 http://www. euractiv. com/culture/parliament-cuts-translation-budg-news-516201,2014年2月3日查询。

第5章 欧盟地区性及少数民族语言保护政策

5.1 语言使用的主要范围及少数民族语言保护

语言的使用一般可以分为以下几个层面：[①]

(1) 国家政府机构的内部使用语言

这主要指政府机构雇员的语言使用，包括会议用语、记录用语、工作交流用语，等等。为了确保政府机构的工作效率，绝大部分国家都要求其政府雇员熟练使用国家语言或官方语言。

(2) 公共服务语言

主要指国家机构在向公民提供服务时所使用的语言。采用何种语言提供服务会直接影响到公民所能享受的公共服务和社会权利。对于任何一个国家来说，采用何种语言提供公共服务是一个非常困难的决定。是要考虑某种语言使用者的人数？还是考虑这种语言的使用者是移民群体？或是本国的某一民族群体或土著群体？不同的国家和公共当局对这一问题有不同的处理方法。一种方法是明确指定若干"官方语言"，并以所指定的官方语言提供服务。也可能采取另一种方法，即采用指定的官方语言提供服务，但对不熟悉这一官方语言的公民提供个别帮助，例如翻译服务。

(3) 法院和立法机关

法院和立法机构和公民有非常密切的联系。法院诉讼语言的选择会

---

① Kymilcka, Will & Patten, Alan. Context, Issues and Approaches. in Will Kymilcka & Alan Patten (eds.). *Language Rights and Political Theory*. Oxfprd: Oxford University Press, 2002, pp. 17—32.

对公民维护个人权利有直接的影响。在这一领域,语言政策往往涉及公民可以在这类机构使用哪些语言,以及是否可以提供翻译服务以帮助某些语言的使用者,法律文本和司法决定可以用哪些语言来记录,等等。一些国家要求司法工作采用国家指定的官方语言来进行,或者按司法惯例来采取某些语言进行工作。

(4) 教育

教育领域的语言政策尤其重要,因为教育领域的语言政策不仅会影响公民接受教育的权利,从而对教育的有效性产生影响,而且会改变下一代公民的语言选择。教育领域语言政策争论的焦点在于:选择哪些语言作为学校的主要教学用语?近年来,在主要的教学语言之外,应该选择哪些语言作公立学校课程教学语言也越来越多地成为教育领域语言政策争论的焦点。对于有不同母语的学生群体,教育政策制定者在确定主要教学语言时可以有多种选择,例如,可以指定某一语言作为主要的教学用语,而对那些尚不具备足够该语言技能的学生提供有针对性的浸入式教学项目;或在指定主要教学用语的同时,对这部分学生提供过渡性质的双语教育。当然,也可采用其他适应语言多样化的做法,以维持语言及文化的多样性。如学校某些课程可以一直采用学生熟悉的母语开设,甚至可以开设平行的学校体系,采用学生熟悉的母语作为主要的教学语言,将其他语言作为第二语言学习。

(5) 非国家行政领域

非国家行政领域包括家庭、公民社交、各类民间团体、私营企业等等。一般而言,政府对这一领域的语言使用也会采取某种措施加以管理,如商品说明及包装的语言使用。

一般而言,较大的地区性语言或少数民族的语言权利可包括上述所有 5 个领域。而对那些较小的地区性或少数民族语言来说,则更多地是指在以上第 2 至第 5 当中的一个或多个领域使用少数民族语言。

5.2 欧盟地区性及少数民族语言保护简述

在欧盟,欧洲议会最先呼吁发展少数民族语言。1981 年 10 月 16

日,欧洲议会通过了《关于地区性语言与文化以及少数民族权利共同体宪章的决议》,这是共同体主要机构最早公开通过的类似决议。《决议》导言部分指出,少数民族及少数语言群体[①]要求自身权利的运动必须得到关注,同这些运动相联系的地区性语言和文化的复兴是丰富欧洲文明的源泉以及活力所在。导言援引联合国和欧洲委员会的相关文件,强调了语言选择权是一项基本权利。《决议》针对成员国、共同体委员会及其他共同体机构提出了 7 项要求,呼吁成员国政府以及地方政府在教育、传媒和公共领域促进少数民族语言的使用,并请求欧共体委员会提供经费支持,对欧洲的少数民族语言状况进行调查并对共同体的立法及工作实践进行审视,以确定是否存在歧视少数民族语言权利的情形。该决议通过 6 个月后,即 1981 年 10 月,由欧共体和一些成员国提供财政支持。欧洲少数语言办公室(European Bureau for Lesser Used Language)宣布成立。该办公室的主要工作包括协调相关的研究项目、收集相关的数据、发布研究报告,同欧共体各机构以及其他国际组织保持联系。[②]

1983 年 2 月 11 日,欧洲议会通过了《关于促进少数民族语言与文化的决议》。《决议》在导言中指出,3000 万共同体居民的母语属于某种地区性语言或少数语言。《决议》要求欧共体委员会对共同体和所有成员国歧视少数民族语言的立法和实践进行调查并要求委员会采取适当的措施结束这种歧视。《决议》还要求欧共体委员会在 1983 年年底之前向欧洲议会报告其行动及其结果。但是,欧共体委员会并未按照欧洲议会的决议行事,也未在年底向欧洲议会报告相应工作。4 年之后的 1987 年 10 月 31 日,欧洲议会又通过《关于共同体内地区性及少数民族语言与文化的决议》,重申了欧洲议会上述两份决议的基本原则并对欧共体委员会未能按照其要求就共同体内部少数民族语言与文化采取任何行动表示遗憾,并再次呼吁欧共体委员会采取措施落实欧洲议会上述两个决议提出的原则和建议。《决议》用大量篇幅呼吁各成员国在法律上确认少数民族

---

① 原文为"Ethnic and Linguistic Minorities"
② Grin, Francois. *Support for Minority Languages in Europe*. European Bureau for Lesser Used Languages, 2002, p. 29

语言及文化权利并制定具体实施办法来落实,并对欧洲委员会起草《欧洲地区性或少数民族语言宪章》的努力表示支持。①

针对欧洲议会的上述决议,欧盟委员会除了主导建立欧洲少数语言办公室,以及 Mercator,并没有在共同体层面采取其他实质性的措施。② 欧洲议会和欧盟委员会在这一问题上的不同态度与其特点是相吻合的。欧洲议会作为"欧洲人民"直接代表,无论是向共同体其他机构或向成员国发出何种呼吁,在某种程度上都可以被认为是欧洲人民的呼声,因此即使得不到肯定的回应,但一般也不会被认为是对成员国内部事务的干涉。但委员会作为共同体的超国家机构,对于属于成员国内部事务的语言政策自然十分谨慎。况且在 20 世纪 80 年代,一体化进程并不顺利,在这种历史背景下,欧共体委员会自然不会对其成员国内部复杂而敏感的少数民族问题提出任何有实质意义的要求,以免成员国担心其内部事务受到来自共同体的过度干涉而对一体化进程产生不利的影响。因此,一方面,欧洲议会不断出台各类决议,要求各成员国及欧盟委员会采取措施保护地区性及少数民族语言权利。另一方面,欧共体委员会则小心翼翼,避免明确向成员国提出类似要求。

不过,欧共体委员会也采取了一些措施回应欧洲议会的呼吁。从 1983 年开始,共同体开始提供经费,通过立项的形式,支持与地区性及少数民族语言发展有关的项目。这类项目经费通常由各成员国有关机构向欧共体直接申请。提供专门经费由成员国相关机构申请用以促进地区性及少数民族语言的使用,而不是向成员国提出政策性要求的做法,既可以显示委员会对于地区性及少数民族语言的重视,又能最大程度地避免成

---

① Shuibhne, Niamh Nic. *EC Law and Minority Language Policy*. Kluwer Law International,2002,pp.63—69.

② 欧洲少数语言局(the European Bureau for Lesser Used Languages ＜EBLUL＞)是 1982 年在欧洲议会的 initiative 下由欧共体资助成立的面向欧洲的非政府机构。它代表地区性以及少数语言群体与欧盟相关机构及其他国际组织沟通,促进群体与欧洲及其他国际团体的联系。Mercator 则是在 1987 年在共同体委员会倡议下成立,是一个信息与文献中心,旨在促进少数群体语言及文化的交流及传播,鼓励各类机构、大学与地方政府机构及国家政府机构进行合作及交流。该信息与文献中心包括三个分支机构:教育分支(设在荷兰)、立法分支(设在西班牙)、传媒分支(设在英国)。

员国政府乃至部分公民对欧共体特别是委员会的反感。这类项目主要用于支持针对地区性及少数民族语言发展的跨国合作及信息网络,包括资助召开年度会议以评估在这一领域的进展,以及支持针对地区性及少数民族语言本身发展与提升的有关活动,如提升其教学质量,鼓励相应语言文化产品的产出与传播(包括广播及数字产品);促进相应语言在家庭、学校、工作场合及公共生活中的使用;促进成员国之间的合作以及公众对于地区性及少数民族语言的重视程度等。欧共体为此投入的也在逐年增加,从1983年的10万欧元到1998年的400万欧元。[1] 据统计,1998年—2000年期间,超过180万欧盟公民直接受益于欧盟委员会的该类支持项目,其中包括超过340000名学生,约5000名教师,177000名电视以及广播听众,以及超过1280000名公众,代表35种地区性及少数民族语言的众多组织得到了欧盟委员会的支持。而其中一些语言,包括Basque, Breton, Catalan, Irish, Galician, Occitan, Slovenian and Welsh等获得了50%以上的项目资金支持。[2]

共同体在地区性及少数民族权利保护方面的另一个特点是同欧洲委员会的合作。1992年11月5日,欧洲委员会通过了《欧洲地区性或少数民族语言宪章》[3]。这是欧洲地区在地区性及少数民族语言方面最重要的政府间协定。随后,欧洲议会于1994年2月9日通过了《关于欧共体内语言与文化少数民族的决议》,呼吁欧共体各成员国尽快签署这一宪章并在各国议会表决通过。从其内容来看,呼吁语言权利作为基本人权应受到保障虽然是该《宪章》的主要出发点之一,但地区性或少数民族语言

---

[1] Grin, Francois. *Support for Minority Languages in Europe*. European Bureau for Lesser Used Languages, 2002, p. 30. *Ex-Post Evaluation of Activities in the Field of Regional and Minority Languages 1998—2002*. European Commission Directorate-General for Education and Culture, 2004, pp. iii-2.

[2] *Ex-Post Evaluation of Activities in the Field of Regional and Minority Languages 1998—2002—Final Report*. For the attention of European Commission, Directorate-General for Education and Culture Language Policy Unit, http://ec.europa.eu/education/languages/pdf/doc635_en.pdf, 4 June 2004, pp8-9. 2009年6月18日查询。

[3] 该宪章英文版见欧洲委员会官方网站 http://conventions.coe.int/treaty/en/Treaties/Html/148.htm,2009年6月20日查询;该宪章中文版见《国外语言政策与语言规划进程》(中国社会科学院民族研究所编),北京:语文出版社,2001年,第199-209页。

作为文化资源应加以保护的意图,在该《宪章》中表现得似乎更为明显。[①]该《宪章》由欧洲委员会各成员国自愿签署,签署后还需成员国根据国内法定程序批准,随后该成员国需承担相应履约义务。[②]

除上文提到的在1981年、1983年及1987年通过相关决议呼吁各成员国及共同体其他机构重视地区性或少数民族语言之外,欧洲议会此后还就这一议题通过了多个决议或报告。[③]在2002年巴塞罗那欧盟首脑会

[①] 序言部分首先强调的是地区性和少数民族语言作为文化资源应得到保护,其次才是其使用者的权利保护。序言同时声明,对地区性和少数民族语言的鼓励和发展不应损害官方语言及其学习,并且应考虑欧洲国家不同地区的特殊条件以及历史传统。序言主要段落如下(不同段落用分号隔开):"鉴于欧洲委员会的目标是在其成员国当中取得更大的同一性,尤其是要维护和实现那些成为他们共同遗产的理想和原则;鉴于保护欧洲历史上的地区性或少数民族语言有助于保持和发展欧洲的文化资源和传统,而其中一些语言可能最终将面临灭绝的危险;鉴于在私人和共同生活中使用地区性或少数民族语言是一项不可剥夺的权利,这一权利符合《联合国国际民事及政治权利公约》的原则以及欧洲委员会《人权和基本自由保护公约》(Convention for the Protection of Human Rights and Fundamental Freedoms)的精神;……强调多元文化和多种语言的价值,同时考虑到对于地区性和少数民族语言的保护和鼓励不应损害官方语言,不应不利于其学习;意识到在国家主权和领土完整的框架下,依据民主和文化多样性的原则,保护和促进欧洲不同地区和国家的地区性和少数民族语言是对建设欧洲的重大贡献;……"

[②] 欧洲委员会将对批准国履约情况进行监督。根据《宪章》第15条、第16条的规定,各方应定期向欧洲委员会秘书长提交报告,汇报其履约情况。第一份报告需在有关一方加入宪章一年内提交,第一份报告提交后每三年提交新报告。上述提交报告由依据《宪章》第17条所成立的专家委员会对其进行审查,专家委员会须为部长委员会准备一份报告,该报告须附上各方做出的评论,并且可被部长委员会公布。

[③] 此后欧洲议会通过的与地区性及少数民族语言保护有关的主要决议、决定或报告包括:

1990年12月11日,*Resolution of the European Parliament on Languages in the Community and the Situation of Catalan*;1994年2月9日,*Resolution of the European Parliament on the Linguistic and Cultural Minorities in the European Community*;

2000年7月17日,*Decision of the European Parliament and of the Council on the European Year of Languages* 2001;

2001年12月13日,*Resolution of the European Parliament on Regional and Lesser-Used European Languages*;

2003年9月4日,*Resolution with Recommendations to the Commission on European Regional and Lesser-Used Languages—the Languages of Minorities in the EU in* (转下页)

议将"母语+两门外语"确定为联盟公民的外语学习目标之后,欧盟委员会也在其发布的多个促进外语学习和多语使用的文件或行动计划中包含了促进地区性或少数民族语言使用的内容,但这些文件以及行动计划的主要目的在于推进成员国的外语学习,重点督促成员国实现"母语+两门外语"的语言教学目标,通过实现外语学习多元化来促进多语使用。①

5.3 欧盟地区性及少数民族语言保护评估

在欧洲共同体和欧洲委员会的努力下,欧盟成员国地区性及少数民族语言保护取得了一定的进展。按照该宪章第 15 条第 1 款的规定,签署各国应在签署宪章后的当年就本国少数民族语言保护的现状向欧洲委员会秘书处提交报告,随后每三年需就相关进展及现状提交报告。② 欧洲委

(接上页)the Context of Enlargement and Cultural Diversity;

2006 年 4 月 27 日,Resolution on Measures to Promote Multilingualism and Language Learning in the European Union; European Indicator of Language Competence;

2006 年 11 月 15 日,Resolution on a New Framework Strategy for Multilingualism;

2008 年 4 月 10 日,Resolution on a European Agenda for Culture in a Globalizing World;

2009 年 3 月 24 日,Resolution on Multilingualism: An Asset for Europe and a Shared Commitment

2013 年 6 月 26 日,Reportn on Endangered European Languages and Linguistic Diversity in the European Union.

资料来源:

1. 欧洲少数语言局(EBLUL)官方网站相关信息,见 http://www.eblul.org/index.php?option=com_content&task=view&id=13&Itemid=34,2009 年 6 月 19 日查询。

2. 欧洲议会官方网站相关信息,见 http://www.europarl.europa.eu/sides/getDoc.do?type=REPORT&reference=A7-2013—0239&language=EN,2014 年 2 月 5 日查询。

① 见本书第 7 章。

② 见:http://www.coe.int/t/dg4/education/minlang/Report/default_en.asp#top,2014 年 2 月 6 日查询。

员会秘书处将审查、核实签署国提交的报告并向全体大会提交评估报告（含建议）。秘书处曾于2000年、2002年、2005年、2007年、2009年及2011年发布了该宪章执行情况的评估报告。这些报告显示，在2000年评估之后，绝大部分被评估国家都采取了一定的措施提升地区性或少数民族语言的地位（虽然措施的有效性由于国家的不同而有差异）。例如，根据2005年评估报告[①]：

- 匈牙利政府修改了刑事审判程序，明确了在刑事审判中可以使用地区性或少数民族语言；
- 瑞士Graubünden州颁布新的州宪法之后，居住在该州的罗马人和意大利人的地位得到了巩固和提高；
- 芬兰修订了萨米语言的相关法律，使该语言的三个变体都能进入学前教育；
- 荷兰的Fryslan省实行了一项行动计划，旨在增加能够提供Frisian语或者双语教学的学前机构数量；
- 挪威政府采取了一项意义重大的措施，明确要求各公共服务部门在为使用萨米人服务的过程中，如被要求，应使用萨米语提供服务。

另外，英国政府于1993年通过了新《威尔士语言法案》，以促进威尔士语在商业以及司法行政中的使用。经过12年的推行，至2005年，威尔士语言在法庭中的使用得到明显的提升。而在1536年《合并法案》(*Act of Union*)签订之后到1967年《威尔士语言法案》通过之前的400年间，威尔士语基本被排除在法庭用语之外，除非当事人无法讲英语。1967年的《威尔士语言法案》虽然规定了威尔士语言可以在法庭中得到使用，但缺乏相应的具体保障措施。[②]

需要指出的是，《欧洲地区性或少数民族语言宪章》虽由欧洲委员会发起，但由于欧盟在其中的积极作用，特别是欧洲议会在欧盟内部对该宪

---

① 见 Doc. 10659 Application of the European Charter for Regional or Minority Languages，载欧洲委员会官方网站 http://www.coe.int/t/e/legal_affairs/local_and_regional_democracy/regional_or_minority_languages/2_monitoring/2.5_secretary_generals_reports/SG_Report_03_E.asp#TopOfPage，2009年6月19日查询。

② Huws, Catrin Fflur. The Welsh Language Act 1993: A Measure of Success? *Language Policy* 2006(5): 141-160.

章的宣传和对成员国的督促,一些欧盟成员国批准该宪章在一定程度上和其欧盟成员国身份有关。以瑞典为例,瑞典1995年加入欧盟之后才开始启动批准这一宪章的相关工作。1998年,瑞典正式确认瑞典裔芬兰人、Tornedalers、Sami、Roma、Jews等为其少数民族,并于2000年2月9日签署并批准了该宪章,同年6月1日起生效。① 2005年的评估报告显示,共有亚美尼亚、奥地利、塞浦路斯、捷克、丹麦、芬兰、德国、匈牙利、列支敦士登、卢森堡、黑山、荷兰、挪威、塞尔维亚、斯洛伐克、斯洛文尼亚、西班牙、瑞典、瑞士、乌克兰、英国总共21个国家提供了自评报告,其中奥地利、塞浦路斯、捷克、丹麦、芬兰、德国、卢森堡、荷兰、西班牙、斯洛伐克、斯洛文尼亚、西班牙、瑞典及英国等14个国家为欧盟成员国,欧盟成员国占67%。② 2011年,提供自评报告的宪章签署国增加到25个,新增加的4个国家包括波斯尼亚及黑塞哥维那、克罗地亚、波兰、罗马尼亚,其中后3个国家都是欧盟成员国。③

不过,虽然宪章签署国在少数民族语言保护方面采取了一定的措施,但总体而言进展并不乐观。秘书处2011年的报告做了这样的总结:

> 由于签署宪章的许多成员国缺乏结构性的改进措施,因此它们依然不能有效地承担签署宪章后的相关义务。尽管如此,以实践为导向的宪章条款为各成员国提供了一个良好的基础,有利于它们制定具体步骤、明确行政责任、制定时间表来执行宪章的各项义务及专家委员会及部长委员会的建议。这些建议是在于少数族群组织及地方当局沟通后提出的。④

---

① Hult, Francis M. Planning for Multilingualism and Minority Language Rights in Sweden. *Language Policy* 2003(3):181—201.

② 此处统计也包括2004年5月1日起加入欧盟的3个波罗的海共和国——爱沙尼亚、拉脱维亚和立陶宛,以及波兰、捷克、斯洛伐克、匈牙利、斯洛文尼亚、塞浦路斯和马耳他。

③ 这些国家包括:亚美尼亚、奥地利、波斯尼亚及黑塞哥维那、克罗地亚、塞浦路斯、捷克、丹麦、芬兰、德国、匈牙利、列支敦士登、卢森堡、黑山、荷兰、挪威、波兰、罗马尼亚、塞尔维亚、斯洛伐克、斯洛文尼亚、西班牙、瑞典、瑞士、乌克兰及英国。其中有欧盟成员国17个。见:http://www.coe.int/t/dg4/education/minlang/Report/default_en.asp#top,2014年2月6日查询。

④ Doc. 12881 Application of the European Charter for Regional or Minority Languages,载欧洲委员会官方网站:http://www.coe.int/t/dg4/education/minlang/sgreports/SGReport2011_en.pdf,2014年2月7日查询。

事实上,该宪章自1992年通过后,大部分欧洲国家,包括部分欧盟成员国,并未积极响应。截至2012年1月16日,欧洲委员会47个成员国中,只有25个成员国签署并批准了该宪章,另有8个国家虽签署了该宪章,但并未批准。欧盟28个成员国当中,奥地利、克罗地亚、塞浦路斯、捷克、丹麦、芬兰、德国、匈牙利、卢森堡、荷兰、波兰、罗马尼亚、斯洛伐克、斯洛文尼亚、西班牙、瑞典和英国共17个国家签署并批准了该宪章,法国、意大利、马耳他3个欧盟成员国签署了该宪章但并未批准,未签署该宪章的欧盟成员国包括比利时、保加利亚、爱沙尼亚、希腊、爱尔兰、拉脱维亚、立陶宛及葡萄牙等8国。相比之下,欧盟成员国当中的61%签署并批准了该宪章,而非欧盟成员国签署并批准该宪章的国家仅有8个,包括亚美尼亚、波斯尼亚及黑塞哥维那、列支敦士登、黑山、挪威、塞尔维亚、瑞士、乌克兰等,比例仅50%。①

对于没有批准该宪章的国家,无论是欧洲委员会或者欧盟,都难以对其地区性或少数民族语言政策发挥任何实质影响。在未批准该宪章的11个欧盟成员国中,爱沙尼亚、拉脱维亚、立陶宛三个波罗的海国家苏联加盟共和国对其境内俄罗斯民族使用其母语俄罗斯语的诸多限制,曾招致俄罗斯政府的强烈抗议。②

法国出于对法语地位的维护,一直拒绝给予地区性或少数民族语言任何法律地位。法国一直以来对少数民族语言不予认可。尽管法国有多种少数民族语言,但在1992年,法国通过宪法修订,规定法国为国语。在法国议会就此进行辩论时,尽管少数民族支持者提出抗议以施加压力,但议会宣称,没有必要提及地区性语言,因为法国一向尊重地区性语言及文化,而且维护使用地区性语言同人权背道而驰,因为只有统一的语言才能保障民主以及每一公民的平等权利。上述思想体是法国语言立法的一贯原则。在修订宪法之后,loi Toubon法律又获通过,规定法语为绝大部分

---

① Doc. 12881 Application of the European Charter for Regional or Minority Languages,载欧洲委员会官方网站:http://www.coe.int/t/dg4/education/minlang/sgreports/SGReport2011_en.pdf,2014年2月7日查询。

② 参见本书第6章。

官方场合用语,并将法语列为法国最主要的遗产。① 2008 年 6 月 18 日,法国议会上院否决了议会下院此前通过的一项修正案。根据该修正案,法国的地方性语言将获得宪法认可。就在法国议会上院否决该修正案的前两天,即 2008 年 6 月 16 日,以维护法语纯洁性而著名的法兰西学院发出严厉警告,称在宪法中承认地方性语言是对"法国国家认同感的一次攻击"。②

即便是在签署并批准了《欧洲地区性或少数民族语言宪章》的欧盟成员国,也未必能严格执行按照宪章的有关要求。例如,欧洲委员会曾于 2008 年 7 月发表报告,批评德国和荷兰未按宪章要求采取措施保护少数民族语言。③

从以上分析可以看出,在保护地区性及少数民族语言方面,欧洲委员会和欧盟可以采取的措施十分有限。不过,这并不奇怪。由于欧盟成员国少数民族众多,具体情况十分复杂。作为欧盟成员国人民的代表,欧洲议会长期以来有关这一议题的各类决议、报告及决定无疑能让成员国少数民族群体感受到来自欧盟的关心。而欧盟委员会作为欧盟的行政机构,既要有所作为,对欧洲议会的呼吁有所回应,以显示其对少数民族语言权利的关心;又要格外谨慎,避免引发相关成员国政府的疑虑,因为少数民族问题是一个非常敏感的问题,与其相关的地区性及少数民族语言政策属成员国内部事务。欧盟在保护及发展其成员国地区性或少数民族语言方面的上述特点是由欧盟政体的特殊性决定的,与欧盟现阶段的超国家性相一致。

---

① Maatta, Simo K. The European Charter For Regional Or Minority Languages. *French Language Laws ,and National Identity*. *Language Policy* 2005(4):167—186.

② 见 French Academy Resists Local Language Recognition,载法国国际广播电台(RFI)英文网站 http://www.rfi.fr/actuen/articles/102/article_735.asp,2008 年 6 月 20 日查询。

③ 见:Multilingualism : Coe Critical of German and Dutch Treatment of Minority Languages. (Brief Article). 载 European Report, 11-Jul-08, http://www.accessmylibrary.com/coms2/summary_0286-35166567_ITM,2009 年 4 月 20 日查询。

5.4 少数民族语言权利保护：增进欧洲集体认同的需要

5.4.1 欧盟成员国中的少数民族现状

虽然欧盟将其成员国称为民族国家,但是在欧盟现有的28个成员国中,并不存在纯粹由单一民族组成的国家。1648年《威斯特伐利亚和约》后,欧洲民族国家开始兴起。欧洲的大部分民族国家都有在人口以及政治、经济与文化方面占主导地位的主体民族。对其他少数民族的文化同化,尤其是语言同化,是绝大部分欧洲民族国家曾经长期推广的国家语言政策。然而,自罗马帝国以来,欧洲许多地区之间存在着十分密切的联系,再加上经济、政治、战争、饥荒等原因,欧洲向欧洲以外的大规模移民以及欧洲各地区之间的人口迁徙一直十分频繁。进入20世纪以后,两次世界大战所引发的欧洲国家之间的大规模人口迁徙以及部分欧洲国家边界重新划分,使得一些欧洲国家的民族构成更为复杂。例如,第一次世界大战结束后,由于奥匈帝国的崩溃,有相当多的奥地利人和匈牙利人离开新成立的东欧国家(南斯拉夫、捷克斯洛伐克等)回到本土。第一次世界大战和第二次世界大战之间,由于经济原因造成的移民大量增加,迁移的基本流向是从东欧、南欧向西欧、北欧方向,也就是从工业落后的波兰、罗马尼亚、南斯拉夫、阿尔巴尼亚等国前往法国、比利时、意大利等国。第二次世界大战结束后,一些欧洲参战国国家边界的重新划定,以及有计划的居民遣返,对一些参战国的民族结构产生了一定的影响。[①]由于以上的原因,绝大多数欧洲国家民族结构十分复杂,欧盟的成员国也不例外。

在欧盟28个成员国中,只有德国、法国、意大利、波兰、希腊、匈牙利、葡萄牙、丹麦、芬兰及爱尔兰的主体民族占到了总人口90%以上。其余成员国少数民族人口数量在总人口中所占比例都要更高一些。例如罗马尼亚、保加利亚、立陶宛等国,其少数民族比例在10%—20%之间。而少数民族人口超过1000万或其比例超过20%的国家则包括了西班牙、拉

---

① 穆立立.《欧洲民族概论》.北京:中国社会科学出版社,1998年,第14—15页。

脱维亚、爱沙尼亚、克罗地亚等。有些欧盟成员国,如比利时和瑞士,存在着2个以上的主要民族。①

欧盟成员国中的少数民族可以分为两类,第一类少数民族是真正意义上的少数民族,如罗马尼亚的吉卜塞族人、西班牙的加泰罗尼亚族人、巴斯克族人。从人口数量上看,英国、西班牙有着欧盟成员国中数量最为庞大的少数民族群体。②英国总人口约5700万人,而其三大少数民族苏格兰人、威尔士人和北爱尔兰人分别为510万、200万和150万,占总人口的15%;在西班牙3900万总人口当中,三个主要少数民族加泰罗尼亚人、加利西亚人和巴斯克人分别为625万、310万和78万人,占总人口26%。在英国,1993年以前,在英格兰、北爱尔兰、苏格兰、威尔士,国家语言和行政语言均为英语。而在威尔士,根据1993年通过的威尔士语言法案,威尔士语在商业和司法领域开始同英语拥有相同地位。在西班牙,西班牙语是西班牙宪法规定的国家官方语言和全国的通用语,自然也成为欧盟的官方语言之一。但人数多达600万的加泰罗尼亚语使用者经过不懈的努力,终于为其在欧盟赢得特殊地位。③ 在欧盟现有28个成员国中都存在着1个或更多的少数民族,每一个成员国都存在着1种或更多的主体民族之外的少数民族语言。

第二类少数民族只在本国是少数民族,而在其他国家却是主体民族或者主要民族。这种情况在欧盟成员国中普遍存在。例如波兰有大约75万名德意志族人,立陶宛全国人口仅300多万,而俄罗斯族人和波兰人大约分别有30万及25万。在欧盟28个成员国中,有22个成员国存在着这种情况。如下表:

---

① 穆立立.《欧洲民族概论》.北京:中国社会科学出版社,1998年,第9—11页。

② Trifunovska, Snezana. *European Minorities and Languages*. The Hague: T. M. C. Asser Press, 2001. 本节相关文献及数据,除另外说明外,均引自本书第三部分:"Surveys of National Activities and Documents", pp. 389—600,或根据其加以整理。本书该部分的各类人口统计时间为1992至1998年。

③ 见本书第4章第1节。

表 5.1 欧盟成员国少数民族（在其他欧洲国家为主体或主要民族）基本情况①

成员国名称	主体民族	少数民族（在其他欧洲国家为主体或主要民族）
奥地利	奥地利族	土耳其族 前南斯拉夫族
比利时	佛兰芒族与瓦龙族	德意志族 意大利族
保加利亚	保加利亚族	土耳其族 俄罗斯族 亚美尼亚族 马其顿族
克罗地亚	克罗地亚族	塞尔维亚族 斯洛文尼亚族 匈牙利族
塞浦路斯	希腊族	土耳其族
捷克	捷克族	斯洛伐克族
丹麦	丹麦族	格林兰族
爱沙尼亚	爱沙尼亚族	俄罗斯族 乌克兰族 白俄罗斯族 芬兰族
芬兰	芬兰族	瑞典族 俄罗斯族
德国	德意志族	土耳其族 意大利族 希腊族 波兰族 丹麦族
希腊	希腊族	阿尔巴尼亚族
匈牙利	匈牙利族	德意志族 克罗地亚族 斯洛伐克族
意大利	意大利族	德意志族 斯洛文尼亚族 摩洛哥族
拉脱维亚	拉脱维亚族	俄罗斯族 白俄罗斯族 乌克兰族 波兰族 立陶宛族
立陶宛	立陶宛族	俄罗斯族 波兰族 白俄罗斯族 乌克兰族
卢森堡	卢森堡族	葡萄牙族 葡萄牙族 意大利族
波兰	波兰族	德意志族 乌克兰族 白俄罗斯族
罗马尼亚	罗马尼亚族	马扎尔族 德意志族
斯洛伐克	斯洛伐克族	匈牙利族 捷克族 乌克兰族 德意志族
斯洛文尼亚	斯洛文尼亚族	克罗地亚族 捷克族 乌克兰族 德意志族
瑞典	瑞典族	芬兰族
法国	法兰西族	葡萄牙族 意大利族 西班牙族

---

① 这两类少数民族的民族语言构成了《欧洲地区性或少数民族语言宪章》所保护语言的主体，截止 2012 年 3 月，共有 84 种语言被欧洲委员会受保护目录，与此处的少数民族分布基本一致。见：Application of the European Charter for Regional or Minority Languages，载欧洲委员会官方网站：http://www.coe.int/t/dg4/education/minlang/sgreports/SGReport2011_en.pdf. 2014 年 2 月 7 日查询。

由于割舍不断的民族情感,这类少数民族的生存处境往往会引发其母国的关注。例如,在丹麦 529 万总人口中,大约只有 2 万名德意志族人口,主要居住在日德兰半岛丹麦与德国边境线丹麦一侧,而在边境线另一侧德国境内则居住着大约 5 万多名丹麦族人。为了减少民族矛盾,促进民族和谐相处,联邦德国和丹麦两国政府于 1955 年 4 月 1 日签订了《哥本哈根—波恩宣言》。该宣言表达了两国政府对于保护其各自境内处于少数民族地位的丹麦民族及德意志族各项权利的决心。[①] 匈牙利政府分别于 1992 年和 1995 年同德国政府和克罗地亚政府签订双边友好协议,保护匈牙利境内的德意志族及克罗地亚少数民族权益,包括学习其民族母语的权利,虽然 3 万名左右的德意志族匈牙利人在 1 千多万匈牙利总人口中所占的比例仅为 0.3%,而克罗地亚族匈牙利人则更少,仅占匈牙利总人口的 0.1%。由于历史的原因,在欧盟成员国中,许多这样的"少数民族"有相对集中的生活区域,并且往往和其母语国家相邻。因此,虽然他们能够使用所在国的官方语言,但其母国语言仍然是其常用的交际语言之一。[②]

无论是上述哪一种情况,少数民族的权利(包括语言权利)是否得到尊重,都关系到成员国、甚至欧盟范围内民族和谐关系的建立。因此,尊重少数民族的各项权利包括语言权利,是实现成员国国内各民族和谐相处,体现欧盟民主特征、增进欧洲集体认同的现实要求。

5.4.2 欧盟的少数民族语言使用情况

2005 年 11 月—12 月及 2012 年 2 月—3 月,欧盟委员会委托有关机构对欧盟成员国及候选国(罗马尼亚、保加利亚及克罗地亚三个国家 2005 年时尚为候选国)公民的语言使用状况进行了调查,其母语使用情

---

① 欧洲少数民族研究中心(European Center for Minority Issues)官方网站 http://www.ecmi.de/about/history/german-danish-border-region/bonn-copenhagen-declarations/,2014 年 2 月 9 日查询。

② 这并不意味着所有这样的少数民族在其所在国家都使用其原来母国语言。由于资料有限,此处没有给出具体的语言。但对比表 5.1 及表 5.2 可以看出,这种情况相当普遍。同一国家三项统计数据"国语或官方语言""欧盟其他官方语言"及"其他语言"之和有可能大于 100%,因为同一个被调查对象可能会列举两种母语。

况如下：

表 5.2　欧盟成员国公民母语状况[①]

成员国	国语或官方语言，（　）内为 2012 年调查数据	欧盟其他官方语言	其他语言
比利时	荷兰语 56%（55%）法语 38%（38%）德语 0.4%（0.4%）	5%	3%
捷克	捷克语 98%（98%）	2%	0.7%
丹麦	丹麦语 97%（96%）	2%	2%
德国	德语 90%（87%）	3%	8%
爱沙尼亚	爱沙尼亚语 82%（80%）	1%	18%
希腊	希腊语 99%（99%）	0.2%	0.7%
西班牙	西班牙语 89%（82%）加泰罗尼亚 9%（8%）加利西亚人语 5%（5%）巴斯克人语 1%（1%）	1%	2%
法国	法语 93%（93%）	6%	3%
爱尔兰	英语 94%（93%）爱尔兰语 11%（3%）	2%	0.2%
意大利	意大利语 95%（97%）	5%	1%
塞浦路斯	希腊语 98%（95%）	2%	1%
拉脱维亚	拉脱维亚语 73%（71%）	1%	27%
立陶宛	立陶宛语 88%（92%）	5%	7%
卢森堡	卢森堡语 77%（52%）法语 6%（16%）德语 4%（2%）	14%	0.8%

[①] 该数据系在各成员国直接进行的抽样调查中获得，并非人口普查数据。抽样调查根据各国人口，并考虑了性别、年龄、宗教、人口密度、地域等因素进行。事实上，此类语言的使用调查，欧盟共进行了三次，另外一次于 2000 年 12 月进行。但由于当时只有 14 个成员国，本书没有使用该数据。此处使用的 2005 年及 2012 年两次调查数据，除 2012 年数据没有克罗地亚外，均包括了欧盟其余 27 个成员国。参见：1. European Commission, Europeans and Their Languages (Summary), 2006: 3—5. 载：http://ec.europa.eu/public_opinion/archives/ebs/ebs_243_sum_en.pdf, 2007 年 9 月 10 日查询。2. European Commission, Europeans and Their Languages, 2012: 10—11. 载：http://ec.europa.eu/public_opinion/archives/ebs/ebs_386_en.pdf, 2014 年 2 月 3 日查询。

续表

成员国	国语或官方语言,( )内为2012年调查数据	欧盟其他官方语言	其他语言
匈牙利	匈牙利语 100%(99%)	0.8	0.6%
马耳他	马耳他语 97%(97%)英语 2%(4%)	0.6%	—
荷兰	荷兰语 96%(94%)	3%	3%
奥地利	德语 96%(93%)	3%	2%
波兰	波兰语 98%(95%)	1%	1%
葡萄牙	葡萄牙语 100%(95%)	0.6%	0.1%
斯洛文尼亚	斯洛文尼亚语 95%(93%)	1%	5%
斯洛伐克	斯洛伐克语 88%(88%)	12%	2%
芬兰	芬兰语 94%(94%)瑞典语 5%(5%)	0.8%	0.4%
瑞典	瑞典语 95%(93%)	5%	2%
英国	英语 92%(88%)	3%	5%
保加利亚	保加利亚语 90%(95%)	0.4%	11%
克罗地亚	克罗地亚语 98%	1%	0.8%
罗马尼亚	罗马尼亚语 95%(93%)	6%	0.7%

根据调查以及以上数据,综合 2005 年及 2012 年报告的有关分析,可以得出下结论:①

① 大部分欧洲人的母语是其所在国官方语言的一种。其中希腊及匈牙利人口的 99%、捷克人口的 98%、意大利及马耳他人口的 97%都使用所在国的一种官方为其母语。

② 在每一个成员国,都有少数民族使用同本国国语不同的其他欧盟官方语言,或其他非欧洲语言。

③ 2005 年至 2012 年,对于大部分成员国来说,上述两种情况的比例

---

① 该结论同 5.4 中欧盟成员国中少数民族为欧盟(或欧洲)其他成员国主体或主要民族的基本构成一致。

变化不大，大约在+－2%左右，显示了母语使用的稳定性。

④ 母语使用比例变化最大的国家为卢森堡人，以卢森堡语为母语的人口比例从 77% 下降至 52%，而以法语为母语的人口从 6% 增加至 16%。

⑤ 拉脱维亚、爱沙尼亚相当部分公民（2012 年这一比例分别为 29% 及 20%）使用非欧盟官方语言，主要是以俄语为其母语。这种情况还存在于传统上有大量移民的国家，如德国、法国和英国。2005 年至 2012 年，除法国以法语为母语的人口比例保持不变外（93%），以德语为母语的德国人及以英语为母语的英国人都略微有些下降（分别从 90% 下降至 87%、92% 下降至 88%）。

因此，综合以上分析可以看出，在欧盟成员国，普遍存在着两种情况的少数民族语言：一种情况是，在一个成员国为少数民族语言，但却是其他成员国的官方语言。对于这些少数民族来说，他们的母语当然是欧盟的官方语言。从理论说上，他们可以用母语同欧盟机构沟通，但在日常生活中，他们在所在国使用母语往往受到某种限制。

另一种情况则是真正意义上少数民族语言。对他们来说，欧盟的官方语言政策事实上进一步使其边缘化了。因为按照欧盟的语言政策，一个成员国只能有一种官方语言成为欧盟的官方语言。

无论是上述哪一种情况，都可能会影响到成员国内部乃至欧盟范围内和谐民族关系的建立。因此，对这两种情况的少数民族语言给予必要的关注，既是欧盟体现其对人权的尊重，又是建设和谐民族关系，增强欧盟集体认同的需要。但欧盟对这一事务关注的方式是由其政体的特征决定的，因而欧洲议会和欧盟委员会有着上述不同的关注及要求方式。

第6章 欧洲联盟东扩对候选国语言政策的影响

6.1 欧盟东扩的基本过程

第二次世界大战后,雅尔塔格局及冷战所导致的东西欧分离使得两大阵营对抗成为欧洲的主要特征。因此,从1957年欧洲经济共同体成立,到2004年欧盟东扩之前,欧盟成员国从最初的4个增加为15个,均为西欧国家。[①] 20世纪80年代东欧剧变及冷战结束后,中东欧国家纷纷要求加入欧盟,"回归欧洲"。而欧盟出于对历史联系的认同和现实利益的考虑,也决定以此为契机,扩大欧盟,推进欧洲的统一。

2004年5月1日,由15国组成的欧洲联盟扩至25国。波兰、匈牙利、捷克、斯洛伐克、斯洛文尼亚、塞浦路斯、马耳他、爱沙尼亚、拉脱维亚和立陶宛正式加入欧盟。2007年1月1日,保加利亚和罗马尼亚加入欧盟。在三年之内,欧盟进行了有史以来规模最大的扩大,成员国数量增至27个,人口增加三分之一,超过了4.8亿,超过了美、俄两国人口之和;面积则增加了33%,由320万平方公里增至430万平方公里。[②]

中东欧国家加入欧盟前的准备工作大致可以分为两个阶段。[③]

[①] 在东扩之前,欧洲共同体经历了5次扩大:1973年,英国、丹麦和爱尔兰加入共同体;1981年1月1日,希腊加入共同体;1986年1月1日,葡萄牙和西班牙加入共同体;1995年12月11日,奥地利、瑞典和芬兰加入欧盟,使1993年11月1日生效的马斯特里赫特《欧洲联盟条约》形成的欧洲联盟扩展至15国。

[②] 中国社会科学院欧洲研究所,《大欧盟 新欧洲——2004—2005欧洲发展报告》。北京:中国社会科学出版社,2005年,第4—7页。

[③] 主要根据 Documents Concerning the Enlargement Process with the Fifth Enlargement Countries. 相关内容整理,载欧盟官方网站 http://ec.europa.eu/enlargement/press_corner/key-documents/index_archive_en.htm,并参考了张密,《欧盟东扩及影响》,载山东大学欧洲研究中心网站,http://www.europe.sdu.edu.cn/ouzhouzhongxin/php/article.php/19,2009年4月5日查询。

第一阶段为确立入盟标准和强化欧盟与申请国双边关系阶段,大致从1993—1997年。1993年6月,欧盟在哥本哈根召开首脑会议,首次承诺只要中东欧国家满足政治及经济条件,就能成为欧盟正式成员国。这次首脑会议还根据《欧洲联盟条约》有关条款对申请加入欧盟的国家提出了"哥本哈根标准"。这一标准主要有三方面内容,第一是政治标准,要求候选国有稳定的民主制度,实行法制,尊重人权,保护少数民族权利。第二是经济标准,要求候选国实行市场经济,并有能力应对来自欧盟的市场竞争。第三是职责标准,要求候选国能够履行欧盟成员国的职责,包括恪守政治、经济和货币联盟的宗旨,这意味着候选国必须采纳被称为共同体法律的整个欧盟法律体系。1997年12月,欧盟理事会在卢森堡举行会议,确定了东扩议程,并决定在1998年3月31日开始与爱沙尼亚、波兰、捷克、匈牙利、斯洛文尼亚和塞浦路斯6国(统称卢森堡组)进行有关入盟的谈判。

第二阶段为入盟谈判和评估候选国入盟进展准备阶段,大致从1998年开始。1998年3月31日,欧盟开始与卢森堡组6个候选国开始入盟谈判。1999年12月,欧盟理事会在赫尔辛基举行会议,决定与另外6个国家(包括拉脱维亚、立陶宛、斯洛伐克、罗马尼亚、保加利亚和马耳他,统称赫尔辛基组)开始有关入盟的谈判,并再次确认土耳其的入盟候选国资格。在这一阶段,欧盟分别与10个中东欧国家签约确定其与欧盟的入盟伙伴国关系(亦称《欧洲协定》)。确立入盟伙伴关系的目的主要是帮助候选国逐步达到"哥本哈根标准"。在确立同每一候选国的入盟伙伴关系时,欧盟将考察伙伴国的具体特点并整合欧盟对该国的财政及其他援助。

从1998年开始,欧盟委员会每年发布针对候选国的评估报告并以多种语言在欧盟官方网站上公布,这一评估报告所列举的候选国的某些不足也成为必要时启动欧盟与候选国双边会谈以解决某些迫切问题的依据之一。评估报告包括五部分内容,一是对候选国和欧盟的双边关系现状进行描述,如候选国是否按照相关协议要求推进入盟准备,候选国和欧盟的经济贸易等是否按照计划在不断增加等等;二是分析候选国是否满足了欧盟理事会所要求的政治条件(包括民主、法制、人权及少数民族保护);三是依据欧盟理事的经济条件对候选国的经济状况进行评估,如市场经济的运行状况、应对来自欧盟内部竞争以及市场力量的能力;四是对候选国是否有能力承担成员国义务,包括基础条约、派生条约和欧盟政策所规定的义务;五是对候选国司法及行政能力进行评估,并督促候选国对其行政体系进行改革以确保在成为成员国之后能执行共同体的政策。1998年之后的评估报告还将分析候选国自上一年度评估报告发布以来取得的进步,并对那些在上一年度报告中指出需要改革的方面给予专门关注。①评估报告从1998年开始发布,直到2003年,共发布6年,对1997年至2000年各候选国的入盟准备进展情况进行评估以确定其在满足入盟标准方面所取得的进步。2001年6月,在瑞典哥德堡举行的欧盟首脑会议上,首次提出要在2002年底结束有关入盟谈判。在2001年12月在布鲁塞尔莱肯城堡和2002年6月在西班牙南部城市西维利亚举行的首脑会议上,明确了10个候选国的入盟时间表。2002年10月9日,欧洲委员会正式提出建议,结束与10个候选国的谈判。2002年12月13日的哥本哈根欧盟首脑会议宣布结束谈判,这10个国家将于2004年5月1日正式加入欧盟,而保加利亚和罗马尼亚的入盟时间被推迟至2007年。

6.2 欧盟东扩对候选国地区性或少数民族语言权利的影响分析:以爱沙尼亚和拉脱维亚为例

在东扩过程中加入欧盟的15个国家可分为三类:

第一类是那些曾为苏联加盟共和国,在苏联解体后独立的国家,包括拉脱维亚、立陶宛和爱沙尼亚;

第二类曾是其他国家主要组成部分,在原国家解体后独立加入欧盟,包括捷克、斯洛伐克、斯洛文尼亚;

第三类是在第二次世界大战后一直是独立主权国家,包括保加利亚、罗马尼亚、匈牙利。

---

① 1999 Regular Report From the Commission on Estonia's Progress Towards Accession, p. 4,载欧盟官方网站 http://ec. europa. eu/enlargement/archives/pdf/key_documents/1999/estonia_en. pdf,2009 年 4 月 4 日查询。

上述三类国家中，三个波罗的海国家拉脱维亚、立陶宛和爱沙尼亚由于其复杂的历史，尤其是曾为俄罗斯帝国和苏联的组成部分，国内民族及民族语言关系最为复杂，主要涉及新的国语（分别拉脱维亚语、立陶宛语和爱沙尼亚语言）和俄语的关系。这种关系由于在苏联时期大俄罗斯主义的影响而出现了国家民族主义的反弹，其新的语言法或相关法律对其国内少数民族，尤其是对俄罗斯族人的权利有种种限制。[①]由于爱沙尼亚和拉脱维亚的俄罗斯族人有较大比例，具有大致相似的情况，本书主要以爱沙尼亚为例，同时联系拉脱维亚和立陶宛，分析欧盟对东扩过程中成员国少数民族语言政策的影响。

波罗的海三国独立前后的民族组成，除主体民族外，俄罗斯民族占相当大的比例。见下表：

表 6.1　波罗的海三国独立前后民族组成[②]

（人口比例统计依据 1989 年，2000 年及 2001 年人口普查数据）

	爱沙尼亚		拉脱维亚		立陶宛	
民族	1989	2000	1989	2000	1989	2001
主体民族	61.5	67.9	52.0	57.7	79.6	83.5
俄罗斯族	30.3	25.6	34.0	29.6	9.4	6.3
乌克兰族	3.1	2.1	3.5	2.7	1.2	0.7
白俄罗斯族	1.8	1.3	4.5	4.1	1.7	1.2
波兰族	0.2	0.2	2.3	2.5	7.0	6.7
总计	100.0	100.0	100.0	100.0	100.0	100.0

---

① 拉脱维亚、爱沙尼亚两国在 1917 年之前曾为俄罗斯帝国的一部分，1940—1990 年期间为苏联加盟共和国，两次世界大战期间曾为独立国，1990 年独立。立陶宛在 18 世纪波兰被瓜分时并入俄罗斯帝国，两次世界大战期间获得独立时曾为波兰一部分，1940—1990 年为苏联加盟共和国，1990 年后独立。

② 数据来源：爱沙尼亚统计局（2001 年）、拉脱维亚中央统计局（2002）及立陶宛 2001 年人口普查数据。爱沙尼亚、立陶宛及拉脱维亚的总人口分别为 1370052；2377383；3483972 引自：Kymlicka, Will & Grin, Francois (eds) *Nation-Building, Ethnicity and Language Politics in Transition Countries*. Local Government and Public Service Reform Initiative, 2003, p.77.

在苏联时期,上述三个波罗的海国家作为加盟共和国,俄语处于强势地位。但从 20 世纪 80 年代开始,这三个波罗的海国家开始通过立法试图在苏联的框架内寻求更为独立的地位。1988 年 11 月,爱沙尼亚同苏联中央政府展开了一场"宪法之争"。爱沙尼亚宣称,联盟的法令须经过爱沙尼亚的批准才能在爱沙尼亚生效。在戈尔巴乔夫改革后期,也就是 20 世纪 80 年代后期,这三个波罗的海加盟共和国开始对其语言政策进行调整。1989 年 1 月 18 日,爱沙尼亚最高苏维埃首先通过了《爱沙尼亚苏维埃社会主义共和国语言法》。这项法案规定爱沙尼亚语为爱沙尼亚的官方语言,对俄语的地位没有做任何规定。例如,没有说"俄语是民族之间交际语"。但法案对俄语仍然相当重视,如法案的第二条和第三条规定,公民可以爱沙尼亚语或俄语同任何政府或者公共部门打交道。这事实上将爱沙尼亚规定为一个双语国家。但在教育领域,爱沙尼亚语得到了更多的重视。法案第 19 条规定,政府应保证在全国实行爱沙尼亚语教育,而俄语教育则视当地人口的构成来决定。因此,根据这项法案,爱沙尼亚语的地位高于俄语的地位,俄语使用者如果不学会爱沙尼亚语言,则有可能在以后失去某些工作。①

立陶宛和拉脱维亚也在 1989 年通过了同爱沙尼亚类似的语言法案。1989 年 1 月 25 日,立陶宛最高苏维埃主席团发布了有关语言使用的法令,规定立陶宛语是立陶宛社会主义苏维埃共和国所有生活领域、政府机构、组织、企业的主要使用语言(苏联军队除外)。那些内部交流语言为俄语的政府机构、组织、企业等,将通过两年的时间过渡为立陶宛语。该法令同时规定,对于母语是非立陶宛语的公民,国家将提供必要的帮助,包括提供教师培训、出版相应教材,以母语进行学前教育、小学及初中教育,并对用其他语言进行教学的学校和接受教育的学生提供充分的立陶宛语学习途径,包括一些特别课程。该法令同时规定,国家司法机构、卫生健康机构、社会保障机构、贸易、交通、通讯、财政、住房等机构应该以拉脱维

---

① Kymlicka, Will & Grin Francois (eds.). *Nation-Building, Ethnicity and Language Politics in Transition Countries*. Local Government and Public Service Reform Initiative, 2003, p. 79.

亚语或其他合适的语言提供服务。拉脱维亚在1989年通过的语言法令也包括类似的条款。① 可见，根据这些立法，立陶宛和拉脱维亚那些母语为俄罗斯语的拉脱维亚公民，如果不具备双语能力，未来将可能会失去在国家及公共机构的工作职位。

1990年独立后，这三个波罗的海国家进一步提高了国家语言的地位。所有公共场合的工作人员都必须具有熟练的国家语言能力，国家强化了在所有学校的国语教育。在各类标志、广播、出版及公共生活中都突出了对国语的重视。而爱沙尼亚和拉脱维亚在独立后对其国籍法进行了修改，规定只有那些在1940年并入苏联时具有拉脱维亚公民身份的居民（不考虑其民族背景）及其后代才自动具有公民身份。这样，30%的拉脱维亚人口和25%的爱沙尼亚人口（大部分为俄罗斯人）都必须通过归化程序决定其是否能获得公民身份。归化的一个环节则是要通过国语能力测试，这一测试也包括国家的历史和宪法等内容。

从入盟谈判和准备的第二阶段，即从1998年开始，欧盟委员会在每年发布的针对波罗的海三国的评估报告中，少数民族权利保护及语言政策是政治条件中的重要内容，每一次评估报告都给予了特别关注。

以对爱沙尼亚的年度评估报告为例，欧盟委员会1998年首次发布的对爱沙尼亚的评估报告认为：

> 爱沙尼亚呈现了一个民主国家的特征，国家机构稳定，法制、人权及少数民族的保护得到保证。但是，爱沙尼亚应采取措施加快使用俄语者归化的速度，以便他们能更好地融入到爱沙尼亚社会。就目前来说，采取有效的语言培训措施提高非爱沙尼亚语使用者的爱沙尼亚语水平是一项重要任务②。

报告同时就爱沙尼亚议会未能通过政府在1997年12月9日提出的

---

① Kymlicka, Will & Grin Francois (eds.). *Nation-Building, Ethnicity and Language Politics in Transition Countries*. Local Government and Public Service Reform Initiative, 2003, p. 80.

② 1998 Regular Report from the Commission on Estonia's Progress Towards Accession: 7, 载欧盟官方网站 http://ec.europa.eu/enlargement/archives/pdf/key_documents/1998/estonia_en.pdf, 2009年4月4日查询。

公民身份法修正案表示非常遗憾。而根据这项修正案,1992年2月26日以后出生的从法律角度来看没有国籍的孩子,只要他们的父母提出申请,将自动获得公民权。报告还郑重表示要继续观察并维护俄语使用者(具有或不具有爱沙尼亚公民权)的权利,报告还注意到虽然俄语在俄语使用者聚集地得到广泛使用,但非公民由于受到某些限制,他们在国营公司担任管理人员、加入政党或受雇于一些公共管理领域的机会受到了限制。①

上述报告对爱沙尼亚政府和议会显然产生了一定影响。爱沙尼亚议会于1998年12月8日通过了其在1997年否决的将给出生于1992年2月26日以后的非公民孩子以公民身份的《公民身份法修正案》。这将立即涉及6000名孩子,而且以后每年大约有1500名孩子属于这种情况。②这一修正案的通过可以认为是爱沙尼亚对欧盟年度评估报告的正面回应,欧盟委员会1999年的评估报告对此给予肯定。评估报告同时分析了1998年爱沙尼亚新出台的一些语言立法,认为虽然在政治条件上"爱沙尼亚达到了哥本哈根标准,但一些新的语言立法限制了非爱沙尼亚语使用者参与政治与经济生活的机会,与前一年相比有所倒退,应予以纠正。欧盟委员会将密切关注这些立法实施后在实践可能会产生的冲击"。③

---

① 1998 Regular Report from the Commission on Estonia's Progress Towards Accession,载欧盟官方网站 http://ec.europa.eu/enlargement/archives/pdf/key_documents/1998/estonia_en.pdf,2009年4月4日查询。第11页。

② 1999 Regular Report from the Commission on Estonia's Progress Towards Accession,p.13,载欧盟官方网站 http://ec.europa.eu/enlargement/archives/pdf/key_documents/1999/estonia_en.pdf,2009年4月4日查询。

③ 1999 Regular Report from the Commission on Estonia's Progress Towards Accession,pp.15-16.,载欧盟官方网站 http://ec.europa.eu/enlargement/archives/pdf/key_documents/1999/estonia_en.pdf,2009年4月4日查询。这些新的语言立法主要包括:1998年12月爱沙尼亚议会通过的《议会及地方选举法修正案》。根据这一修正案,参与议会及地方选举的候选人应当熟练掌握爱沙尼亚语。这一修正案于1999年5月1日起生效。爱沙尼亚议会同时还通过了针对1995年语言法案制定的一系列修正案。这些修正案对私人以及公共领域爱沙尼亚语的使用进行了区分和规定。其中争议最大的条款是商业协会等非政府协会的会员在提供服务时必须使用爱沙尼亚语言。爱沙尼亚议会在1997年试图通过这一条款时被爱沙尼亚最高法院宣布违宪,因为这一修正案给予政府过多的自由裁判权。欧安组织(OSCE)少数民族事务高级代表指出,这一现行条款违背了国际社会保证言论自由的几个条约,包括《欧州人权公约》,而爱沙尼亚是这一条约的签字国之一。以上文字摘译自该评估报告第14—15页。

欧盟委员会2000年11月发布的评估报告肯定了爱沙尼亚自上一个评估报告发布后在语言政策方面所做的改进。报告指出：

> 爱沙尼亚在语言政策方面做了很大改进。根据去年评估报告的建议,在2000年4月对语言法案进行了修改,以适应相应国际条约的要求……同时新法案明确界定了私营领域必须使用爱沙尼亚语的条件：有利于公众利益、公共安全或公共秩序、公众健康或消费者权益保护等。①

报告同时还肯定了爱沙尼亚从2000年3月起对爱沙尼亚语言资格考核的改革,认为该项改革将有利于满足实行相关语言法案和国籍法案后不断增加的考试要求。但评估报告同时也认为《议会和地方选举法》中仍然存在针对候选人的语言要求,虽然未在实践中执行,但依然可能会影响非爱沙尼亚语使用者选择他们候选人的权利。上述报告所提及的经过修改的新语言法案从2000年6月15日起生效。这一法案生效的次日,即6月16日,欧盟负责扩大事务的委员Günter Verheugen就在欧盟总部布鲁塞尔发表讲话,对爱沙尼亚这一举措表示欢迎,称欧盟对爱沙尼亚重视1999年评估报告所提建议表示赞赏：

> "……这标志着爱沙尼亚在提升、保护爱沙尼亚语言与尊重有关少数民族权利国际条约和履行《欧洲协议》方面取得了合适的平衡。"Günter Verheugen还表示,他相信爱沙尼亚将会向完全履行有关国际条约和《欧洲协议》的方向继续努力。②

而2001年发布的评估报告则对2001年将要生效的一项语言法案提出建议：

> 按照1999年8月开始生效的一项法案,公共部门工作人员应该

---

① 2000 Regular Report from the Commission on Estonia'S Progress Towards Accession, pp.19－20,载欧盟官方网站 http://ec.europa.eu/enlargement/archives/pdf/key_documents/2000/es_en.pdf,2009年4月4日查询。

② Commission Welcomes Adoption of New language Law in Estonia,载欧盟官方网站 http://europa.eu/rapid/pressReleasesAction.do?reference＝IP/00/626&format＝HTML&aged＝0&language＝EN&guiLanguage＝en,2009年4月4日查询。

具有基本程度的爱沙尼亚语,以适应其服务对象。这包括那些已经受雇于公共服务行业(尤其是在俄语使用人口占多数的区域)的人员,如护士、警察和监狱管理人员,爱沙尼亚政府应向他们提供必要的支持,以帮助他们达到最低的爱沙尼亚语要求。爱沙尼亚政府已经在 2001 年 5 月颁布法令,将对在私营领域的工作人员提出具体的爱沙尼亚语要求,并将从 2001 年 10 月 1 日生效。爱沙尼亚政府在实施这项法案时,应依据均衡原则并确保公众正当利益得到尊重。[①]

报告同时对在以前评估报告中曾指出的不足再次提出质疑:

> 正如在去年评估报告中所指出的那样,爱沙尼亚议会及地方选举法中对议会和地方选举候选人的语言要求仍然存在,虽然相关条款在实践中并未严格执行,但这些限制会影响非爱沙尼亚语使用者选择其候选人,尤其是地方候选人。根据现行爱沙尼亚法律,当俄语使用者人数在当地人口占到 50% 以上时,地方当局可要求俄语同爱沙尼亚语一起作为行政工作用语。但事实上,尚没有地方当局提出这类请求。虽然在实践中,有一些地方当局将俄语作为其工作语言。[②]

2002 年 10 月 9 日,欧盟委员会正式提出建议,结束与 10 个候选国的谈判。这意味着这些候选国在满足入盟条件上,取得了令欧盟满意的进步。欧盟委员会也正是在这一天发布了各候选国 2002 年度评估报告。[③] 那么,本年度的评估报告对爱沙尼亚语言政策有何评价呢? 报告分析了爱沙尼亚这一年的语言政策变化,并给予了正面评价。例如,报告指出"2001 年 11 月,爱沙尼亚议会及地方选举法修正案获得通过,新法案不再对议会及地方候选人有语言要求,这符合国际人权标准。这样,选民可

---

① 2001 Regular Report from the Commission on Estonia's Progress Towards Accession, p. 23,载欧盟官方网站 http://ec.europa.eu/enlargement/archives/pdf/key_documents/2001/ee_en.pdf,2009 年 4 月 6 日查询。

② 同上。

③ 2002 Regular Report from the Commission on Estonia's Progress Towards Accession http://ec.europa.eu/enlargement/archives/pdf/key_documents/2002/ee_en.pdf. 本节的引用均来自第 33 页。2014 年 3 月 5 日查询。

以不受限制地选择自己的候选人,尤其是在地方选举当中"。该报告同时也肯定了另一项语言立法:

> 2002年3月,爱沙尼亚议会通过了一项《基础教育学校与体育法案》的修正案。按照这一法案,如果当地居民愿意,全俄语教育可以持续到2007年。但到2007年之后,初中高年级学生至少60%的课程要转为爱沙尼亚语授课,但依然可以有例外。这一发展应该受到欢迎。它巩固了俄语使用者少数民族的权利。但是,为了能在爱沙尼亚工作市场上有同样的竞争力,俄语使用者应该熟练掌握爱沙尼亚语言。因此,爱沙尼亚学校拥有足够数量的双语教师是非常重要的。

关于俄语的地位及使用,报告给予了下述评论:

> 关于爱沙尼亚语在地方行政机构的使用,虽然依据爱沙尼亚语言法,如果俄语使用者超过当地人口的50%,地方行政当局可以要求将俄语与爱沙尼亚语一起作为行政语言使用。但实际这一情况并未发现,虽然目前大约有10至12个地方当局以俄语作为工作语言。根据欧洲标准来看,50%的上限有些过高。

可见,总体来说,欧盟对爱沙尼亚的语言政策给予了正面肯定,虽然同时也提出了一些温和的批评。

6.3　欧盟影响力的评估

现有研究文献中,学者一般认为,在欧盟东扩之前的准备阶段,爱沙尼亚和拉脱维亚由于其独立后排斥俄语倾向十分明显的语言政策而对其加入欧盟产生十分不利的副作用。欧盟提出的保护少数民族权利的要求对这些国家的少数民族语言政策产生了很大影响。[①]有学者甚至认为,欧盟在少数民族权利方面采用双重标准,即要求东欧候选国达到现有成员

---

① Ozolins, Uldis. The Impact of European Accession upon Language Policy in the Baltic States. *Language Policy* 2003(2):217—238.

国尚未达到的标准：

> 东欧国家试图在通过差异性的文化政策来保护其民族文化①的同时加入欧盟，但他们做不到这一点。因为欧盟迫使这些候选国实行有关制度，以达到欧盟现有成员国尚没有达到的少数民族保护标准。欧盟能够做到这一点是因为加入欧盟的吸引力大过这些国家内部的民族保护主义(698页)。②

这些候选国的一些政府官员，也认为欧盟在少数民族权利保护方面采用双重标准。例如，2003年11月10日，爱沙尼亚司法部长 Ken-Marti Vaher 在一个公开场合批评说，欧盟在语言政策和人权问题上采用双重标准。他认为，西欧国家迫使东欧小国给少数民族语言权利，但他们自身却拒绝采取类似的措施③。

但从 6.2 的分析可以看出，事实上欧盟对候选国的少数民族语言政策虽有一定的影响，但其影响其实十分有限。以爱沙尼亚为例，欧盟虽然对其语言政策给予关注，但在 1998 年发布的第一次针对爱沙尼亚的入盟评估中，欧盟委员会就已经认为，爱沙尼亚已经基本满足了哥本哈根标准的政治要求：

> 爱沙尼亚已经展示了一个民主国家的特征，而且国家机构稳定，法制得以落实，人权得到保障，少数民族保护得到尊重。但应采取措施加快俄语使用者的归化入籍速度，以帮助他们融入爱沙尼亚社会。④

---

① 指通过限制俄罗斯语言的使用来发展本民族语言文化的做法。
② Johns, Michael. "Do as I Say, Not as I Do": The European Union, Eastern Europe and Minority Rights. *East European Politics and Societies* 2003(4):682—699.
③ 2003 年 11 月 10 日,Baltic News Service. 载 http://web.lexis-nexis.com/professional/download?_m=cb84f22160eab7cde8624f1bde977bf4&_action=download&dd_jobType=spew&wchp=dGLbVlb-zSkSt&_md5=4be28954f2866bbd6610dd55248b6bc8,2007 年 8 月 2 日查询。
④ 1998 Regular Report from the Commission on Estonia's Progress Towards Accession, p.7,载欧盟官方网站 http://ec.europa.eu/enlargement/archives/pdf/key_documents/1998/estonia_en.pdf,2009 年 4 月 4 日查询。

对于拉脱维亚的评论同上文完全一样,只是用"拉脱维亚"替换了"爱沙尼亚"。①

在1999年、2000年、2001年、2002年发布的年度评估报告中,欧盟委员会基本维持了上述观点。2002年12月13日,欧盟完成了与爱沙尼亚及拉脱维亚的入盟谈判,并在2003年9月20日签订了入盟协定,确定这两个国家将于2004年5月1日起加入欧盟。欧盟在2003年发布的对这两个国家的全面评估中,并未对这两个的国家语言政策以及少数民族权利保护提出任何负面评价。②但在此之后,这两个国家中的俄罗斯族人认为,他们使用母语被限制的情况依然严重存在。③

从爱沙尼亚地区性或少数民族语言政策在被评估期间的变化特点也

---

① Regular Report from the Commission on Latvia'S Progress Towards Accessio, p. 7, 载欧盟官方网站 http://ec. europa. eu/enlargement/archives/pdf/key_documents/1998/latvia_en. pdf, 2009年4月8日查询。

② 1. Comprehensive Monitoring Report on Estonia's Preparations for Membership, 欧盟官方网站 http://ec. europa. eu/enlargement/archives/pdf/key_documents/2003/cmr_ee_final_en. pdf, 2009年4月7日查询;2. Comprehensive Monitoring Report on Latvia's Preparations for Membership, 欧盟官方网站, http://ec. europa. eu/enlargement/archives/pdf/key_documents/2003/cmr_lv_final_en. pdf, 2009年4月8日查询。

③ 就在欧盟与拉脱维亚签订入盟条约的前2个月,即2003年7月中旬,大约15000示威者,大部分是俄罗斯族学生和他们的父母,在拉脱维亚首都里加举行了苏联解体、拉脱维亚独立后最大规模的示威游行,抗议拉脱维亚拟从2004年起将把150多所由国家财政支持的小学从俄语教学转为拉脱维亚语教学。随后,克里姆林官方网站上登载了普京写给一名拉脱维亚学生的回信,对拉脱维亚的语言政策提出批评。信中称:"我理解你想以母语学习的愿望。在许多国家,一些较大族群的孩子有这样的权利。而在当代欧洲,这反映了一个国家的民主水平。"而7个月之后的2004年2月5日,6000名俄罗斯族中学生又在拉脱维亚议会前示威,抗议议会刚刚通过的一项法令。该法令要求公立学校,包括那些全部是俄罗斯族学生的公立学校,从2004年9月份开始,至少60%以上的课程要用拉脱维亚语教学。这条语言法令引发了激烈争论。俄罗斯族认为,这项要求是歧视性的,侵犯了他们的生活。对此俄罗斯政府表示支持。而拉脱维亚政府则反驳说,该项举措实际上是为了帮助俄罗斯族人融入拉脱维亚社会,因为他们不学习拉脱维亚语就很难找到好工作。俄罗斯外交部长在2003年5月份的一次声明中,认为拉脱维亚停止用俄语授课是其强迫同化俄罗斯族努力的一部分,俄罗斯政府也指责拉脱维亚侵犯了少数民族权利。这一分歧成为影响两国关系的障碍之一。以上内容依据美联社2003年7月21报道 Kremlin Uses Letter from Putin to Student to Criticize Latvia Language Policy 及 2004年2月5日报道 Russian Students Stage Noisy Protest Outside Parliament as Lawmakers Pass New Language Policy, 载 http://web. lexis-nexis. com/professional/download?_m=cb84f22160eab7cde8624f1bde977bf4&_action=download&dd_jobType=spew&wchp=dGLbVlb-zSkSt&_md5=4be28954f2866bbd6610dd55248b6bc8, 2007年8月2日查询。

可以看出,欧盟对爱沙尼亚语言政策的影响力十分有限。从 1998 年第一次发布评估报告开始,到 2002 年,在前一年报告中表示遗憾或有建议的地方,从下一年度的评估报告中,常常可以看到有一定程度的改进。但这些改进往往只是对语言政策十分有限的调整。而在做出某些调整、迎合欧盟评估的同时,往往又出台一些新的、同欧盟评估报告指导思想背道而驰的语言政策。如 6.2 所述,针对欧盟 1998 年发布的评估报告的建议,爱沙尼亚议会于 1998 年 12 月通过了给予 1992 年 2 月 26 日以后出生的非公民孩子以公民身份的《公民身份法修正案》,该法案在 1997 年遭到否决。但就在这一时期,爱沙尼亚议会又通过了《议会及地方选举法修正案》。根据这一修正案,参与议会及地方选举的候选人应当熟练掌握爱沙尼亚语,该修正案将于 1999 年 5 月 1 日起生效。不仅如此,爱沙尼亚议会同时还通过了针对 1995 年语言法案制定的一系列修正案,对私人以及公共领域爱沙尼亚语的使用进行了区分和规定,特别是关于商业协会等非政府协会的会员在提供服务时必须使用爱沙尼亚语的要求更是引发了广泛的争议。欧盟在 1999 年发布的评估报告称之为"倒退"。根据次年,即 2000 年发布的评估报告,爱沙尼亚并未更正这一"倒退",只是对该法案做了修改,界定了私营领域必须使用爱沙尼亚语的条件:有利于公众利益、公共安全或公共秩序、公众健康或消费者权益保护等。而对于《议会及地方选举法修正案》规定参与议会及地方选举的候选人必须熟练掌握爱沙尼亚语这一明显带有歧视色彩、并且会限制非爱沙尼亚语使用者作为候选人参与选举的规定,爱沙尼亚议会并未进行任何修改。后来欧盟在 2000 年、2001 年发布的评估报告中一直质疑这一规定,但直到 2001 年 11 月,爱沙尼亚议会才通过修改相应法律,废弃了这一规定。当然,爱沙尼亚议会的这一修改无疑是对欧盟评估报告的正面回应,但也不能排除这一规定的既定目的已经达到,即引导选民更多地关注候选人的爱沙尼亚语语言能力。

可以看出,爱沙尼亚独立后,其语言政策、国籍法都有浓厚的限制俄罗斯语使用者的色彩,这既是爱沙尼亚独立后对其作为苏联加盟共和国成员时,爱沙尼亚语被边缘化的反应,更是独立后新国家形成民族与国家认同的重要手段。通过语言及相关立法(如国籍法)使国家政权以及各类重要岗位由爱沙尼亚族人掌握,有其合理性。①但是,爱沙尼亚独立后许多俄罗斯族人因为语言原因而遭到的近乎歧视性的对待引起了广泛争议。一般认为,爱沙尼亚和拉脱维亚之所以没有像立陶宛那样,自动给予从1940年以后移居来的非主体民族人士(主要针对俄罗斯族人)以公民身份,除了"迫使"非主体民族人士离开各类重要岗位外,也希望通过种种限制,包括有关爱沙尼亚语或拉脱维亚语言能力的要求,使包括俄罗斯族在内的非爱沙尼亚族人知难而退,返回其原居住地。但是事实上,要离开生活了几十年的地方,谈何容易。从1989年至2000年,俄罗斯族人在爱沙尼亚和拉脱维亚总人口的比例下降幅度很小,分别从30.3%和34.0%下降至25.6%和29.6%。因此,大部分俄罗斯族人仍然选择留在这些独立后的国家。然而在独立后的爱沙尼亚和拉脱维亚,他们成了外国人,其参与国家政治生活及工作的机会都受到限制,归化入籍的速度也很慢。根据欧盟2000年发布的评估报告,在当年1445580名爱沙尼亚人口当中,非爱沙尼亚族占35%(505953人),其中28%(406000人)为俄罗斯族。而自从1992年8月1日爱沙尼亚《国籍法》开始实施以后,至1999年1月,只有112822人获得爱沙尼亚公民身份,仅为非爱沙尼亚族人口总数的22%。②而在两年后,也就是2002年发布的评估报告中,通过归化

---

① 第二次世界大战以后,在爱沙尼亚,无论是在俄语学校还是在爱沙尼亚语教育机构,爱沙尼亚语越来越不受重视。苏联部长会议于1978年10月31日颁布第835号令,规定要大力提高"民族学校"中俄语教学的数量和质量。1978年12月19日爱沙尼亚共产党中央政治局发布一项秘密政令,即105号文件,规定从法律上确认俄语在爱沙尼亚全国享有优先权,并宣布俄语是唯一能够积极参与社会生活的工具,要求教师要"教育学生热爱俄语"。爱沙尼亚部长会议于1979年7月8日颁布了大批政令文件,如关于幼儿园俄语教学的建议(第367—K号建议),关于进一步改进俄语教学的决议(第713—K号决议)等等。1983年4月28日爱沙尼亚教育部会议通过了一项新的教学计划,限制使用和讲授爱沙尼亚语,要求在爱沙尼亚学校中也要优先讲授俄语。因而,从1940年并入苏联以后,爱沙尼亚语的社会地位和声望在不断下降,其社会功能在不断萎缩。而爱沙尼亚独立之后的语言立法,不仅仅在于变更主体民族语言在社会生活各个领域中的劣势地位,其真正目的,在于依据民族或民族语言的属性来变更上层社会中的政治权力。见:周庆生.魁北克与爱沙尼亚语言立法比较,《外国法译评》,1999年第1期,第93、94、97页。

② 见:2000 Regular Report From The Commission On Estonia'S Progress Towards Accession,p18,载欧盟官方网站 http://ec. europa. eu/enlargement/archives/pdf/key_documents/2000/es_en. pdf,2009年4月4日查询。

程序获得爱沙尼亚国籍的人数仅增加了 4718 名。①在 1998 年至 2005 年欧盟发布的 5 次评估报告中,加快归化速度,一直是欧盟对爱沙尼亚提出的要求,但似乎并未起到多大作用。按照上述归化入籍速度,要使所有非爱沙尼亚族人通过归化程序获得国籍,至少要 40 年。这意味着很多人恐怕在有生之年都将作为外国人在自己曾经生活过几十年的地方度过余生了。这种限制少数民族,主要是针对俄罗斯族的法律制度,在拉脱维亚独立之后表现尤为突出。拉脱维亚甚至为通过归化程序获得国籍的少数民族规定了每年 2000 名的人数限额,而后于 1994 年迫于来自多方,尤其是来自欧洲议会、欧洲安全与合作会议以及美国、俄罗斯的压力而放弃。②

爱沙尼亚和拉脱维亚在独立后,拒绝像立陶宛那样,自动给予非爱沙尼亚族居民公民身份,而是以语言考试等手段,要求这部分居民通过法定的归化程序申请国籍。这部分居民的多项权利也受到限制。俄罗斯政府对此进行了强烈的批评。俄罗斯政府希望通过诉诸基本人权来获得西方的支持,以期达到两个目的,即自动授予所有居民以公民权和俄语成为第二官方语言,但这都没有实现。1992 年 9 月,俄罗斯曾呼吁建立一个由联合国主导的国际组织来调查爱沙尼亚和拉脱维亚针对以俄罗斯族为主的少数民族的严重歧视行为。③ 1993 年 6 月,俄罗斯甚至切断了对爱沙尼亚的天然气供应,以表示对其"粗暴践踏少数民族,尤其是俄罗斯族居民

---

① 2002 Regular Report on Estonia'S Progress Towards Accession,p. 30,载欧盟官方网站 http://ec.europa.eu/enlargement/archives/pdf/key_documents/2002/ee_en.pdf,2009 年 4 月 7 日查询。

② Steven Erlanger,Latvia Amends Harsh Citizenship Law that Angered Russia,载 New York Times,1994 年 7 月 24 日,http://www.nytimes.com/1994/07/24/world/latvia-amends-harsh-citizenship-law-that-angered-russia.html? scp=5&sq=Russian%20population%20in%20Latvia&st=cse,2009 年 4 月 5 日查询。

③ Thomas L. Friedman,Russian Appeals To U. N. To Safeguard Minorities,New York Times,1992 年 9 月 23 日,载 http://www.nytimes.com/1992/09/23/world/russian-appeals-to-un-to-safeguard-minorities.html? scp=13&sq=Russian%20population%20in%20Estonia&st=cse,2009 年 4 月 5 日查询。

人权"的愤怒,并称之为另一种形式的"种族隔离"。①而西方国家中虽有一些评论家对于这些波罗的海国家的上述举措颇有微词,但没有任何官方的对俄罗斯政府的支持。②欧洲安全与合作会议(CSCE)1993 年年度报告认为,经过该组织负责少数民族事务的高级委员对这三个波罗的海国家的多次考察,并未发现在这三个国家,尤其是爱沙尼亚和拉脱维亚有针对俄语使用者的歧视现象。③1994 年,该组织少数民族事务高级委员多次访问了爱沙尼亚以及该国东北部俄语使用者聚集的区域。在考察了这些区域后,该高级委员建议爱沙尼亚延长非公民注册的最后期限并简化登记程序,同时还表示将对改进爱沙尼亚语培训项目提供国际支持,以帮助那些非公民居民获得足够的爱沙尼亚语语言知识来通过归化程序。④可见,尽管俄罗斯政府认为此类举措侵犯了这些国家的少数民族人权(其中大部分是俄罗斯族),但欧洲安全与合作组织并不这样认为。主要原因是,在西方学者看来,目前并没有关于公民权及国籍归化的国际公约,如何规定完全取决于主权国家。在他们看来,即使在西欧,既有很容易就能获得公民权的国家,也有限制很严以至于公民权很难取得的国家。因此不能认为爱沙尼亚和拉脱维亚如此规定等同于剥夺人权。⑤显然,无论是欧洲安全与合作组织,或者是一些西方学者,在某种程度上,他们都将1940 年爱沙尼亚并入苏联后移居至爱沙尼亚和拉脱维亚的俄罗斯族等

---

① Celestine Bohlen, Russia Cuts Gas Supply to Estonia in A Protest, *New York Times*, 1993 年 6 月 26 日, http://www.nytimes.com/1993/06/26/world/russia-cuts-gas-supply-to-estonia-in-a-protest.html? scp＝5&sq＝Russian％20population％20in％20Estonia&st＝cse, 2009 年 4 月 5 日查询。

② Ozolins, Uldis. The Impact of European Accession upon Language, Policy in the Baltic States. *Language Policy* 2003(2):217—238.

③ 欧洲安全与合作会议(后改名为欧洲安全与合作组织)年度报告:Annual Report 1993 On Csce Activities, pp.9—10,载该组织官方网站 http://www.osce.org/publications/sg/1993/11/14120_288_en.pdf,2009 年 4 月 4 日查询。

④ Annual Report 1994 on Csce Activities, p.14,载欧洲安全与合作组织官方网站 http://www.osce.org/publications/sg/1994/11/14119_287_en.pdf,2009 年 4 月 4 日查询。

⑤ Ozolins, Uldis. The Impact of European Accession Upon Language, Policy In The Baltic States. *Language Policy* 2003(2):222.

其他非拉脱维亚族居民视为外国人。但这显然难以令这些少数民族接受。①在欧盟委员会看来,俄罗斯在 1945 年以后鼓励俄罗斯族向这一区域移民的政策,是造成这种大量俄罗斯族居民没有公民身份的主要原因,因此主要责任在俄罗斯一边。②因此,不难理解俄罗斯和西方为什么对这一问题看法如此不同,以及欧盟为什么在语言政策方面对爱沙尼亚和拉脱维亚有这样的宽松态度。

  基于以上分析,本书认为,欧盟将自由、民主、对人权的尊重和实行法制作为自己的基本原则,③在东扩过程中对于候选国少数民族权利(包括语言权利)给予关注并提出了一些要求是必然的。但是,出于历史以及现实的考虑,尤其是扩大联盟的需要,欧盟没有就少数民族语言权利这一议题向相关国家施加过太大的压力。欧盟的评估及要求更多的是显示其对民主、人权的尊重以及对这些国家少数民族权利的关心,对这些国家民族语言政策的实际影响其实非常有限。

---

  ① 以 Aleksandra C. Matrosova 为例,1944 时,她 18 岁,作为一名护士,她随同苏联红军的拉脱维亚旅来到拉脱维亚并在此定居。到 2002 年时,她已经 76 岁。虽然她在拉脱维亚生活了 58 年,但她在拉脱维亚独立后失去了国籍。类似她这样的俄罗斯族人可以以"非公民"的身份在拉脱维亚生活,但其选举权以及担任公共职位的机会受到限制。截至 2002 年初,通过归化程序获得公民身份的仅有 55000 人,其余 523000 人,绝大部分是俄罗斯族人,仍然没有获得公民身份。语言是这些非爱沙尼亚族人获得公民身份的最大障碍。Steven Lee Myers, Latvia Struggles to Include People of Its Soviet Past, *New York Times*, 2002 年 8 月 4 日。http://www.nytimes.com/2002/08/04/world/latvia-struggles-to-include-people-of-its-soviet-past.html? scp=2&sq=Russian+population+in+Latvia&st=nyt, 2009 年 4 月 5 日查询。

  ② 欧盟委员会: Agenda 2000—Commission Opinion on Estonia's Application for Membership of the European Union, p. 18. 该文件于 1997 年 7 月发布。载欧盟官方网站 http://ec.europa.eu/enlargement/archives/pdf/dwn/opinions/estonia/es-op_en.pdf, 2009 年 4 月 6 日查询。

  ③ 见《欧洲联盟条约》序言第 4、5 段。载《欧洲共同体条约集》,戴炳然译,上海:复旦大学出版社,1993 年,第 381 页。

第 7 章 欧盟的语言教育政策

7.1 欧盟语言教育政策的演变

语言教育政策是语言政策的重要内容之一。在有着多种不同语言的国家,语言教育政策决定着哪些语言将优先得到使用,以及何种语言将作为全国通用语加以推广。在多民族国家,语言教育政策无疑会涉及不同民族之间的相互关系。目前,欧盟并不是一个主权国家,这一基本特性决定共同体虽然有适用于共同体各机构的语言政策,但并没有适用于规范各成员国的语言教育政策。欧盟基础条约中并无关于语言教学的具体要求,《欧洲共同体条约》第 126 条仅原则性规定:

> 1. 共同体通过鼓励成员国之间的相互合作并采取支持措施致力于提高成员国的教育质量,完全尊重其教学内容、教育体系以及文化与语言多样性。2. 共同体将致力于发展联盟层次上的教育,尤其是通过对成员国语言的教学及传播来实现。①

因此,语言政策,包括外语教育政策是各成员国的内政,共同体不能通过立法的形式以条例、指令或者决定来进行调整。通过提出建议及意见,对成员国的语言教育政策提出指导性要求,是共同体对这一领域施加影响的主要途径。因此,或许用"外语教育指导意见"来表示欧盟的外语教育政策要更合适一些。另外,共同体机构也可以通过发布相关决议来督促成员国在语言教育领域采取相关措施。共同体机构自身也可组织相关活动来实现其特定意图。

---

① 见《欧洲共同体条约集》,戴炳然译,上海:复旦大学出版社,1993 年,第 145 页。

从 1957 年欧洲经济共同体成立至今,共同体的官方语言从原来的 4 种增加到 24 种。对此,欧盟的一个基本观点是:平等的语言政策是欧洲联盟必须要坚持的基本原则。随着一体化的不断深入,特别是 1986 年《单一欧洲法令》的签署,建立统一大市场、实现人员及资本跨国界的自由流动,成为一体化的新目标。① 1992 年底实现上述目标的法律框架基本完成。在此基础上,《欧洲联盟条约》于 1993 年 11 月开始生效,成为欧洲一体化进程中新的里程碑。然而,成员国不同的官方语言,无疑成为一体化进程中人员流动及相互交流的障碍。体现欧盟官方语言平等政策的机构多语机制无助于解决这一难题。因此,虽然共同体一直对成员国的外语教育给予关注,② 如欧洲议会先在 1983 年,后又在 1984 年及 1988 年三次通过关于在欧共体积极开展外语教学和传播的专项决议,③ 共同体委员会早在 1990 年就开始实施与外语教学有关的项目。如 1990 年,Lingua 项目(语言能力提升项目)开始执行,此外其他与语言学习密切相关的项目还包括 Socrates 项目(大学研究人员及教师之间的合作),Erasmus 项目(大学学生交换)等。仅 Lingua 项目从 1990 年至 1994 年就资助了 7000 名成员国语言教师的在职培训,并有多达 33000 名教师参与交换项目,④ 而且此类语言能力提升项目一直都在实施。但本书认为,此类项目对外语学习的关注局限于组织相关的语言教学活动,并没有对成员国的外语教学提出明确的政策性指导意见。欧共体转变为欧洲联盟

---

① 共同大市场核心部分的各种基本自由包括:雇员迁徙自由(成员国的每个公民都可以在其他成员国中寻找工作)、开业自由(独立经营者或公司可以在其他成员国开业经营、提供商品及服务)、服务业自由(可以向在其他成员国居住的客户提供服务)、资本自由(跨界的资本流动和支付往来自由)。[德]贝娅特,科勒 & 康策尔曼,托马斯.《欧洲一体化与欧盟治理》.北京:中国社会科学出版社,2004 年,第 57 页。

② 例如,欧洲议会分别于 1983 年、1984 年和 1988 年三次通过关于在欧共体积极开展外语教学和传播的专项决议。傅荣.论欧洲联盟的语言多元化政策.《四川外语学院学报》,2003 年第 3 期,第 111 页。

③ 傅荣.论欧洲联盟的语言多元化政策.《四川外语学院学报》,2003 年 5 月第 3 期,第 111 页。

④ 见 Final Report from the Commission, on the Implementation of the First Phase of the Community Action Programme Leonardo da Vinci (1995—1999), p. 26, 载欧盟官方网站 http://ec.europa.eu/education/leonardo-da-vinci/doc/evaluation/leo1rep_en.pdf, 2010 年 2 月 16 日查询。

后,尤其是 1995 年以后,共同体在坚持官方语言平等政策、维持机构多语机制的同时,开始更加重视联盟公民的外语学习,突出个人多语能力,这是欧盟语言政策的显著变化。这一变化是与一体化不断深化,联盟超国家性不断增强密切联系的:机构多语重在体现共同体机构对成员国及其公民的适应,而个人多语既有助于公民适应不断深入的欧洲一体化进程,也有利于共同体机构多语机制提高工作效率。

本书认为,共同体外语教育政策开始形成于 1995 年:该年 3 月 31 日欧盟理事会部长会议通过的《关于在联盟教育体系提升外语教育及推进外语教育多样性的决定》与 6 月 27 日欧盟委员会发布的《关于教育和培训的白皮书》,标志着共同体开始形成了明确、一贯的外语教育指导思想。下面对这两个重要文件的主要内容做一简要概括。

《决议》提出,应以合适的方式,在联盟的教育体系中显著地提升公民的联盟语言知识,以发展联盟公民的交际能力并确保所有成员国的语言及文化得到尽可能广泛的传播。为此,联盟将采取措施鼓励成员国语言教育的多样化,使学生在基础教育和高等教育阶段有机会掌握联盟的若干种语言。这些措施将涉及普通教育和职业教育的所有层次,包括高等教育,同时尊重高等教育的自主性。决定特别指出,"联盟的语言学习及教育应当多样化……在所有的成员国,学生应有机会在义务教育阶段至少连续两年接受两门不同于母语之外的联盟语言的教学,该教学应以掌握特定的语言技能为目的,而不局限于一般性介绍。以何种技能作为目标,达到什么程度,如何测试,由各成员国自主制定"。报告同时指出,"应采取措施,增加那些小语言的教学"。报告最后建议"欧盟委员会支持成员国为达到上述目的而采取的措施并每三年对各成员国及欧盟在支持语言教育方面取得的进步进行评估"。[①]

《白皮书》决定根据欧盟理事会和欧洲议会的建议将 1996 年作为"欧洲终身学习年",并将学习掌握三种欧洲语言作为其五个主要目标之一。

---

① 根据决定原文翻译及整理,原文见 Council Resolution of 31 March 1995 on Improving and Diversifying Language Learning and Teaching Within the Education Systems of the European Union,载欧盟官方网站 http://eur-lex.europa.eu/LexUriServ/LexUriServ.do? uri=CELEX:31995Y0812(01):EN:HTML,2007 年 11 月 25 日查询。

《白皮书》认为:"欧盟公民从无国界单一市场受益的前提条件是必须掌握多种共同体语言,并且同时具备适应在不同文化环境下工作和生活的能力。而语言是了解不同民族的关键所在,熟练掌握多种语言,了解其文化的丰富及多样性,以及由此而获得的欧洲公民之间的相互理解,有助于形成欧洲归属感。"《白皮书》建议,"外语学习应从学前教育开始,在小学教育中应系统进行,并在中学开始学习第二门共同体外语"。《白皮书》认为,掌握两门共同体外语十分重要,这一重要性体现在两个方面,"一是它构成联盟公民综合文化发展的重要因素,二是它是一种优势,这一优势无论是在本国就业还是在联盟其他成员国就业都能得到体现"。①

上述两个文件明确提出的联盟公民学习母语之外其他两种联盟语言及语言教学多元化,成为共同体关于成员国语言教学指导性意见的两条核心内容。在此基础上,通过一系列文件,共同体逐渐形成了比较具体的外语教学指导性原则。下文将对其做一简要分析。

1997年9月16日,欧盟理事会通过了《关于从低年龄开始学习联盟语言的决议》。《决议》第一部分在重申坚持联盟官方语言平等原则的同时,认为应寻求"既能维护联盟文化及语言多样性,又能促进联盟多元语言使用的途径",而"从低年龄开始学习外语可能会有助于实现这两个目标"。《决议》第二部分要求成员国在各自政治、法律、财政以及教育和培训体系的框架下,使语言学习多元化,鼓励各成员国制定语言教育规划,从低年龄开始学习除母语之外至少一门联盟语言,并进行相互合作。《决议》第三部分要求欧盟委员会支持各成员国从低年龄开始学习其他联盟语言的努力并协调成员国在这一领域合作。②

2000年3月,欧盟在西班牙里斯本召开特别首脑会议,会议制定了欧盟21世纪最初10年的发展规划,即"里斯本战略",目标是使共同体经济成为世界上最具竞争力、充满活力、以知识为基础的经济体,在提供更

---

① 根据白皮书原文翻译及整理,原文见 White Paper on Education and Training,载欧盟官方网站 http://ec.europa.eu/education/doc/official/keydoc/lb-en.pdf,2007年11月25日查询。
② 根据决议原文翻译及整理,决议原文 Council Resolution of 16 December 1997 on the Early Teaching of European Union Languages,载欧盟官方网站 http://eur-lex.europa.eu/LexUriServ/site/en/oj/1998/c_001/c_00119980103en00020003.pdf,2009年5月2日查询。

多、更好的就业机会和在增强社会凝聚力的基础上实现可持续的经济增长,而外语技能则被列为知识经济中一项重要的基本技能。2002年2月14日,欧盟理事会部长会议通过了《关于在落实2001年欧洲语言年[①]目标框架下促进语言多样性和语言学习的决议》。决议指出"掌握多种语言知识是每一个联盟公民有效参与欧洲知识社会的基本技能,因而能促进一体化进程并有利于社会融合……从文化角度来看,所有欧洲语言都是具有同样宝贵的价值,它们都是欧洲文化与文明不可或缺的组成部分"。决议建议各成员国,"考虑到公众多样化的需求以及促进欧洲范围内的合作以及流动性,采取合适的方式为学生提供学习除母语之外两门外语的机会"。并且这两门外语的选择"应当尽量多样化,例如包括相邻国家或地区的语言"。决议建议欧盟委员会"支持成员国执行落实决议中的相关建议,并于2003年上半年之前提出促进语言多样性和语言学习的行动方案"。[②] 而欧洲议会也在2001年语言年即将结束之时,于2001年12月13日通过了《关于地区性及较少使用的欧洲语言的决议》,呼吁共同体采取措施,促进联盟的语言多样性及语言学习。

外语学习也引起了欧盟成员国首脑的关注。2002年3月15日至16日,欧盟理事会首脑会议在西班牙巴塞罗那召开,会议明确提出:"建设具有竞争力的经济体系要以知识为基础……要提高对基本技能的掌握,特别是从小就学习至少2门外语,从2003年开始建立联盟语言能力指标评

[①] 2000年7月17日,欧洲议会和欧盟理事会通过决议,指定2001年为欧洲语言年。其目的是提高公民对于联盟内语言和文化多样性及其所体现的文明价值的认识,确认所有语言具有平等的文化价值,并尽可能使更多的公众认识到掌握多种语言在个人就业、跨文化交流以及充分利用作为联盟公民所享有的各种权利等方面的优势,促进外语学习。在该活动年,将组织以语言为主体的多种活动,包括在共同体层面以及各成员国组织各类以语言为主体的会议,组织各类比赛、网络互动等。该活动由欧盟与欧洲理事会共同组织,因此,欧盟成员国之外的其他欧洲国家也可参与该项活动。自2001之后,每年的9月26日为欧洲语言日。该决议原文见Decision No 1934/2000/Ec Of The European Parliament and of the Council of 17 July 2000 on the European Year of Languages 2001,载欧盟官方网站 http://eur-lex.europa.eu/LexUriServ/LexUriServ.do? uri=OJ:L:2000:232:0001:0005:EN:PDF,2009年4月22日查询。

[②] 根据决议原文整理:Council Resolution of 14 February 2002 on the Promotion of Linguistic Diversity and Language Learning in the Framework of the Implementation of the Objectives of the European Year of Languages 2001,载欧盟官方网站 http://eur-lex.europa.eu/LexUriServ/site/en/oj/2002/c_050/c_05020020223en00010002.pdf,2007年11月25日查询。

估体系……"①这是欧盟首次在最高首脑会议明确这一目标,标志着共同体对成员国外语学习的基本指导思想已经确定。

从上述分析可以看出,欧盟委员会、欧盟理事会(包括部长理事会及首脑理事会)以及欧洲议会都非常关注联盟范围内的语言学习与教育。其基本观点可以归结为三个方面:

- 强调联盟内所有成员国语言的平等性及其所体现的文化价值,认为语言与文化多样性是欧洲的宝贵财富;
- 强调外语学习在促进联盟经济发展及一体化过程的重要作用,对联盟公民个人发展的有利作用以及对社会融合、形成共同归属感的促进作用;
- 强调除母语外,学习两门外语以及外语语种选择多元化的必要性。

上述第一点内容是共同体自1957年成立以来一直强调的,而第二、第三点内容是在1995年之后逐渐明确并成为共同体外语教学的主要指导原则。

作为共同体的行政机构及具有立法创议权的欧盟委员会对欧盟外语教学指导原则的形成有着重要的影响。2002年11月13日,欧盟委员会发布了《促进语言学习与语言多样性的咨询报告》。在报告的第一部分,欧盟委员会提出,"多种民族、多样文化及语言的欧洲民族国家正在建立一个欧洲联盟。这一联盟是在平等交流和尊重传统的基础上,由具有不同历史的民族国家相互尊重、面向共同未来建设的新家园。在维护每一个民族国家的独特性以及多样性的同时,建设一个和谐相处的共同家园意味着其公民需要掌握多种语言技能,以便能够相互有效沟通,从而增进相互理解"。该报告就联盟如何采取进一步措施促进联盟范围内语言学习与语言多样性提出建议并向其他欧盟机构、相关组织以及成员国及地方政府征求意见及建议。②事实上,这一咨询报告是欧盟委员会为落实

---

① 见决议原文 Presidency Conclusion, Barcelona European Council 15 and 16 March 2002, p. 20,载欧盟官方网站 http://ue.eu.int/ueDocs/cms_Data/docs/pressData/en/ec/71025.pdf, 2007年11月25日查询。

② 根据咨询报告原文翻译及整理,原文 Promoting Language learning and Linguistic Diversity—Consultation,载欧盟官方网站 http://ec.europa.eu/education/languages/pdf/doc308_en.pdf,2009年4月18日查询。

2002年2月14日欧盟理事会部长会议在其通过的《关于在落实2001年欧洲语言年目标框架下促进语言多样性和语言学习的决议》中提出的,要求委员会于2003年上半年之前提出促进语言多样性和语言学习行动方案的筹备措施。

在听取了各方意见及建议之后,欧盟委员会在2003年7月24日发布了《2004—2006年度促进语言学习及语言多样性行动计划》。[①]这一计划是欧盟委员会为促进欧盟范围内语言学习及语言多样性的一项纲领性文件。《行动计划》导言第三部分规定了欧盟机构及欧盟成员国在促进语言学习及语言多样性方面各自所要承担的工作:"成员国政府在推进语言学习方面承担主要责任",而欧盟的责任主要是"支持并补充成员国的举措。其主要任务是通过协调合作与交流帮助成员国提高教育质量和发展职业教育,并开展适合在联盟层次上进行的工作"。[②] 按照这一原则,《行动计划》第一部分对成员国在幼儿园、小学、中学、大学各阶段如何促进语言多样性与语言学习均给出了建议。[③] 该部分也对促进成员国外语教学需要关注的各个环节,包括外语教师培训(例如以外语进行课程教学)、外语能力测试等均提出建议。该计划的第二部分主要是2004—2006年期间将在联盟层次上开展的总数达47类以促进语言学习与多语使用为目

---

① 行动计划原文 Promoting Language Learning and Linguistic Diversity: An Action Plan 2004—2006,载欧盟官方网站 http://ec.europa.eu/education/doc/official/keydoc/actlang/act_lang_en.pdf,2007年11月25日查阅。

② 欧盟在促进共同体语言多样性及语言学习的主要举措之一是资助与教育、培训及文化领域与语言学习有关的项目,主要包括"苏格拉底"和"达·芬奇"项目。欧盟每年投入超过3000万欧元资助这两个项目。2000—2002年间,苏格拉底项目资助包括:(1)1601个联合语言项目,涉及58500名中小学生及6500名教师;(2)2440个语言助教项目;(3)18个针对语言教师的培训研究及课程研究;(4)16563名外语教师在职培训;(5)为3632名大学学生开设了小语言强化课程;(6)以提高成人语言能力为目的的38个伙伴学习项目以及2个合作项目;(7)33个语言学习方法及测试手段研究项目;(8)15个旨在提高联盟公民语言学习意识并为其提供语言学习机会的项目。在同一时期,达·芬奇项目资助了:750名外语教师国外在职培训;56个以职业培训语言学习及在岗语言学习为对象的研究项目;5个语言技能认证方法研究项目;4个企业语言使用现状调查项目;120000个跨国语言交换及学习。以上见该行动计划导言第三部分。

③ 例如,计划建议,在中学,外语学习可采用将学习内容与语言学习结合起来的方法,即要求学生以外语为媒介学习一门课程。报告认为这将十分有利于实现联盟的语言学习目标,因为这将为学生提供使用他们新学语言的机会,而不仅仅是为了以后的使用而学习某种语言。参见《行动计划》第一部分。

的的项目,这些项目在短期内就有明显收效。①欧盟委员会认为,这些项目同各成员国的努力结合起来,将会在促进语言学习与多语使用方面发挥积极作用。

上述行动计划是共同体在 2001 年欧洲语言年之后,欧盟促进语言学习与多语使用的重要步骤。这一行动计划与以往共同体资助语言学习项目的不同之处在于,该计划就各个教育阶段外语教育政策对成员国提出系统建议,并支持开展在各个教育阶段针对外语教学各个环节,包括教师发展及教学评估的研究项目。可以认为,这一行动计划的实施,标志着共同体开始着力推进外语学习及外语学习多样性。行动计划执行时段到期后,委员会对该计划的执行情况于 2007 年 11 月 15 日发布了评估报告。报告认为:委员会及成员国在落实行动计划各项任务方面取得了非常显著的进步,各项任务在规定时间内均基本完成或接近完成。通过实施该计划,促进语言学习、语言多样性及多语使用在政治层面的重要性。

可以认为,1995 年至 2003 年,共同体外语教育原则已基本形成。而《2004—2006 年度促进语言学习及语言多样性行动计划》的实施,则是共同体推行其外语教育原则的第一次重大行动。《行动计划》的三项主要任务体现了共同体外语教育原则的基本内容,包括:

① 终身语言学习,包括从小学甚至学前开始"1 门母语+2 门其他语言"的教学,并将语言学习贯穿于小学、中学、大学及成人教育各个环节,力求将更多语种纳入外语学习计划;

② 提高语言教学质量,在教学方法研究、语言教师培训、增加语言教师数量、建立"欧洲语言能力指标测试"(the European Indicator of Language Competence)等方面开展工作;

③ 构建语言友好型社会,尊重语言多样性。

---

① 这些项目主要是在联盟范围内开展的以促进语言教学为宗旨的各种研究项目,涵盖从小学到大学各个阶段,包括语言教师发展、多种类型的外语课程设计、各类学习者的教学方法、语言测试等等。总预算约为 830 万欧元。

7.2 共同体语言教学政策推进分析

虽然共同体形成了明确的外语教育政策,但由于没有基础条约的授权,迄今为止,共同体没有通过任何条例、指令或决定要求成员国实施共同体的外语政策教育。共同体只能通过相关的决议、公告,组织相关的语言学习、研究、评估活动,以及加强对外语学习重要性的宣传来强化成员国及公民的多语意识及语言学习意识,并以此来影响成员国的外语教育政策。共同体在其机构职责设置方面也体现这种意图。本书拟从机构设置、重要行动计划及语言评估及测试三个方面对共同体机构在2003年7月24日发布并实施《2004—2006年度促进语言学习及语言多样性行动计划》之后推动其外语教育政策的努力做一梳理。

7.2.1 机构设置

1999年9月—2004年11月普罗迪(Prodi)担任欧盟委员会主席期间,负责教育与文化总司委员的工作范围包括了促进语言学习与语言多样化。从2004年11月1日开始,以巴罗佐(Barroso)为主席的新一届欧盟委员会开始履职,原来的教育与文化总司改名为教育、培训、文化及多语使用总司,显示出对推进多语使用的重视。2007年1月1日,保加利亚和罗马尼亚成为欧盟成员国,上述工作职责范围有所调整:教育、培训、文化及多语使用总司改名为教育、培训、文化及青年总司,新成立了多语使用总司,罗马尼亚委员伦纳德·奥本成为第一个负责多语使用的委员。①

对于多语使用总司这一部门的工作内容,欧盟委员会在2007年2月23日发布的公告《推进多语的政治进程》的前言部分做了说明,并对其

---

① 以上内容根据欧盟官方网站 http://ec.europa.eu/archives/commission_1999_2004/index_en.htm 及 http://ec.europa.eu/commission_barroso 相关网页内容整理,2009年5月3日查询。

2007年的工作进行大致描述：①

> 创立于2007年1月1日的多语使用总司以及该工作部门反映出促进语言使用多样性在欧盟基础教育、终身学习、经济竞争性、就业、公正、民主以及安全方面的重要性。语言多样性是联盟的基本现实，而欧盟委员会致力于维护并促进这一重要特征。因而这一部门的主要任务是通过促进多语使用提升联盟的经济竞争能力及经济成长性，提高就业水平，推进终身学习及不同文化背景的公民对话，同时通过与公民的多语交流培育联盟政治对话空间。②

这一部门设立以后，有关推进语言学习及语言多样性的政策宣传、活动组织、相关研究得到明显加强。例如，2005年1月至2006年12月两年间，多语使用与教育、培训、文化等由一位委员负责，在这两年间，其网站与推进语言多样性及语言学习等直接相关的媒体报道、新闻发布等约为14次。相比之下，2007年1月至2008年12月两年间多语使用总司网站的媒体报道、新闻发布等多达133次，多语使用委员伦纳德·奥本在各类场合发表的正式讲话达70余次。③ 从2007年1月1日至2009年12月间多语使用总司共发布新闻及媒体报道各80余次，多语使用委员伦纳

---

① 公告原文：A Political Agenda for Multilingualism，见欧盟官方网站 http：//ec. europa. eu/commission_barroso/orban，2007年11月25日查询。

② 欧盟委员会教育与培训总司（education and training）的任务是在教育与培训领域推进和提升终身教育，其部分工作内容也与语言教学直接相关。欧盟的语言学习项目 Lingua 以及包含语言学习内容的苏格拉底计划（Socrates）及达·芬奇计划（Leonarrdo Da Vinci）均由该部门负责。与教育与培训总司的工作相比，多语使用总司的任务更突出强化共同体成员国、机构（包括企业）及公民的多语意识，促进多语使用，促进语言学习。

③ 这些活动主要包括在欧盟层次和各成员国组织的有关语言学习及教学、推进外语学习多元化、欧盟社会、经济发展与外语之间的关系研讨、各类语言技能竞赛活动，旨从多语言化角度增大向欧盟机构的透明度。多语使用委员伦纳德·奥本讲话则主要涉及外语学习及多语技能对欧盟在经济发展、文化认同等方面的重要性或介绍欧盟及成员国在推进外语学习与语言多样性方面取得的进展。根据欧盟官方网站 http：//ec. europa. eu/commission_barroso/figel/ 及 http：//ec. europa. eu/commission_barroso/orban 相关内容整理，2009年5月4日查询。

德·奥本在各种场合发表正式讲话 120 余次。①新闻发布主要以伦纳德·奥本的活动报道为主,同时包括多语使用总司的活动及报道、各类针对提升多语能力的研究报告及欧盟委员会关于推进多语能力建设的公告等等。而伦纳德·奥本的 120 余次讲话包括了以下四个重点主题:

1. 发展多语能力有利于联盟公民个人的发展、就业、行使民主权利,有利于欧洲一体化的不断深化;

2. 企业注重提升雇员多语能力有助于提升企业竞争力;

3. 语言多样性是联盟的财富,尊重语言多样性是联盟的一贯原则;

4. 联盟机构提升机构多语能力将更好地服务公民。

除了以上机构职能及设置变化外,2006 年 9 月 20 日,委员会决定成立一个多语使用高级专家小组,由委员会负责多语使用的委员兼任其负责人,主要任务是开展针对推进多语使用的研究并向委员会提供相应的政策建议。②多语总司成立后,欧盟委员会又于 2007 年 11 月成立了多语与商业论坛,这一专家小组的任务是探讨提高企业多语能力的方法,以帮助其进入新的市场。③

可见,上述行政机构职能及设置调整后,委员会在促进多语使用方面的工作得到显著加强。而两个专家小组也通过发布相应的研究报告,为

---

① 多语使用总司网站的日常信息公布包括三项主要内容,多语使用委员伦纳德·奥本讲话、新闻发布及媒体报道摘录。前两项内容由多语使用总司发布,第三项内容为多语使用总司摘自一些新闻媒体及网站的有关多语使用总司工作的报道。由于第三项内容和前两项有重复,且相当部分为英语之外的其他语种,因此本书主要通过统计前两项内容来分析多语使用总司的工作。分析依据为多语使用总司网站。见:http://ec.europa.eu/commission_barroso/orban/news/,2010 年 2 月 19 日查询。

② Commission Decision of 20 September 2006 Setting up the High Level Group on Multilingualism,载欧盟官方网站 http://eur-lex.europa.eu/LexUriServ/site/en/oj/2006/l_263/l_26320060923en00120013.pdf,2009 年 5 月 3 日查询。该高级专家小组于 2007 年 6 月 29 日宣布成立,见 Group of Intellectuals to Advise the European Commission on the Contribution of Multilingualism to Intercultural Dialogue,载欧盟官方网站 http://ec.europa.eu/commission_barroso/orban/news/archive_2007/news_en.htm,2009 年 5 月 4 日查询。

③ 英语原文为:The Business Forum for Multilingualism。该专家小组负责人是前欧委员会副主席,并曾任比利时国务大臣的 Viscount Etienne Davignon,他同时也是著名的政治家和企业家。见:European Commission-Focus-Languages Mean Business! 载欧盟官方网站 http://ec.europa.eu/education/languages/Focus/doc1460_en.htm,2010 年 2 月 26 日查询。

委员会的多语政策提出建议并起到宣传作用。虽然欧盟委员会在发布这两份研究报告时,称报告并不一定代表欧盟委员会的观点,但这两份报告实际上肯定了共同体自 2005 年以后在语言政策领域的新举措,并为共同体以后发布的相关文件,例如公告、决议及行动计划提供了依据。例如,2007 年 9 月,欧盟委员会发布了多语使用高级专家小组的研究报告[1],报告前言第一部分标题为"致力于建立联盟的多语政策",对共同体多语政策的演变做了简要概括:

> 自从《罗马条约》以来,多语使用一直是共同体政策、立法与实践的一部分。早期的多语使用仅指共同体机构的语言机制,包括共同体机构与成员国官方及公民沟通的语言政策……
>
> 自 1992 年《马斯特里赫特条约》以来,加强语言学习及提升个人多语能力,同时强调语言多样性成为欧盟教育政策重要的基石之一……外语学习不仅有利于公民个人,而且对于实现里斯本战略提出的经济发展和社会融合目标有着特别重要的意义。
>
> 多年来,欧盟没有寻求为与多语使用相关的不同条例、政策、实践建立一个连贯而系统的政策框架。根据巴罗佐(Barroso)主席的决定,多语使用成为欧盟委员会一名委员的工作职责,其任务是在教育、文化、口译、笔译及出版方面促进多语使用。这标志着欧盟连贯、系统的语言政策的发展。

报告其余部分就如何改进语言学习策略、利用媒体促进语言学习以及多语对于企业的重要性等进行了分析并提出建议。

而多语与商业论坛专家小组于 2008 年 7 月 11 日发布的研究报告则认为面临来自亚洲和拉丁美洲新兴经济体的竞争,欧洲中小企业可能会失去其竞争力,因为这些新的经济体正在快速提升其外语技能。报告认为促进多语使用,仅仅学习英语是远远不够的。报告建议各成员国政府通过正式及非正式途径开展多种语言的学习并对企业如何提高多语使用

---

[1] 见 Commission of the European Communities High Level Group on Multilingualism: Final Report,载欧盟官方网站 http://ec.europa.eu/education/languages/pdf/doc1664_en.pdf,2009 年 4 月 18 日查询。

提出建议，呼吁欧洲公司在其最高管理层重视语言问题。① 这份研究报告发布时，多语使用委员伦纳德·奥本对其做了评论，他强调指出公司应通过多语使用获得竞争优势，这将是委员会 9 月即将公布的多语新战略的重点之一。②

不过，在巴罗佐（Barroso）担任欧盟委员会主席的第二个任期（2010—2014），按照新的组成原则，每个成员国只能有一人在欧盟委员会担任委员。因此，本届欧盟委员会只有 28 名委员（包括主席），与上届 34 名委员相比，减少了 6 名。或许是出于这一原因，本届欧盟委员会没有设立多语使用总司，而是设立了教育、文化、多语及青年总司，由一名委员负责，现任委员为塞浦路斯人 Androulla Vassiliou。其"多语"方面的工作目标与上届欧盟委员会中多语使用总司基本一致：

> 语言学习与使用在职业及社交方面都非常有帮助，同时有助于人们接纳文化多样性——这一欧洲不可或缺的宝贵财富。我们不但必须支持 23 种欧盟官方语言，还应当支持欧洲 60 余种地区及少数群体语言。我的主要任务之一是推进从较小年龄开始学习语言。我们的目标是每一名欧盟公民在其母语之外，至少能够讲 2 门外语。③

7.2.2 重要行动计划

欧盟委员会于 2005 年 11 月 22 日和 2008 年 9 月 18 日分别发布的《促进多语使用的新战略框架》和《多语社会：欧洲的财富与共同的责

---

① 根据原文整理。Recommendations from the Business Forum for Multilingualism Established by the European Commission，见欧盟官方网站 http://ec.europa.eu/commission_barroso/orban/docs/companies_work_better_with_languages/davignon_en.pdf，2010 年 2 月 28 日查询。

② 原文见：Multilingualism：Europe Losing "War of Competences."，载，European Report 14-JUL-08，http://www.accessmylibrary.com/coms2/summary_0286-35158471_ITM，2009 年 4 月 18 日查询。

③ My Policy Priorities. 见欧盟官方网站 http://ec.europa.eu/commission_2010—2014/vassiliou/about/priorities/index_en.htm，2014 年 3 月 12 日查询。

任》①是继《2004—2006年度促进语言学习及语言多样性行动计划》之后，欧盟在外语教育方面两份纲领性文件。以下对这两份文件做一简要分析。

《促进多语使用的新战略框架》分为导言、多语社会、多语经济、委员会与公民关系中的多语性以及结论等五个主要部分。② 在其导言一开始，委员会称"发布这份新战略框架的目的是：显示委员会对于促进欧盟范围内多语使用的决心，着手制定委员会促进欧洲社会、经济及委员会自身多语使用战略，并根据这一战略提出了一系列促进多语使用的具体行动计划"。导言第一部分强调了尊重语言多样化是联盟的核心价值观。导言第二部分则对"多语使用"这一概念做了明确解释。③第二部分"多语社会"着重从促进联盟范围的语言学习及多语使用研究两个角度进行了论述，并表明委员会将采取具体措施推进"多语社会"。④第三部分"多语经济"则着重论述了公民掌握多种语言对于联盟单一市场的重要性以及

---

① 原文见：Multilingualism: An Asset for Europe and a Shared Commitment，载欧盟官方网站 http://ec.europa.eu/education/languages/pdf/com/2008_0566_en.pdf，2009年4月18日查询。

② 本节对该战略框架的分析依据原文：A New Framework Strategy for Multilingualism，载欧盟官方网站 http://europa.eu/languages/servlets/Doc? id=913，2007年11月25日查询。

③ 根据这一解释，"多语使用"（multilingualism）既指一个人可以使用多种语言进行交流的能力，也指不同语言交流在同一地理空间并存这一现状。在这一战略框架文件中，"多语使用"指委员会一个新的政策领域，其目的是促进联盟范围内形成有助于所有语言自由表达的氛围，并在此基础上繁荣多种语言教育与语言学习。

④ 促进联盟范围内的语言学习，主要围绕2002年3月巴塞罗那欧盟理事会首脑会议提出的"母语+两门外语"这一目标展开。共同体对于多语研究则主要包括两方面的内容，一是信息技术开发项目，即通过新信息与通讯技术的开发来克服语言交流障碍，包括：提高翻译人员效率的技术工具（如翻译记忆库、在线词典及在线翻译）；质量可靠、可对特定领域文献进行半自动化互动翻译的翻译系统；翻译质量稍差但可进行全自动翻译的智能系统以及语音识别、合成、对话系统。二是人文社会科学研究项目，指在社会包含与排斥、认同、政治参与、文化多样性及跨文化理解等研究中与语言相关的研究项目。这些研究项目包括语言多样性、地区性语言、移民及少数族群语言。委员会针对"多语社会"的行动计划主要包括：与成员国合作，实施语言能力指标评估体系；研讨分析并提出建议，改进语言教师发展方式；在2006年发布关于早期外语教育的最佳实践模式，通过"终身学习项目"支持有关高等教育多语使用研究并在多语使用及跨文化交际领域设立教授职位；继续通过教育、培训、青年、公民及文化等项目来支持语言教学及语言学习；探讨如何通过新的综合性"终身学习计划项目"来推进语言多样化网络，等等。

委员会针对"多语经济"的行动计划。①第四部分"委员会与公民关系中的多语性"首先论述了"多语使用"对联盟的重要性:"欧盟的立法同其公民直接相关,因而,从欧盟的民主合法及透明公开这一基本要求出发,欧盟公民应该能够以自己的语言与联盟机构进行沟通、阅读联盟法律并参与欧洲项目,而不受到任何语言障碍的影响",委员会将采取一系列的行动来促进这一目标的实现。②

可以看出,《新战略框架》里关于语言教学及研究的各类安排,与《2004—2006年度促进语言学习及语言多样性行动计划》基本一致。但与《行动计划》相比,《新战略框架》突出强调了"多语使用",并明确指出,推进多语使用是共同体一个新的政策领域,而《行动计划》的目的是推进语言学习及语言多样性,重点是语言学习。《新战略框架》则将推广多语使用放在第一位,宣称其目的是:

① 鼓励语言学习及促进语言多样化;
② 促进形成一个健康的多语经济;
③ 使所有欧盟公民能以自己的语言接触联盟的立法、工作过程及

---

① 委员会认为,联盟公民掌握多种语言,不仅有助于实现联盟单一市场劳动力的自由流动,而且有助于公民作为消费者购买及消费商品,同时可方便公民参与联盟范围内的多语公众媒体生活。而委员会针对"多语经济"的行动计划,则主要包括下列内容:在2006年发布共同体有关语言技能缺乏对欧洲经济影响的研究成果;2006年在网上公布语言认证评估体系;研究如何通过使用电影以及电视对白字幕来更好地促进语言学习;公布供欧盟各机构使用的多语术语数据库以供任何有需要的个人使用;在2006年组织一次大学翻译人才培养学术会议;开始建立能体现欧洲文化遗产、具有多文化背景及多语言环境的数字化图书馆;协调欧洲范围内在人类语言技术、机器翻译以及创立语言数据库方面的工作并使之适应欧洲的语言环境特点(例如研究重点之一为多语应用体系及翻译体系的质量),等等。

② 委员会计划展开的行动包括:通过内部网络要求共同体所有机构在多语政策方面具有连贯性;继续提升欧盟官方网站的多语性及出版的多语化;设立欧盟语言入口网站,提供欧盟多语信息并为语言学习者及语言教师提供网络支持;更好地发挥成员国翻译办公室的作用,以推进多语使用,尤其要充分发挥功能将委员会的信息转化为当地公民易于接受的语言形式;在成员国举办多语使用高层论坛,目标对象为新闻记者及其他媒体人员;继续提供经费支持大学会议口译教学,支持远程学习并为学生提供奖学金及实习训练机会;继续支持针对公共管理、商业及公民服务的成本效益优化的多语会议及沟通工具;支持会议口译及会议管理两项欧洲硕士课程,提升合作水平,汇集专家意见并推广这一领域的先进经验;继续全力参与年度国际语言、文献及出版大会;继续提供大学翻译硕士标准课程并通过翻译人员协助培训学生;在会员国组织国际翻译大赛,以推广语言知识及语言专业;等等。

信息。

可见,《新战略框架》所提出的多语使用是双向的,既有"母语＋两门外语"语言学习目标及对外语语种多样化的要求,这一任务的承担主体是成员国及公民,其目的是促进公民个人多语;又有共同体机构对公民的承诺:使所有欧盟公民能以自己的语言接触联盟的立法、工作过程及信息,这一任务的承担主体是共同体机构。显然,《新战略框架》这一变化是要着力体现共同体对于语言多样性的尊重。此外,与《行动计划》相比,《新战略框架》另一特点是对教学研究、教学方法提出了更为具体的指导。

而于 2008 年 9 月 18 日发布的《多语社会:欧洲的财富与共同的责任》,[1]则更多地强调了多语对于公民个人发展、提高企业竞争力以及社会融合的作用。在其第一部分序言中,报告认为,欧盟委员会从 2008 年 7 月 2 日启动的《新社会行动纲领》[2]意味着未来在欧盟:

① 人人都应有机会进行适当的交流以实现自己的潜力,并最大程度地利用欧盟所提供的各种机会。

② 人人都应有机会接受适当的语言培训或其他有助于实现交流的手段以避免因语言障碍而影响其在欧盟的生活、工作和交流。

③ 为实现联合及团结,那些即使不能学习其他语言的公民也应享有适当的交流手段以使他们能适应多语环境。

第二部分标题为"一个更大、更加多样化的欧盟所面临的挑战",指出了实现上述 3 个目标面临的挑战:

---

① 以下分析依据原文:Multilingualism: An Asset for Europe and a Shared Commitment,载欧盟官方网站 http://ec.europa.eu/education/languages/pdf/com/2008_0566_en.pdf,2009 年 4 月 18 日查询。

② 《新社会行动纲领》的主要目标是:1. 创造更多更好的就业机会,并致力于推动劳动力的流动性,尊重文化多样性和努力消除种族歧视及排外,以确保所有人都能发挥其潜力;2. 提供平等的机会,所有联盟公民都有权接受高质量的教育,享受社会保护及医疗,以克服由于个人起点不同而导致的不平等;3. 展示联盟团结,不同区域、不同富裕程度的成员国都有推进团结的责任,团结意味着采取行动帮助需要帮助的人,意味着促进社会融合和一体化进程(见第三部分)。报告的其余部分就实现上述目标成员国和共同体分别应承担的任务进行了说明。原文见:Renewed Social Agenda: Opportunities, Access and Solidarity in 21st Century Europe,载欧盟官方网站 http://eur-lex.europa.eu/LexUriServ/LexUriServ.do? uri=COM: 2008: 0412: FIN: EN: PDF,2009 年 5 月 8 日查询。

当今欧洲社会需要面对因全球化、技术进步和老年人口不断增加所带来的快速变化。欧洲人口越来越大的流动性是这种变化的一个重要标志——大约有 1000 万欧洲人在联盟另一个成员国工作。越来越多的人与其他国家的同行进行交流,在其他国家生活及工作的人数在不断增加。这一趋势在欧盟最近的扩大后进一步被加强了。欧盟人口已达 5 亿之多,包括了 27 个成员国,3 种字母体系以及 23 个官方语言……尽管这种语言多样性的增加有其有益和丰富的一面,但若缺乏合理的政策,这种多样性变成为一种挑战:不同文化人群之间的交流隔阂会因此增加,从而加大社会隔阂。掌握多种语言技能的群体将更容易获得更好的生活及工作机会,而那些仅仅掌握一门语言的人则会失去这些机会。这种多样性也会妨碍联盟公民及公司充分利用单一市场提供的机会,也可能削弱其竞争能力。它也会成为欧盟内部各成员国跨国行政合作的障碍,并降低地方服务,如医院、法院、就业中心等的工作效率。

基于以上分析,报告在第三部"目标"中指出:

欧盟及其成员国应当"让公民更多地了解欧盟语言多样性的价值和及其机会,鼓励他们克服跨文化交流的障碍"。而关键途径则是要实现巴塞罗那欧盟首脑会议的目标——公民能够用母语及另外两门外语进行交流。应付出更多努力使欧盟所有公民能够实现这一目标。

报告其余部分围绕实现上述目标欧盟及成员国应当承担的工作进行了描述。第四部分标题为"促进跨文化对话和社会融合的多语社会"。其基本观点是:要尊重所有语言,随着流动性的增大和移民的不断增加,掌握多种语言是成功融入社会的必备条件,因而非母语使用者要将所在国的官方语言包含在自己"一门母语＋两门外语"的语言学习计划当中。为有助于上述目标的实现,欧盟委员会将借助现有的相关项目举办与语言学习及语言多样性有关的宣传活动使公民进一步认识到语言多样性和语言学习对于跨文化交流的有利作用;通过欧洲语言能力指标测试以及欧洲晴雨表的语言能力调查来评估公民的语言技能;协调成员国交流经验,培训并相互交流法律口译及笔译人才并开发特定翻译工具以帮助公民使用文献,从而有助于促进社会公正。而成员国则要依据共同体《单一市场服务指令》的相关要求,在跨国服务中使用多种语言;①同时帮助那些非本国母语使用者接受该语言培训课程。报告第五部分题目为"多语促进繁荣"。报告认为:多种语言并存这一现实也可能成为欧盟企业的一个优势。那些使用多语的公司证明在语言多样化、语言及跨文化交流技能方面的投资可以转化为经济财富并对参与各方都带来益处。一些欧洲语言在世界其他地区及国家被广泛使用,从而成为宝贵的商业交往与交流工具,掌握多种语言,有助于获得更好的就业机会。因而,为了提升欧盟企业的竞争力,欧盟委员会将

> 促进学生、学徒、工人及企业管理人员的流动性,宣传有关语言技能同企业创新能力相互联系的研究成果,创立一个永久平台协助企业、社会及商会组织收集相关信息进行交流。而成员国则要重视并研究在正规教育之外学习语言技能的办法,鼓励贸易促进组织在针对中小企业开展相关活动时将语言技能培训包括在内,并采取具体措施支持欧盟的人员流动性计划。

报告第六章题目"终身学习",报告重申了委员会在2003年7月24日发布的《2004—2006年度促进语言学习及语言多样性行动计划》以及2005年11月22日发布的《促进多语使用的新战略框架》中关于语言学习的要求,即尽早开始学习外语及外语学习多样化,各成员国应当在这一方面继续做出努力。报告对目前外语学习大多选择英语,且在将近一半的成员国,学生没有机会学习第二外语表示遗憾。委员会决定:

---

① 该指令于2006年12月颁布,旨在2010年之前在欧盟真正创立单一的服务市场。其序言第48条规定,为方便其他成员国服务业从业者,成员国应提供一站式行政手续办理中心以简化登记及其他审批手续。指令第7款第6条规定,成员国及欧盟委员会应当采取相应措施鼓励一站式行政手续办理中心以其他共同体官方语言提供服务,而这同成员国关于语言的立法并不冲突。指令第44款第1条规定,各成员国必须在2009年12月28日之前,制定并实施相应的法律规定及行政法规以适应该指令的要求。该指令原文见:Directive 2006/123/EC of the European Parliament and of the Council of 12 December 2006 on Services in the Internal Market,载欧盟官方网站 http://eur-lex.europa.eu/LexUriServ/LexUriServ.do? uri=OJ:L:2006:376:0036:0068:EN:PDF,2008年5月8日查询。

"通过欧盟项目支持在终身学习、教师与学生流动、语言教师培训及学校伙伴计划中支持多种语言教学,并支持针对不同群体的教学研究及改革;总结多语推进中外语教学方面的成功实践经验并向各成员国推荐"。委员会建议各成员国"向所有人提供能够学习官方语言和另外两门语言的机会;向学习者提供多种语言选择,以便学习者能够选择学习适合当地需求的语言;加强对语言教师及其他同语言教学相关人员的培训;促进语言教师的流动性以提高他们的语言技能及跨文化交流技能"。

报告第七章题目为"媒体、新技术以及翻译",报告认为"媒体、新技术、人工或自动翻译服务会使联盟中的多种语言及文化更加贴近公民,克服语言障碍,能够帮助公民、公司及成员国政府利用单一市场及全球化经济所带来的机遇"。报告随后对委员会及各成员国在开发面向多语语言技术、利用媒体促进多语学习方面各自应当承担的工作进行了描述。例如,报告提到,各成员国要同相关各方一起,通过媒体促进多语使用,尤其是要支持电影字幕标注以及文化产品在欧洲的传播。报告的第八章为"多语使用的外部因素",这里的外语因素指欧盟以外的其他国家。欧盟的核心目标是,要充分利用在第三国使用的欧盟语言的潜力,通过交流教学方法及实践,促进欧盟语言在其他国家的教学以及非欧盟语言在欧盟国家的教学。报告第九章就如何实施做了详细描述。报告第十章说明将在 2012 年全面评估本计划的实施情况。

归纳以上分析,可以认为,上述三份文件是共同体自 2003 年外语教育政策确定后来欧盟在促进外语教学和多语使用的宣传纲要和行动计划。三份文件,既连贯一致,又各有重点,体现了共同体在外语教育和多语使用领域的政策发展。在指导理念上,《2004—2006 年度促进语言学习及语言多样性行动计划》主要指出了联盟公民学习"母语+两门外语"的必要性;《促进多语使用的新战略框架》则进一步明确了多语使用的主体包括公民个人、共同体机构以及各成员国政府;而《多语社会:欧洲的财富与共同的责任》更多地突出了多语在促进公民个人发展、提高企业竞争力以及增强社会融合方面的作用。

7.2.3 语言相关调查及测试①

(1) 语言能力与语言教学调查

自 2000 年以后,欧盟委员会组织了 3 次欧盟公民语言能力调查,②并组织编写了多部分析成员国中小学外语教育现状的专题报告。语言能力调查的数据由研究人员实际调查获得,专题报告的数据主要从相关统计数据收集、整理。在有关欧盟中小学现状调查中,就学科内容而言,只有外语教育现状调查与具体教学内容有关,可见欧盟对外语教学的关注。③如分别简要说明如下。

表 7.1 欧盟公民语言能力调查报告

版本	数据收集时间	数据收集范围	发布时间
2001 版④	2000/11—12	欧盟 15 个成员国	2001/2
2006 版⑤	2005/11—12	欧盟 25 个成员国,2 个候选国(保加利亚、罗马尼亚)	2006/2
2012 版⑥	2012/2—3	欧盟 27 个成员国	2012/6
主要内容		针对 15 岁以上公民,包括其外语能力、外语语言种类选择意向(第一及第二外语)、外语实际使用、外语学习途径、外语学习方法、外语学习动机、对外语学习的看法,等等。	

---

① 事实上,在共同体有关语言教学的行动计划中,语言相关调查及测试也是其内容之一。鉴于语言相关调查及测试在语言教学中的特殊重要性,因此本书单独对其进行分析。

② 实际上主要是指外语能力调查,但由于某些调查项目,如统计欧盟成员国中德语使用人口时,既包括了德语的母语使用者,也包括了非母语(外语)使用者,因此称为语言能力调查。已经完成的两次欧盟语言能力调查均作为欧洲晴雨表民意调查的一部分进行。由于欧洲晴雨表民意调查是共同体一项常规开展的工作,所以此项语言能力调查未来也应按常规进行。

③ 其他调查都不涉及具体教学内容,如 Key Data on Teachers and School Leaders, Key Data on Education in Europe, Key Data on Learning and Innovation through ICT at School in Europe 等。见欧盟官方网站 http://eacea.ec.europa.eu/education/eurydice/key_data_en.php,2014 年 3 月 14 日查询。

④ 报告原文:Europeans and Languages (Eurobarometer 54 Special),February 2001,http://ec.europa.eu/education/policies/lang/languages/barolang_en.pdf,2007 年 11 月 25 日查询。

⑤ 报告原文:Europeans and Languages (Special Eurobarometer 243),February 2006,http://ec.europa.eu/public_opinion/archives/ebs/ebs_243_en.pdf,2007 年 11 月 25 日查询。

⑥ 报告原文:Europeans and Their Langauges (Eurobarometer 386 Special),June 2012 http://ec.europa.eu/public_opinion/archives/ebs/ebs_386_en.pdf,2014 年 2 月 3 日查询。

表 7.2　欧盟中小学外语教育主要数据

版本	数据主要来源	数据收集范围
2005 版①	Eurydice 2002/2003 Eurostat 2001/2002	欧盟 15 个成员国
2008 版②	Eurydice 2006/2007 Eurostat 2005/2006	欧盟 27 个成员国,3 个 EFTA/EEA 国家（冰岛、列支敦士登、挪威）,1 个欧盟候选国（土耳其）
2012 版③	Eurydice 2010/2011 Eurostat 2009/2010	欧盟 27 个成员国,3 个 EFTA/EEA 国家（冰岛、列支敦士登、挪威）,2 个欧盟候选国（克罗地亚、土耳其）
主要内容	针对中小学校,包括:学校语言多样性分析,主要指教学语言和家庭语言不同的情况及应对措施;外语课程在课程体系中的地位,包括开始学习外语时间、外语课时安排、两门外语开设情况、课程与语言学习结合方法使用情况;外语语种选择情况;外语教师的基本教育及资格,等等。	

从以上可以看出,欧盟公民语言能力调查始于 2000 年,而针对欧盟中小学外语教育状况调查分析始于 2005 年。从这两个时间节点开始这两项工作有其内在原因:自 1995 年之后,共同体对成员国外语教育的关注程度明显加大,并开始提出明确的外语教育政策,2002 年 3 月欧盟理事会巴塞罗那首脑会议进一步将"母语＋两门外语"确定为联盟的语言教育方针。上述语言能力调查及中小学外语教育现状分析,有助于共同体了解相关现状与进展。由于几乎所有分析指标都有按成员国国别的统计、分析及比较,且向所有成员国和全社会公开,因此调查结果既可以帮助成员国了解自身及其他成员国外语教育现状,同时在某种程度上可作为对成员国政府的一种督促手段。

---

①　报告原文:Key Data on Teaching Languages in Europe (2005),Eurydice,2005. http://eacea. ec. europa. eu/resources/eurydice/pdf/0_integral/049EN. pdf,2009 年 5 月 10 日查询。
②　同上。
③　报告原文:Key Data on Teaching Languages in Europe (2012),Eurydice,2012. http://eacea. ec. europa. eu/education/eurydice/documents/key_data_series/143EN. pdf,2014 年 3 月 14 日查询。

本书认为,上述调查还可能起到另外一种重要的作用,即了解并公开民意,作为共同体机构制定语言政策的依据。例如,《欧盟公民语言能力调查报告》(2006版)结论部分第10条的标题是"欧盟公民支持委员会多语政策原则",主要内容为:

- 84%的公民认为欧盟每一公民应能使用母语之外的其他一种语言;
- 72%的公民认同联盟内所有语言应得到平等对待;
- 50%的公民支持每一名联盟公民应当懂得母语之外其他两种语言。

此外,民意调查的某些结论可作为共同体调整语言政策的依据,以提高成员国及公民对共同体的认同度。例如在本书4.4.2案例2中,欧洲议会于2008年11月20日通过一项决议,认为即使理事会主席网站不能实现以所有欧盟官方语言提供多语服务这一理想目标,但在减少语言种类时应当有客观、透明、可操作的理由,但至少要用那些最常用的语言。事实上,此处"最常用语言",权威的确定标准应当就是这类语言能力调查结果。本书第4章第4节分析了欧盟官方语言平等政策面临的挑战,即若干大语言,也就是上文的最常用语言,在机构多语机制中更受青睐并且这一做法似乎有逐渐被默认的倾向。本书认为,小语言使用者及成员国之所以可能默认大语言的"优势地位",主要原因或许是大语言的优势地位并不是这些语言的母语使用者决定的,而是欧盟大部分公民的民意决定的。

上述"欧盟公民语言能力调查报告"及"欧盟中小学外语教育主要数据"是欧盟委员会在欧盟范围内定期常规开展的两项主要大型调查。此外,欧盟委员会也组织一些大型的专题调查。[①]

(2) 语言测试

针对特定的语言教学建立并开展常态化的语言测试有利于相关教学要求的落实。在开展语言测试方面,共同体和欧洲委员会一直保持着密切合作,《欧洲语言共同参考框架》是其重要成果,并于2001年由欧洲委员会正式出版发行。《共同框架》全面介绍了外语学习者使用外语交际必

---

① 例如,2007年的《欧盟联盟外语教育多样性报告》(英语原文为 The Diversity of Language Teaching in the European Union Final Report)以及2009年的《欧洲联盟中学高年级生人均学习外语分析》(英语原文为 Foreign Languages Learnt Per Pupil in Upper Secondary Education)等。

须学习的内容,详细列出了外语学习者具备有效的言语行为所必须掌握的知识和能力,其中包括语言的文化因素。《共同框架》还为外语水平规定了等级,便于学习者在每一个学习阶段和结束时检测自己的外语水平。而且,共同框架就外语教学目标、教学内容和教学方法做了统一明确的规范描述,这将增加欧洲范围内外语课程、教学大纲和结业证书的透明度,有利于在外语教育领域开展国际合作,制定评估语言能力的客观标准,还便于相互承认在不同国家取得的结业证书。这同促进全欧范围内人员流动自由的目标是一致的。①

事实上,这一工作可追溯到1967年。当年,欧洲委员会在英国语言学家J. L. Trim和其他一些学者的指导下启动了"现代语言项目",其主要指导原则是确立语言入门级别,如在另外一个国家最基本的生存级语言技能到融入级语言技能。不同级别的确立不是建立在词汇、语法的学习上,而是以交际能力为标准。这在当时具有创新意义。1975年,在欧洲委员会的直接推动下,《欧洲语言学习基本标准颁布》。欧洲委员会进一步发展了这一外语语言知识标准并在其基础上制定了《欧洲语言共同参考框架》以及《欧洲语言档案手册》。外语语言知识分为6级:A1—A2、B1—B2、C1—C2,分别为初学阶段、独立阶段、精通阶段,从而在全欧洲统一了语言测试的标准。欧盟成员国在学校体系和资格证书方面也采纳了这一语言标准。因此有专家认为,就语言问题而言,欧洲委员会实际上是欧盟的智囊库。②

不过,《欧洲语言共同参考框架》以及《欧洲语言档案手册》虽然为全欧洲在外语教学领域设立了一个共同参照基础,但毕竟不针对某一具体语言测试,也难以体现共同体"母语+两门外语"的外语教育指导思想。从相关文献来看,早在1995年,共同体机构就在考虑建立一个适用欧盟范围,由各成员国负责实施的语言能力测试,以便更有针对性地了解成员国外语教学现状,体现其"母语+两门外语"的语言教育指导原则。分析

---

① 1. 傅荣,王克非. 欧盟语言多元化政策及相关外语教育政策分析.《外语教学与研究》,2008年第1期,第14—19页。2. 欧洲委员会文化合作教育委员会编写. 刘骏,傅荣主译.《欧洲语言共同框架:学习、教学、评估》. 北京:外语教学与研究出版社,2008年。

② Balboni,Paolo E. Transition to Babel: the Language Policy of the European Union. *Transition Studies Review* 2004(3):161—170.

共同体机构和成员国在推进建立这一测试体系的努力,不难得出以下结论:在语言教育领域,共同体机构主导的各类活动,如"Lingua"及"Erasmus"等项目基本可以按照计划在预定的时间内完成。但能力指标测试体系的建立及实施则最终要依托各成员国,其进展就相对缓慢多了。以下对这一工作的进展做一简要分析:

1995 年 3 月 31 日欧盟理事会部长会议通过的《关于在联盟教育体系提升外语教育及推进外语教育多样性的决定》与 6 月 27 日欧盟委员会发布的《关于教育和培训的白皮书》都曾提及要建立语言测试体系。《决定》在第三部分"学生语言技能测试"中指出:

> 设计并建立常态化的经验交流机制,并在合适的情况下研究建立以共同指标为基础、针对不同层次语言教学的学生语言技能测试,有利于欧盟联盟的语言教学获得更好的实际效果。这一工作应与欧洲委员会及其他国际机构密切合作,为每一成员国提供分析其外语教学质量的客观标准………

根据部长理事会的上述决议要求,《白皮书》在第 48 页也提出:

> 建议共同体支持建立测试体系(包括具体的质量指标)以及质量保证体系,并涵盖共同体语言教学使用的方法和材料。

而 2002 年 3 月 15 日至 16 日欧盟理事会巴塞罗那首脑会议也肯定了这一思路,会议公告第 18 页明确提出从 2003 年开始建立语言能力指标体系。

从 2003 年开始,共同体机构有关外语教育的行动计划都包括了建立这一测试体系的相关工作。委员会 2003 年 7 月 24 日颁布的《2004—2006 年度促进语言学习及语言多样性行动计划》在其第 6 部分"语言技能测试"对建立这一语言测试体系有了更为明确的思路和具体的工作安排:将在 2005 年和 2006 年在欧洲联盟成员国中选取一定数量的学生在义务制教育结束时进行语言测试,为建立新的语言能力指标收集数据。但在委员会 2007 年 11 月 15 日发布的该行动计划实施完成总结报告中,并未明确说明上述工作是否完成,只是笼统说明(第三页第三段)"委员会已经开始该项工作"。[①] 从 2006 年 5 月 19 日召开的欧盟教育部长理事会

---

① 报告第 3 页第 3 段。见:Report on the Implementation of the Action Plan "Promoting Language Learning and Linguistic Diversity",COM(2007) 554 final du 25.9.2007.

关于这一工作的讨论和对委员会提出的要求来看，上述工作并未如期进行。①

根据这次欧盟教育部长理事会会议提出的要求，委员会于 2006 年 10 月 26 日成立了语言能力指标专家小组。《语言能力指标初步框架设计》②报告于 2007 年 4 月 13 日公布，其中第二部分对能力指标框架内容做了说明，该部分最后就这一工作进展提出要求：由委员会负责开发语言调查量表，技术工作将于 2007 年 3 月开始，以便从 2009 年一开始就能举行测试。③

---

① 这次成员国教育部长会议在讨论建立欧洲语言能力指标测试时，建议成员国应尽快依据《欧洲语言共同参考框架》建立这一体系，并要着重考虑以下因素：1. 应通过在欧盟范围统一实施的语言测试和在每一成员国选取具有代表性的目标人口，来获取关于第一及第二语言能力指标的数据；2. 考试分数应以《欧洲语言共同参考框架》为基础；3. 由于尊重语言多样性是欧盟的核心价值观，因此这一能力指标应以欧盟所有以外语来学习的官方语言知识的数据为依据。但为了可操作性，在第一轮的数据收集过程中，首先考虑在欧盟被广泛以外语学习的语言；4. 成员国将自主决定测试哪些官方语言；5. 能力指标将评估 4 种输出性及输入性语言。但为便于操作，在第一轮数据收集过程中，将包括三种最常被测试的语言技能，即听力、阅读以及写作。部长理事会建议委员会尽早为此成立一个专家工作小组，该小组由每一成员国的 1 名代表和 1 名欧洲委员会的代表组成。该工作小组将在技术细节方面为委员会提供建议，并协助成员国开展工作。该工作小组的任务还包括为该项工作建立一个时间表，并提出测试的具体项目及实施办法。以上见：Education Council ： Ministers Call for a European Indicator of Language Competence. Publication：European Report Publication Date：23－MAY－06，载 http://www.accessmylibrary.com/coms2/summary_0286－15698124_ITM，2009 年 4 月 20 日查询。

② Framework for the European Survey on Language Competence，COM(2007) 184 final.

③ 第二部分的主要内容包括：
调查将在专家工作小组的协助下，由共同体委员会和各成员国密切合作予以实施。

拟被列入测试的语言：欧盟官方语言中最常被列入第一及第二外语教学的语言，即英语、法语、德语、西班牙语、意大利语。那些计划开展上述 5 种语言之外的其他语种测试的成员国将会得到测试的基本结构设计。委员会将适时采取措施，以确保在下一轮调查中将欧盟所有官方语言包括在内；

测试包括的语言技能：在第一轮数据收集中，测试将针对阅读理解、听力理解、写作这三种技能。在以后的调查中，委员会将适时将第四种技能，即口语技能列入测试范围；

参照框架：调查将依据《欧洲语言共同参考框架》的技能级别分类，包括其中的 A1 到 B2 级别；

需要收集相关数据：将针对学生、教师、学校校长及政府机构设计调查问卷，以收集相关信息，以便分析可能影响学生语言能力的因素，为语言学习、教学方法及课程建设提供帮助；

参与调查测试的对象：从统计学角度来说，参加调查测试的对象应包括初中阶段最后一年的在册学生。但如果在初中阶段没有学习第二外语，则对象为高中阶段第二年的在册学生。将依据科学方法取样，确保样本可靠且不同国家之间有可比性；

测试手段：将同时采用计算机测试及纸介质测试。

2008年9月18日欧盟委员会在发布多语政策新行动纲领《多语社会:欧洲的财富与共同的责任》的同时,就语言能力指标测试工作制定以下计划:①

2008年:开发和举行试验性测试,收集有关如何在参与测试国家建立该国协调机构的建议;

2009年:在第一季度发布试验性测试中期研究报告,并开发测试试题;

2010年:于2月—3月进行试验性测试,然后对测试进行微调;

2011年:于2月—3月进行测试,随后进行数据分析及评估;

2012年:提交初步分析结果并完成测试结果全部项目分析。

根据欧盟官方网站的相关信息,上述工作计划已基本完成。2011年春季,欧盟对14个成员国大约53000名学生进行了第一次语言能力测试,包括阅读、听力及写作能力。收集的相关数据将用于建立"欧洲语言能力指标"(European Benchmark of Language Competence initiative)。根据欧盟委员会的工作计划,第二次语言能力测试将于2016年进行。② 这里对本次语言能力测试的基本概况简述如下:

测试对象涉及16种不同学校体系中的53000名学生,分别来自初中最后一年及高中第二年。测试针对三种语言技能:听力、阅读及写作,涉及英语、法语、德语、意大利语及西班牙语五种语言。每一名学生将测试上述三种语言能力中的两种,并填写个人背景问卷。所测试的语言能力级别介于《欧洲语言共同框架》A1(初学阶段初级水平)至B2(独立阶段高级水平)。学生所在学校的校长及语言教师也要填写背景问卷。测试方式包括纸质测试及计算机测试,听力及阅读测试均为30分钟。初级及中级写作测试为30分钟,高级水平写作测试及学生问卷为45分钟。因此,一名学生的总测试时间,包括

---

① Commission Staff Working Document Accompanying Document to:The Multilingualism:An Asset For Europe and a Shared Commitment,pp.7-8. SEC(2008)2443.

② 见欧盟委员会官方网站:http://ec.europa.eu/languages/policy/strategic-framework/evidence-base_en.htm,2014年4月9日查询。

填写问卷,为 105 分钟或者 120 分钟。①

7.3 欧盟语言教育政策影响评估

7.3.1 "母语＋两门外语"推进情况

从 7.1 及 7.2 的分析可以看出,在外语教育方面,自 1995 年以来,共同体逐渐明确了其"母语＋两门外语"的外语教育指导原则,并通过多种途径试图影响成员国的外语教育。由共同体机构自身主导的相关语言活动,如语言学习、语言研究等大致能按计划进行,但这类活动对于实质性推进其"母语＋两门外语"的外语教育指导原则作用有限。针对"母语＋两门外语"这一语言教育目的而设计的语言能力指标测试,假若能够在所有成员国定期举行,其参加对象为所有规定年级的中学生,理应会更有利于促进共同体语言教育指导思想在各成员国的落实。这里需要说明的是,欧盟委员会只是共同体的行政机构,并不能按照自己的设想推进这一测试工作。如 7.2 所述,所有关于这一测试工作的原则性建议和框架性要求均由共同体主要的立法机构——欧盟理事会——提出,委员会事实上只是执行机构。然而,尽管欧盟理事会首脑会议和部长理事会都一直赞同开展这一工作,但这并不代表所有成员国都对其十分认可。如英国就对这一体现"母语＋两门外语"语言教育思路的能力指标测试持怀疑甚至反对态度。②也有学者质疑"母语＋两门外语"语言教育政策的可操作性,认为学生缺乏学习第二外语的动机,这虽然仅仅是针对瑞典学生的分

---

① European Commission, First Survey on Language Competence, Technical Report, pp. 4
—5. 见欧盟委员会官方网站: http://ec. europa. eu/languages/policy/strategic-framework/documents/language-survey-technical-report_en. pdf,2014 年 4 月 9 日查询。

② 英国政府认为,英国政府将认真考虑是否要参加这一测试体系。欧盟没有权力要求英国学生参加这一测试,如果欧盟强制成员国参加,英国政府将会强烈抵制。因为英国在限制增加学生学业负担方面有严格的政策。英国政府认为,最重要的工作是保证所有中学毕业生熟练掌握居住国语言。外语教育的重点应当由各成员国而不是欧盟来决策。见英国议会网站: http://www. parliament. the-stationery-office. com/pa/cm200506/cmselect/cmeuleg/34 — v/3415. htm,2010 年 3 月 12 日查询。

析结论，①但不能排除在其他一些成员国也存在这种情况。2005 年欧洲晴雨表民意调查显示，成员国公民对于共同体的"母语＋两门外语"的民意支持度也并不高。7 年之后的 2012 年，对选项"欧盟每个人都应能使用母语之外的其他两门语言"的支持度有所上升，但仍低于选项"欧盟每个人都应能使用母语之外的其他一门语言"。参见下表：②

表 7.3　欧盟成员国公民外语学习态度调查

问题：请说明你倾向赞同或是倾向不赞同下列陈述

陈述内容	欧盟每个人都应能使用母语之外的其他一门语言	欧洲联盟所有语言都应得到平等对待	欧盟每个人都应能使用同一门共同语	欧盟机构应使用一种语言与其公民交流	欧盟每个人都应能使用母语之外的其他两门语言
赞同比例（欧盟 25 平均）	84％(2005) 84％(2012)	72％(2005) 81％(2012)	70％(2005) 69％(2012)	55％(2005) 53％(2012)	50％(2005) 72％(2012)

这两次民意测验，对"欧盟每个人都应能使用母语之外的其他一门语言"持赞同态度的比例均为 84％，而对"欧盟每个人都应能使用母语之外的其他两门语言"持赞同态度的比例，2005 年仅为 50％，2012 年为 72％。可见，更多的欧盟公民支持学习一门外语，而不是学习两门外语。

不过，虽然民意支持不算很高，第二外语教学在绝大部分成员国依然取得了一定进展。根据欧盟委员会的统计，除英国、爱尔兰及列支敦士登外，其余 24 个成员国在中学某一阶段课程设置中都以选修课形式提供第二外语教学。③ 但对于欧盟成员国中学阶段生均学习外语门数④是否有所增加，似乎存在着不同解读。有些统计主要以中学高年级第二外语学

---

① Cabau-Lampa, Beatrice. Mother Tongue Plus Two European Languages in Sweden: Unrealistic Educational Goal? *Language Policy* 2007(6): 333—358.

② Europeans and Languages. Special Eurobarometer 237, p. 54. http://ec.europa.eu/public_opinion/archives/ebs/ebs_243_en.pdf, 2007 年 11 月 25 日查询。Europeans and Languages. Special Eurobarometer 386, p8. http://ec.europa.eu/public_opinion/archives/ebs/ebs_386_en.pdf, 2014 年 2 月 3 日查询。

③ The Diversity of Language Teaching in the European Union Final Report, September 2007.

④ 生均学习外语门数＝（学习 1 门外语的学生人数 ╳ 1＋学习两门外语的学生人数 ╳ 2＋……）除以学生总人数。

习情况为依据,得出的结论是几乎没有任何增加。2007年4月20日,欧盟委员会负责文化与教育的高级官员Anders Hinge在欧洲语言测试协会组织的一次学术会议上发言称,从2000年至2004年,欧盟25国中学高年级生均学习外语门数仅仅从1.2增加到1.3,进展很小。①欧盟委员会对27个成员国的相关统计也显示,2001年至2006年,成员国中学高年级生均学习外语的门数没有变化,均为1.3。②

如果将中学低年级学习过第二外语的人数包括在内,情况则有所改观。欧盟委员会在2008年发布的《里斯本战略:教育与培训进展评估》③报告中称,共同体以及各成员国在推进两门外语教学方面取得明显成绩,从2000年到2005年,中学生生均学习外语门数从1.2增加到1.5。④ 报告对此做了简要分析:所有的成员国,学生至少要学习一门外语(爱尔兰、英国苏格兰地区例外)。⑤ 报告对此做了简要分析并举例进行了说明:2006年,欧盟50%的学生在中学至少学习了两门外语。在丹麦、希腊和葡萄牙,90%以上的学生在中学低年级学习两门外语;在捷克、斯洛文尼亚、斯洛伐克,90%以上的学生在中学高年级学习两门外语。从2005年至2006年,在中学低年级学习两门外语的欧盟成员国学生人数增加了4.5%。然而,上述进展距里斯本战略所设定的目标还有不小的差距。根据里斯本战略,在2006年,欧盟成员国学习两门外语的学生比例应超过70%。⑥

不过,根据欧盟委员会2012年发布的《欧盟中小学外语教育主要数

---

① Hingel, Anders. The European Survey on Language Competences and the Lisbon Objectives. http://www.alte.org/documents/sevres/ah200407.pdf,2010年3月12日查询。

② Foreign Languages Learnt Per Pupil in Upper Secondary Education, http://epp.eurostat.ec.europa.eu/statistics_explained/index.php?title=File:Foreign_languages_learnt_per_pupil_in_upper_secondary_education_(ISCED_level_3)_(1).PNG&filetimestamp=20090430100107 2010年3月12日查询。

③ Progress towards the Lisbon Objectives in Education and Training,载欧盟官方网站 http://ec.europa.eu/education/policies/2010/doc/progress08/report_en.pdf,2009年3月14日查询。

④ 见报告第89页。

⑤ 在爱尔兰,爱尔兰语教学不被视为外语教学;在英国苏格兰地区,苏格兰语教学也不被视为外语教学。

⑥ 见报告第100—101页。

据》,2010年,欧盟成员国中大约60.8%的初中学生学习了两门外语或更多,相比2005年提高了14.1%。

如果将高中阶段考虑在内,绝大部分欧盟成员国的语言教育政策都满足了"母语+两门外语"的要求。例如,大部分成员国要求学生在义务教育阶段,至少有一个学年学习两门外语;还有一些成员国,虽然学习第二外语不是必须的课程要求,但在课程设置上,给学生提供学习第二外语的条件。只有少数成员国在全日制义务教育中未给学生提供第二外语的学习机会。2010至2011年的统计结果可分为以下四类[1]:

① 必修两门外语。包括芬兰、爱沙尼亚、拉脱维亚、立陶宛、波兰、斯洛伐克、匈牙利、斯洛文尼亚、罗马尼亚、保加利亚、希腊、葡萄牙、法国、卢森堡、意大利、塞浦路斯、马耳他;

② 提供学习两门外语的课程设置。包括瑞典、西班牙、捷克、克罗地亚、比利时、丹麦;

③ 提供学习两门外语的课程设置,部分地区要求必修两门外语。包括德国、奥地利;

④ 部分地区提供学习两门外语的课程设置,或者要求必须两门外语。包括英国、爱尔兰、荷兰。

与2003至2004学年相比[2],意大利及波兰分别从第4、第3类上升为第1类;捷克从第3类上升为第2类;而荷兰却从第1类下降为第4类。但总体而言,学习两门外语这一要求,得到了更多成员国的重视。

因此,可以得出结论,共同体在推进"母语+两门外语"外语教学政策方面取得了一定的效果。

7.3.2 外语语种多样化推进情况

共同体外语教学政策的另一个目标是增加外语语种的多样性。本书

---

[1] Key Data on Teaching Languages in Europe (2012), Eurydice, 2012, pp. 34 − 36. http://eacea. ec. europa. eu/education/eurydice/documents/key_data_series/143EN. pdf,2014年4月9日查询。

[2] Key Data on Teaching Languages in Europe (2005), Eurydice, 2002, pp. 29 − 31. http://eacea. ec. europa. eu/resources/eurydice/pdf/0_integral/049EN. pdf,2009年5月10日查询。

认为,目前,共同体这一目标的实现面临挑战。

首先需要说明的是,共同体强调语言多样化是欧洲的基本特征和宝贵财富,提出了两门外语的学习要求,但尚未发现有文献对这两门外语的入选标准予以明确说明。根据本研究对相关文献的分析,两门外语的选择原则似乎有两个:

① 欧盟常用的大语言+邻国语言。这里的"大语言",包括了欧洲传统上的常用外语,如英语、法语、德语、意大利语、西班牙语等;而"邻国语言"既可实际指某一成员国邻国的官方语言,也可指单一市场中某一公民因在其他成员国工作、生活需要学习的该国官方语言;①

② 英语+欧盟范围其他大语言。这里的"其他大语言"包括了除英语之外的其他常用外语,包括法语、德语、意大利语、西班牙语等。

无论依据上述那一个原则,如果不能有效推进英语之外其他欧盟"大语言"作为公民常用外语语种②的教学,外语语种多样性目标的实现就面临困难。但根据本书的分析,成员国学生将其他欧盟"大语言"作为第一外语学习的人数比例事实上呈下降趋势。2008 版《欧盟中小学外语教育主要数据》列举了 2006 年欧盟成员国第一外语语种的分布数据。数据显示,除比利时及卢森堡之外,在所有的欧盟国家(包括英国及爱尔兰),英语都是小学阶段最常见的外语语种。从 2002 年至 2006 年,英语作为小学阶段主要外语的比例在欧盟 27 国呈逐渐上升趋势,依次为 2002 年

---

① 2008 年 1 月 31 日,欧盟委员会的一个专家顾问小组向多语使用委员 Leonard Orbanaon 就 2008 年欧洲跨文化对话年的开展提交了一份题目为 A Rewarding Challenge 的报告。报告建议联盟鼓励其公民学习第二母语,以促进跨文化交流。报告认为多语是欧洲一体化进程中非常重要的一个因素。报告认为:1.两个欧盟成员国之间的双边关系同这两个国家的语言密切相关,而不是第三种语言。因此应鼓励两个国家有一定量的人精通对方语言。2.同历史、文化及文学密切相连的第二母语应该成为每一个人中学及大学教育及职业生涯的一部分,这一语言通常不应是国际通用语言。见:"Multilingualism Group Advocates Second Mother Tongue",载 European Report,01－FEB－08,http://www.accessmylibrary.com/coms2/summary_0286－33901308_ITM,2009 年 4 月 20 日查询。这里的"第二母语",其实就是指两门外语之一。由于大语言之外其他语言的外语教学往往可能被忽视,因此这份报告的真实用意应当是希望在外语教学中重视这些语言。

② 对于掌握两门以上外语的公民来说,常用外语一般是其第一外语。因此,常用外语教学一般指第一外语教学。

(44.9%);2003 年(46.4%);2004 年(53.1%);2005 年(56.4%);2006 年(59.0%)。①

根据 2012 版《欧盟中小学外语教育主要数据》,上述趋势在 2006 年以后进一步加强,2007 年,欧盟 27 国的这一比例为 63.4%;2010 年则进一步提高为 73%。在一些欧盟成员国,以英语为主要外语的小学比例迅速提高,例如在斯洛文尼亚,2005 年至 2010 年,上述比例从 11.1% 提高为 49.0%;而波兰则从 50.7 % 提高至 88.0 %;保加利亚、捷克、斯洛伐克等都提高了 30%以上。②

由此可见,虽然欧盟一直在鼓励学校外语语种的多元化,但实际上,外语语种却显示出愈来愈集中的趋势。

首先分析 2005 年及 2000 年欧洲晴雨表公民常用外语的调查结果。调查对象均为 15 岁以上公民,包括各个年龄层,年龄最大组为 55 岁以上。由于第一外语学习一般始于小学或者中学低年级,因此 2005 年及 2000 年调查结果中的公民常用外语状况实际上主要反映了更早时间中学外语教学中第一外语语种的选择。当然,中学阶段学习的第一外语也可能因日后其他外语的学习而变为不常用外语。因此,上述调查结果大致从整体上反映了调查年之前若干年间第一外语的选择状况。根据 2005 年的调查,英语列在常用外语的首位,其使用人口比例为 34%。列在第 2—4 名的其他 4 种常用外语,所占比例为 33%,其中德语和法语之和为 23%。见下表。

表 7.4　2005 年欧盟成员国公民常用外语使用情况(欧盟 27 国平均)③

排序	1	2	3	4
语种	英语	德语	法语	西班牙语及俄语
使用人口比例	34%	12%	11%	各 5%

---

① Key Data on Teaching Languages in Europe (2008). *Eurydice* 2008:60—66.
② *Key Data on Teaching Languages in Europe* (2012), Education, Audiovisual and Culture Executive Agency. 2012, pp. 60—65.
③ Europeans and Languages. Special Eurobarometer 237-Wave 63. 4-TNS Opinion & Social. *European Commission: Directorate-General Press and Communication* 2005:4—5.

对比 2000 年的调查数据,除德语外,其余语言变化不大。而德语的变化也主要是由于欧盟东扩的缘故,因为德语在东欧尤其是匈牙利、捷克等国家有较大影响。2000 年,列在前四位的四种语言,所占总比例为 49%。见下表:

表 7.5　2000 年欧盟成员国公民常用外语使用情况(欧盟 15 国平均)[①]

排序	1	2	3	4
语种	英语	法语	德语	西班牙语
使用人口比例	33%	10%	4%	2%

可见,常用外语主要集中在英语、法语、德语、西班牙语这四种语言,虽然以法语、德语、西班牙语为第一外语的比例并不高,但这 5 年间以英语为第一外语比例也只增加了 1%。考虑到参与调查的公民年龄均在 15 岁以上。因此,这一比例基本可以反映此前若干年第一外语的选择情况。

对 2006 年欧盟成员国小学教育中第一外语语种选择的统计数据显示:2006 年,在所有欧盟 27 个成员国的小学教育中,英语作为常用外语占到了 59%,比 34% 高出 15 个百分点。而法语和德语分别为 6.1% 及 4.0%。若以国家为单位进行统计,则英语的优势更为明显:除比利时和卢森堡外,英语已经成为其他所有成员国小学教育阶段的常用外语。[②]根据 2012 年发布的调查数据,有 14 个欧盟成员国将英语列为必修外语(46 页),而英语作为常用外语占到 72%(60 页)。[③]可以预料,今后以英语为第一外语的成员国公民比例将会继续增大。除个别成员国及地区外,德语、法语等其他大语言将逐渐变为第二外语。可见,共同体在推进外语语言多样化方面,将面临挑战。

---

① Eurobarometer 54 Special Europeans and Languages, The Education and Culture Directorate-General Unit (Centre for the citizen-Analysis of public opinion) February 2001, pp. 9 —10.

② Key Data on Teaching Languages at School in Europe (2008). *European Commission* 2008:62—63.

③ Key Data on Teaching Languages at School in Europe (2012). *Education, Audiovisual and Culture Executive Agency* 2012:46—60.

第 8 章　结论

8.1　本书得出的结论

　　本书研究的基本结论是:欧盟语言政策在一定程度上具备了国家语言政策建设的特征,对欧洲集体认同有一定的促进和强化作用。具体体现在以下方面:
　　① 在欧洲一体化进程中,从最初的欧洲共同体到以后的欧洲联盟,从经济一体化到政治一体化,欧盟语言政策是欧洲集体认同形成的基础。这具体表现在:平等的官方语言政策体现了共同体的民主价值观,是第二次世界大战后欧洲一体化进程得以开始的基础,因而是欧洲集体认同形成的基础。而对成员国少数民族语言权利的尊重与保护,尤其是在欧盟东扩过程中要求候选国尊重其少数民族的语言权利,是欧盟着力体现其人权及民主价值观,构建和谐欧盟的重要举措。然而,由于其独特的政治体制,以及一体化进程的需要,欧盟对于成员国以及东扩候选国的少数民族语言权利的影响十分有限。但即便如此,这一要求也有利于欧盟彰显其民主价值观以及对少数民族权利的尊重,有利于构建和谐的民族关系,强化欧洲集体认同。
　　② 随着一体化进程的不断深入,尤其是 1992 年欧洲联盟成立之后,为强化欧洲集体认同,欧盟也在不断调整其语言政策。这种调整主要体现在:从最初的机构多语制,其特征是强调共同体机构以全部成员国官方语言为共同体公民提供服务,以体现不同成员国公民的平等,调整为原则上依然坚持机构多语,但在实际工作中更多地使用若干大语言,并开始强调提高公民的个人多语能力,提出"母语+两门外语"的语言学习指导原则并着力推进。可以认为:机构多语强调平等,目的在于获得公民对共同

体的认同；更多地依靠若干大语言则有利于提高共同体机构的工作效率；而公民多语能力的建设重在促进公民之间的相互沟通，推进不同成员国公民的流动性和公民在其他成员国就业的能力，努力实现公民跨国自由择业与生活，使联盟公民适应一体化进程，更为深刻而真实地感受到联盟的存在，这无疑有利于强化欧洲集体认同。

③ 欧盟东扩完成之后，文化及语言多样性进一步加剧。一般认为，文化及语言多样性可能会削弱一个国家的凝聚力，[①]虽然欧盟尚不是一个国家，但文化尤其是语言多样性的加剧也可能会对一体化进程产生负面影响。面对这一客观存在，欧盟在强调文化和语言多样性是其宝贵财富的同时，开始大力推进多语使用战略。这一战略包括三个核心内容：

- 维持并促进共同体的机构多语能力以便向所有成员国公民提供相应的语言服务，坚持官方语言平等原则；
- 大力推进欧盟公民的多语能力建设，提高其多语交流能力；
- 在推进"母语＋两门外语"这一战略的同时，强调外语学习的多元化，以避免英语"一语独大"，显示欧盟对所有成员国语言，尤其是一些较大语言，包括法语、德语、西班牙语、葡萄牙语、意大利语等的重视。"母语＋两门外语"的战略目标虽有一定的推进，然而效果并不明显。由于主动权在各成员国，因此能够取得多大程度的成功尚难预料。但是这一战略目标对于其他语言，尤其是上述除英语之外较大语言的尊重已经充分显现。

④ 欧盟语言政策的实质是在欧洲经济、政治与社会一体化不断深化的过程中，在尊重语言多样性的前提下，由成员国及其公民选择欧盟范围内的通用语，而尽可能减少对具体语种的政策性限制，以避免引起某一语言使用民族的不满。然而，在一体化进程在政治、社会领域不断深入这一

---

① 在缺乏单一主体民族、由多个主要民族构成的多民族国家，这种负面作用尤其明显，例如在比利时，荷语区和法语区的矛盾甚至威胁到国家的统一。2007年9月，比利时大选结束已3个月，但因来自荷语、法语区的政治人物间缺乏互信，联合政府仍无法组成，越来越多的人主张应考虑将国家分裂为二。代表极端组织的示威者在比利时各地示威，要求国家分裂。而据最近民调显示，43%的荷语区民众赞成"分家"，法语区民众也有五分之一支持此观点。比利时的《晚报》9月10日竟然详细介绍捷克和斯洛伐克"和平分裂"的经验，指比利时或可参考。见《比利时陷入国家分裂危机国会瘫痪》，(中新网2007年9月12日报道)，载新浪网：http://news.sina.com.cn/w/2007－09－12/091313873048.shtml，2007年9月28日查询。

背景之下,少数大语言在欧盟机构多语机制中将发挥更大作用,并可能逐渐获得成员国及公民一定程度的认可,其中最常用者甚至有可能逐渐成为欧盟范围内实际使用的通用语言。这既是对欧盟官方语言平等政策的挑战,同时也反映出成员国及其公民对欧盟集体认同的增强。

在欧盟之前,欧洲绝大部分资本主义国家在推行通用语的过程中,其语言政策在主观层面忽视甚至剥夺了少数民族的语言权利。而欧盟则试图在尊重各成员国语言多样性的前提下,通过外语学习多元化来实现多种通用语。两者有此重大差别,根本原因是其政体决定的。欧盟虽在一体化过程中具备了一定的超国家性,甚至具备了某些国家建设的特征,但并不是传统意义上的主权国家,因而语言政策依然是各成员国的内政,因而欧盟不可能采取以往资本主义国家的语言同化政策来追求语言统一。产生这一差别的另一原因是当代民族语言观的变化——尊重民族语言、维护少数民族语言权利已经成为当今世界大部分国家普遍接受的民族语言观。

8.2 本研究的理论价值、实践价值及创新之处

8.2.1 理论价值及创新

传统的语言政策研究,其政策制定及实施主体是主权国家。而欧盟作为当今世界一体化程度最高的超国家组织,其政体特征介于主权国家与一般国家组织之间。目前尚未见到有研究将欧盟语言政策分析与欧盟这一特殊共同体所具有的超国家特性有机地结合起来,从增强欧盟集体认同的角度系统、深入地分析欧盟这一特殊人类共同体的语言政策。因此,本研究在研究方法与研究内容上都有一定创新,丰富了语言政策研究理论。

8.2.2 实践价值及创新

① 本研究从增强集体认同的视角,系统分析了欧盟语言政策的主要方面,包括欧盟语言地位规划及其实施(亦即共同体机构的平等语言政策及其具体实践)、欧盟少数民族语言保护政策、欧盟东扩过程对候选国少数民族语言政策的影响以及欧盟语言教育政策的演变及其对成员国语

教育的影响。本研究在借鉴了现有研究成果的基础上,分析了大量第一手资料,填补了若干研究空白(如对欧盟官方语言平等政策面临挑战的分析)并对前人的研究结论有所修正(如关于欧盟东扩对候选国少数民族语言政策的影响等等)。本研究试图揭示欧盟语言政策的演变趋势,以及这一演变背后的历史事实,有助于更加客观而全面地认识欧盟在建设语言和谐方面的诸多努力以及语言政策在增强欧洲集体认同方面的作用。

② 欧盟语言政策的目标,是在坚持机构多语服务的同时,通过其"母语+两门外语"的语言教育政策提高公民多语能力,努力消除语言障碍,促进各成员国公民之间的跨国流动,为其个人事业发展及生活创造更为有利的条件,同时使公民更为深刻而真实地感受到欧盟的存在,以增进对欧盟的集体认同。而对于一个多民族主权国家来说,增强各民族,尤其是少数民族的国家认同对于国家的稳定和发展具有十分重大的意义。例如在我国特定民族自治区域,如新疆维吾尔自治区,在一千多万少数民族人口中,尚未掌握或根本不懂汉语言文字的少数民族人数约占70%,双语人,特别是熟练掌握汉语的双语人比例很低。4个主要的少数民族:维吾尔族、哈萨克族、柯尔克孜族和蒙古族80%以上人口生活在交通较为闭塞、文化教育相对滞后的农牧区,主要使用本民族语言文字。①西藏也存在类似情况:1990年,西藏市镇相对双语人口数仅占藏族总人口数的13.2%,而1998年为15.3%。这说明,在这期间,在整个西藏藏族人口中,藏族的单语人口始终高于83%,②汉语普通话推广缓慢。而另一方面,在新疆和西藏生活的汉族公民当中能够使用少数民族语言的比例又很低。以新疆为例,在城市里生活的汉族公民绝大多数不懂少数民族语言,即使那些在乡镇生活,需要和维吾尔族等少数民族有一定交往的汉族群众,其少数民族语言能力也很差。有学者曾对新疆吐鲁番市吐鲁番艾丁湖乡进行田野调查发现,当地汉族群众中,只有12.3%的男性和2.3%的女性可以

---

① 课题组编.《中国语言生活状况报告:2005》.北京:商务印书馆,2006年,第194页。
② 市镇相对双语人口数指在统计双语人口时,将市镇全部人口都看成是说双语的人口。由于这些人口实际上还包括了市镇人口中的学龄前儿童、文盲和不会汉语的老人,因此从1990年至1998年,西藏的市镇相对双语人口还达不到藏族总人口的15%。周炜,《西藏的语言与社会》,北京:中国藏学出版社,2003年,第438页。

说一点维吾尔语。①上述语言障碍不利于不同民族之间的相互交流,不利于建设和谐的民族关系。虽然欧盟并不是一个主权国家,但其在语言政策方面的某些思路和举措仍然具有一定的借鉴意义。

8.3 研究局限及进一步研究的问题

本书试图揭示欧盟这一超国家组织语言政策的历史演变及其在增强集体认同中的作用。本研究以社会语言学为核心,涉及政治学、民族学等学科,属跨学科研究。由于本书作者在政治学、民族学领域相关知识的局限性,有关分析可能不够深入。这是本研究的局限性之一。

局限性之二:本书在分析欧盟语言教育政策对成员国语言教育的影响时(见第7章),主要以共同体相关机构对于不同时期各成员国中学生生均学习外语门数及若干大语言作为常用外语教学语种的相关统计结果作为分析依据。但事实上,考察欧盟语言教育政策对成员国语言教育的影响,中学后外语教学,以及成员国有关外语教育的立法研究,亦应包含在研究范围之内。但由于获取材料的局限性,本研究未对这些内容进行分析。类似局限在一定程度上也存在于本书对欧盟少数民族语言保护政策及欧盟东扩过程对候选国少数民族语言政策的影响的分析。

进一步研究的问题:

本研究以社会语言学为核心,以语言政策为研究对象,涉及政治学及民族学。进一步研究的问题包括以下方面内容:

① 与本课题内容直接相关的研究。包括:共同体机构语言政策的调整及相关举措;各成员国语言政策,包括外语教育政策的调整及不同成员国之间的对比分析;各成员国外语教育现状分析及对比研究;共同体与成员国在语言政策方面的协调;成员国公民外语能力的评估等等。

② 与本课题间接相关的研究。包括:国家认同与民族语言政策关系研究,民族语言与多民族国家文化认同关系研究。研究的对象可包括历史研究、现实研究,等等。

---

① 李建新. 新疆维汉关系的调查研究.《西北民族研究》,1996年第1期,第227页。

附　录

I　本书参阅的欧盟主要机构部分相关文件

A. 基础条约

《罗马条约》(即《建立欧洲经济共同体条约》)(1957)
Treaty of Rome, also as Treaty Establishing the European Economic Community
《布鲁塞尔条约》(1965)
Merger Treaty
《欧洲单一法令》(1987)
Single European Act (SEA)
《欧洲联盟条约》(即《马斯特里赫特条约》)(1992)
Treaty on European Union, also as the Maastricht Treaty
《阿姆斯特丹条约》(1997)
Treaty of Amsterdam
《尼斯条约》(2001)
Treaty of Nice
《欧盟宪法条约》(2004)
Treaty Establishing a Constitution for Europe
《欧洲联盟基本人权宪章》(2004)
Charter of Fundamental Rights of the European Union
《里斯本条约》(2007)
Treaty of Lisbon

B. 条例、决定、决议、公告、报告等

1. 欧盟委员会(*European Commission*)

说明:也包括欧盟委员会通过招标或委托相关机构编写的调查报告及其他文件
《教育及培训白皮书》(1995)
White Paper on Education and Training
《达·芬奇行动第一阶段(1995—1999)实施评估报告
Final Report from the Commission, on the Implementation of the First Phase of the

Community Action Programme Leonardo da Vinci (1995—1999)

《促进语言学习与语言多样性的咨询报告》(2002)
Promoting Language Learning and Linguistic Diversity—Consultation

《2004—2006年度促进语言学习及语言多样性行动计划》(2003)
Promoting Language Learning and Linguistic Diversity: An Action Plan 2004—2006

《区域性及少数民族语言工作(1998—2002)评估报告》(2004)
Ex-Post Evaluation of Activities in the Field of Regional and Minority Languages 1998—2002—Final Report

《促进多语使用的新战略框架》(2005)
A New Framework Strategy for Multilingualism

《关于成立多语使用高级专家小组的决定》(2006)
Commission Decision of 20 September 2006 setting up the High Level Group on Multilingualism

《"2004—2006年度促进语言学习及语言多样性行动计划"实施评估报告》(2007)
Report on the implementation of the Action Plan "Promoting language learning and linguistic diversity"

《欧洲语言能力指标测试框架设计》(2007)
Framework for the European Survey on Language Competence

《推进多语使用的政治进程》(2007)
A Political Agenda for Multilingualism

《多语使用高级专家小组研究报告》(2007)
Commission of the European Communities High Level Group on Multilingualism: Final Report

《多语与商业论坛专家小组的研究报告》(2008)
Recommendations from the Business Forum for Multilingualism established by the European Commission

《多语社会:欧洲的财富与共同的责任》(2008)
Multilingualism: An Asset for Europe and a Shared Commitment

《关于"多语社会:欧洲的财富与共同的责任"的工作文件》(2008)
Commission Staff Working Document Accompanying Documentto: The Multilingualism: An Asset for Europe and a Shared Commitment

《里斯本战略:教育与培训进展评估》(2008)

Progress towards the Lisbon Objectives in Education and Training

《欧洲晴雨表特别调查:欧洲人及其语言》(2001)

Europeans and Languages (Eurobarometer 54 Special)

《欧洲晴雨表特别调查:欧洲人及其语言》(2006)

Europeans and Languages (Special Eurobarometer 243)

《欧洲晴雨表特别调查:欧洲人及其语言》(2012)

Europeans and Languages (Special Eurobarometer 386)

《欧盟中小学外语教育主要数据》(2005)

Key Data on Teaching Languages in Europe

《欧盟中小学外语教育主要数据》(2008)

Key Data on Teaching Languages in Europe

《欧盟中小学外语教育主要数据》(2012)

Key Data on Teaching Languages in Europe

《欧盟联盟外语教育多样性报告》(2007)

The Diversity of Language Teaching in the European Union Final Report

《欧洲联盟中学高年级生均学习外语分析》(2009)

Foreign Languages Learnt per Pupil in Upper Secondary Education

《1998年爱沙尼亚入盟进展评估报告》

1998 Regular Report From the Commission On Estonia's Progress Towards Accession

《1999年爱沙尼亚入盟进展评估报告》

1999 Regular Report From the Commission On Estonia's Progress Towards Accession

《2000年爱沙尼亚入盟进展评估报告》

2000 Regular Report From the Commission On Estonia's Progress Towards Accession

《2001年爱沙尼亚入盟进展评估报告》

2001 Regular Report From the Commission On Estonia's Progress Towards Accession

《2002年爱沙尼亚入盟进展评估报告》

2002 Regular Report From the Commission On Estonia's Progress Towards Accession

《2003拉脱维亚入盟进展评估报告》

2003 Regular Report From the Commission On Latvia's Progress Towards Accession

《爱沙尼亚入盟进展综合评估报告》(2003)

Comprehensive Monitoring Report on Estonia's Preparations for Membership

《拉脱维亚入盟进展综合评估报告》(2003)

Comprehensive Monitoring Report on Latvia's Preparations for Membership

2. 欧盟理事会 (Council of European Union)

《欧洲经济共同体语言使用条例》(1958)

Regulation No. 1 Determining the Languages to beused by the European Economic Community

《关于在联盟教育体系提升外语教育及推进外语教育多样性的决议》(1995)

Council Resolution of 31 March 1995 on Improving and Diversifying Language Learning and Teaching within the Education Systems of the European Union

《关于从低年龄开始学习联盟语言的决议》(1997)

Council Resolution of 16 December 1997 on the Early Teaching of European Union Languages

《关于在2001年开展欧洲语言年的决定》(2000)

Decision No 1934/2000/Ecof The European Parliament And of The Council Of 17 July 2000 on The European Year of Languages 2001

《关于在落实2001年欧洲语言年目标框架下促进语言多样性和语言学习的决议》(2002)

Council Resolution of 14 February 2002 on the Promotion of Linguistic Diversity and Language Learning in the Framework of the Implementation of the Objectives of the European Year of Languages 2001

《巴塞罗那欧盟首脑会议决议》(2002)

Presidency Conclusion, Barcelona European Council 15 and 16 March 2002

《关于欧洲语言能力测试指标的决议》(2006)

Council Resolution of 18 May 2006 on the European Indicator of Language Competence

《欧盟内部市场服务条例》(2006)

Directive 2006/123/EC of the European Parliament and of the Council of 12 December 2006 on Services in the Internal Market,

《关于联盟多语战略的决议》(2008)

Council Resolution on a European Strategy for Multilingualism

3. 欧洲议会 (European Parliament)

《关于地区性语言与文化以及少数民族权利共同体宪章的决议》(1981)

Resolution on a Community Charter of Regional Languages and Cultures and on a Charter of Rights of Ethnic Minorities.

《关于促进少数民族语言与文化的决议》(1983)
Resolution on Measures in Favor of Minority Languages and Cultures.
《关于共同体内地区性及少数民族语言与文化的决议》(1987)
Resolution on the Languages and Cultures of Regional and Ethnic Minorities in the European Community
《关于欧共体内语言与文化少数民族的决议》(1994)
Resolution of the European Parliament on the Linguistic and Cultural Minorities in the European Community
《关于欧洲审计院就委员会、议会以及理事会翻译费用报告的工作报告》(2006)
Working Document on Special Report No 9/2006 of the European Court of Auditors Concerning Translation Expenditure Incurred by the Commission, the Parliament and the Council

4. 欧盟监察员（*European Ombudsman*）

《欧盟监察员1998年年度工作报告》(1999)
The European Ombudsman Annual Report For 1998
《欧盟监察员2002年年度工作报告》(2003)
The European Ombudsman Annual Report For 2002
《欧盟监察员2005年年度工作报告》(2006)
The European Ombudsman Annual Report For 2005
《欧盟监察员2006年年度工作报告》(2007)
The European Ombudsman Annual Report For 2006

5. 欧洲法院（*Court of Justice of the European Communities*）

《判例概要：案件C-361/01P, Christina Kik 起诉内部市场和谐局》(2003)
Summary of the Judgment, Case, v Office for Harmonization in the Internal Market (Trade Marks and Designs)

II 本书参阅的其他国际组织部分相关文件

A. 欧洲委员会(*Council of Europe*)

《欧洲地区性语言或少数民族语言宪章》(1992)
The European Charter for Regional or Minority Languages
《欧洲语言共同参考框架》(2001)

Common European Framework for Languages
《"欧洲地区性语言或少数民族语言宪章"实施评估报告》(2005)
Doc. 10659 Application of the European Charter for Regional or Minority Languages

B. 欧洲安全与合作组织(Organization for Security and Co-operation in Europe)

《欧洲安全与合作组织1993年年度报告》
Annual Report 1993 On Csce Activities
《欧洲安全与合作组织1994年年度报告》
Annual Report 1994 On Csce Activities

C. 联合国教科文组织(United Nations Educational, Scientific and Cultural Organization, UNESCO)

《世界文化多样性宣言及行动计划》(2001年)
Universal Declaration on Cultural Diversity
《保护非物质文化遗产公约》(2003年)
Convention for the Safeguarding of Intangible Cultural Heritage
《语言活力与语言濒危报告》(2003)
Language Vitality and Endangerment
《普及网络空间及促进并使用多种语言的建议书》(2003)
Recommendation concerning the Promotion and Use of Multilingualism and Universal Access to Cyberspace
《保护和促进文化表现形式多样性公约》(2005)
Convention on the Protection and Promotion of Diversity of Cultural Expression

III 本书主要参阅的相关网站

欧盟官方(European Union)网站
http://europa.eu/index_en.htm
欧洲新闻(Euronews)网站
http://www.euronews.net
欧洲委员会(Council of Europe)官方网站

http://conventions.coe.int/

欧洲少数民族研究中心(*European Center for Minority Issues*,ECMI)官方网站

http://www.ecmi.de

欧洲少数语言局(*the European Bureau for Lesser Used Languages*,(EBLUL)官方网站

http://www.eblul.org

欧洲报道(*European Report*)官方网站

http://www.accessmylibrary.com/archive/5549-european-report.html

联合国教科文组织(*United Nations Educational, Scientific and Cultural Organization*)官方网站

http://www.unesco.org/new/en/unesco/

欧洲安全与合作组织(*Organization for Security and Co-operation in Europe*)官方网站

http://www.osce.org/

纽约时报(*New York Times*)网站

http://www.nytimes.com

参考文献

[1] Ammon, Ulrich. Language Conflicts in the European Union[J]. *International Journal of Applied Linguistics*, Vol. 16, No. 3, 2006.

[2] Anderson, Benedict. Imagined Communities[M]. London: Verso Editions and NLB, 1983.

[3] Anderson, Stephanie & Seitz, Thomas R. European Security and Defense Policy Demystified: Nation-Building and Identity in the European Union[J]. *Armed Forces & Society*, Vol. 33, Number 1, October 2006.

[4] Bambgbose, Ayo. Language and the Nation: The Language Question in Sub-Saharan Africa[M]. Edinburgh: Edinburgh University Press, 1991.

[5] Barnett, Clive. Culture, Policy, and Subsidiarity in the European Union: From Symbolic Identity to the Governmentalization of Culture[J]. *Political Geography* Vol. 20, 2001.

[6] Bartha, Csilla & Borbely, Anna. Dimensions of Linguistic Otherness: Prospects of Minority Language Maintenance In Hungary[J]. *Language Policy*, Vol. 5, 2005.

[7] Benjamins, John. Language and Nation: The Concept of Linguistic Identity in History of English[J]. *English World Wide*, Vol. 18, 1997.

[8] Bilaniuk, Laada. Contested Tongues: Language Politics and Cultural Correction in Ukraine[M]. New York: Cornell University Press, 2005.

[9] Blanke, Richard. Prussian Poland in the German Empire. East European Monographs [M]. No. LXXXVI, 1981.

[10] Bogaards, Matthijs & Crepaz, Markus M. L. Consociational Interpretations of the European Union[J]. *European Union Politics*, Vol. 3, 2002.

[11] Bruter, Michael. The Impact of News and Symbols on Civic and Cultural European Identity[J]. *Comparative Political Studies*, December, 2003.

[12] Burgess, Michael. Territoriality and Federalism in EU Governance[A], in State

Territoriality and European Integration[C]. Michael Burgess & Hans Vollaard (eds). Loodon:Routledge,2006.

[13] Caviedes, Axexander. The Role of Language in Nation-Building within the European Union[J]. *Dialectical Anthropology*, Vol. 27, 2003.

[14] Citrin, Jack & Lerman, Amy& Murakami, Michael. Testing Huntington: Is Hispanic Immigration a Threat to American Identity? [J] *Perspectives on Politics*, March 2007, Vol. 5, No. 1.

[15] Connolly, William. Identity/ Difference: Democratic Negotiations of Political Paradox. Ithaca[M]. N. Y. : Cornell University Press,1991.

[16] Connor, Walker. The National Question in Marxist-Leninist Theory and Strategy [M]. New Jersey:Princeton University Press,1984.

[17] Coulmas, Florian. A Language Policy for the European Community[C]. Florian Coulmas(ed.). Berlin:Berlin Walter de Gruyter & Co, 1991.

[18] Craen, Piet van de. What, if Anything, Is a Belgian[J]. *Yale French Studies*, No. 102, Belgian Memories, 2002.

[19] Craith, Mairead Nic. Europe and the Politics of Language: Citizens, Migrants and Outsiders[M]. Palgrave: Macmillan,2006.

[20] Cronin, Michael. Currencies of Exchange: Literature and the Future of European Language Diversity[J]. *Futures*, Vol. 38, 2006.

[21] Deutch, Karl W. Nationalism and Social Communication: An Enquiry into the Foundation of Nationality[M]. Cambridge:M. I. T. Press,1953.

[22] Deutsch, Karl W. International Affairs: The Trend of European Nationalism—The Language Aspect[J]. *The American Political Review*, Vol. 36, No. 3, Jun. 1945.

[23] Dorussen, Han. European Integration, Intergovernmental Bargaining, and Convergence of Party Programmes[J]. *European Union Politics*, Vol. 7, No. 2, 2006.

[24] Entzinger, Han. Changing the Rules While the Game is on: From Multilingualism to Assimilation in the Netherlands[A]. In Migration, Citizenship and Ethnos[C], Y. Michael Bodemann & Gokce Yurdakul(eds.). New York: Palgrave Macmillian,2006.

[25] Erikson, Erik. Children and Society[M]. NewYork: Norton, 1963.

[26] Fichte, Johann Gottlieb. Address to the German Nation[C]. R. F. Jones & G. H. Turnbull (trans.). George A. Kelly(ed.)., New York: Harper Torch

books,1968.

[27] Friese,Heidrun. & Wagner,Peter. European Political Modernity[A]. in The Shape of New Europe[C]. Ralf Rogowski & Charles Turner (eds.). New York:Oxford University Press,2006.

[28] Gelderen Elly Van. A History of English Language[M]. Amsterdam:John Benjamin Publishing Company,2006.

[29] Greech,Richard. Law and Language in the European Union: The Paradox of a Babel "United in Diversity" [M]. Europa Law Publishing,2005.

[30] Grin, Francois. Support for Minority Languages in Europe[M]. European Bureau for Lesser Used Languages, 2002.

[31] Hall,Stuart. Who Needs Identity ? [A] in Stuart Hall(ed.). Questions of Cultural Identity[C]. London : Sage,1996.

[32] Hansen,Peo. European Integration, European Identity and the Colonial Connection [J]. *European Journal of Social Theory*, Vol.5,No.4, 2002.

[33] Hornberger,Nancy H. Frameworks and Models in Language Policy and Planning [A],In An Introduction to Language Policy: Theory and Practice[C]. Ricento T (ed.). New Jersey:Blackwell Publishing Ltd. 2006.

[34] Hornberger, Nancy H. Multilingual Language Policies and The Continua of Biliteracy: An Ecological Approach[J]. *Language Policy*, Vol.1,2002.

[35] Johns, Michael. "'Do as I Say, Not as I Do': The European Union, Eastern Europe and Minority Rights" [J]. *East European Politics and Societies*, Vol. 17,2003.

[36] Joseph,John Ernest. Language and Identity[M]. London:Palgrave Macmillian,2004.

[37] Kangas, Tove Skutnabb & Phillipson,Robert. Language in Human Rights[J]. *International Communication Gazette*,Vol. 60,No.1,1998.

[38] Kim,Young Yun. Intercultural Personhood: Globalization and a Way of Being [J]. *International Journal of Intercultural Relations*, Vol.32,2008.

[39] Kymlicka, Will & Grin, Francois (eds.). Nation-building,Ethnicity and Language Politics in Transition Countries[C]. Local Government and Public Service Reform Initiative,2003.

[40] Kymlicka, Will & Grin,Francois. Assessing the Politics of Diversity in Transition Countries[A]. in Will Kymlicka & Francois Grin (eds.). Nation-building,Ethnicity

and Language Politics in Transition Countries[C]. Local Government and Public Service Reform Initiative,2003.

[41] Lutz, Wolfgang & Kritzinger, Sylvia. The Demography of Growing European Identity[J]. *Science*, Vol. 314. 20 October,2006.

[42] Maas, Willem. Creating European Citizens[M]. Maryland: Rowan and Littlefield Publishers,Inc. 2007.

[43] Maatsch, Sonke. The Struggle to Control Meaning: The Fench Debate on the European Constitution in the Mass Media[J]. *Perspective on European Politics and Society*,Vol. 8,No. 3. 2007 .

[44] Machill,Marcel. Background to French Language Policy and Its Impact on the Media[J]. *European Journal of Communication*, Vol. 12,1997.

[45] Mahant,Edelgard. Foreign policy and European identity[J]. *History of European Ideas*,Volume 21,Issue 4,July 1995.

[46] Mamadouh,Virginie. Beyond Nationalism: Three Visions of the European Union and Their Implication for the Linguistic Regime of Its Institutions[J]. *GeoJournal*, Vol. 48,1999.

[47] McArthur,Tom. World Englishes,Euro-Englishes,Nordic English? [J]*English Today*,73,Vol. 19,No. 1, January 2003.

[48] McGrath, Alister. The Story of King James Bible, and How It Changed a Nation, a Language and a Culture[M]. London: Hodder & Stoughton,2001.

[49] Mclaren, Lauren M. Identity, Interests and Attitudes to European Integration [M]. London: Plagrave Macmillian,2005.

[50] Müller-Merbach, Heiner. The Cultural Roots Linking Europe[J]. *European Journal of Operational Research*,Volume 140,Issue 2,July 2002.

[51] Murchu, O. M. The Irish Language[A]. in Glanville Price (ed.). The Celtic Connection[C]. Buckinghamshire: Princess Grace Irish Library,1992.

[52] Ostrower, Alexander. Language, Law and Diplomacy[M]. Pennsylvania: University of Pennsylvania Press,1965.

[53] Ozment, Steven. A Might Fortress: A New History of German People[M]. New York: Harper-Collins,2004.

[54] Ozolins,Uldis. The Impact of European Accession upon Language Policy in the Baltic States[J]. *Language Policy*, Vol. 2,2003.

[55] Paulston, Christina Bratt. Language Policies and Language Rights[J]. *Annual Review of Anthropology*, Vol. 26. 1997.

[56] Petre, Thorlac Turville. England and the Nation: Language, Literature and National Identity 1290—1340[M]. Oxford: Clarendon Press, 1996.

[57] Phillipson, Robert. English only Europe? Challenging Language Policy[M]. London: Routledge, 2003.

[58] Phillipson, Robert. Linguistic Imperialism[M]. New York: Oxford University Press, 1992.

[59] Tollefson, James W. Language and Languages—Study and Teaching-Social Aspects [M]. Cambridge: Cambridge University Press, 1995.

[60] Porter, David. A History of France, 1460—1560: The Emergence of a Nation State[M]. New York: St. Martin's Press, 1995.

[61] Riagian, Padraig O. Language Policy and Social Reproduction: Ireland 1893—1993[M]. New York: Oxford University Press, 1997.

[62] Rietbebergen, Peter. Europe: A Cultural History[M]. Cambridge: Cambridge University Press, 1998.

[63] Rumford, Chris. The European Union: A Political Sociology[M]. New Jersey: Blackwell Publishing, 2002.

[64] Sassatelli, Monica. Imagined Europe The Shaping of a European Cultural Identity through EU Cultural Policy[J]. *European Journal of Social Theory*, Vol. 5, 2002.

[65] Schildkraut, Deborah J. Official-English and the States: Influences on Declaring English the Official Language in the United States[J]. *Political Research Quarterly*, Vol. 54, No. 2, June 2001.

[66] Schlesinger, Arthur. The Disuniting of America[M]. New York: W. W. Norton & Company, 1991.

[67] Shelly, Sharon L. The Dilemma for French Language Policy in the 21st Century [J]. *Language & Communication*, Vol. 19, 1999.

[68] Shuibhne, Niamh Nic. EC Law and Minority Language Policy[M]. Netherlands: Kluwer Law International, 2002.

[69] Sidjanski, Dusan. The Federal Future of Europe: From European Community to Europen Union[M]. Ann Harbor: The University of Michigan Press, 2000.

[70] Skutnabb-Kangasy, Tove & Phillipson, Robert. Linguistic Human Rights: Past

and Present [A], in *Linguistic Human Rights: Overcoming Linguistic Discrimination*[C]. Tove Skutnabb-Kangasy & Robert Phillipson (eds.). Berlin: Mouton de Gruyter.

[71] Trifunovska, Snezana. *European Minorities and Languages*[M]. The Hague: T. M. C. Asser Press, 2001.

[72] Van Der Bly, Martha C. E. Globalization and the Rise of One Heterogeneous World Culture: A Microperspective of a Global Village [J]. *International Journal of Comparative Sociology*, Vol. 48, 2007.

[73] Varennes, Fernand De. *Language, Minorities and Human Rights*[M]. The Hague: Martinus Nijhoef Publishers, 1996.

[74] Walter, Stephen L. & Ringenberg, Kay R. Language Policy, Literacy, and Minority Languages[J]. *Policy Studies Reviews*, Vol. 13, No. 3, Issue 4, Autumn/winter 1994.

[75] Waterman, John T. *A History of German Language*[M]. Seattle: University of Washington Press, 1966.

[76] Watson, Keith. Language, Education and Ethnicity: Whose Rights will Prevail in an Age of Globalization? [J] *International Journal of Educational Development*, Vol. 27, 2007.

[77] Weiler, Joseph H. H. On the Power of the Word: Europe's Constitutional Iconography[A]. In *The EU Constitution, the Best Way Forward?* [C] Deirdre Curtin, Alfred E. Kellnermann & Steven Blockmans(eds.). The Hague: T. M. C. Asser Press, 2004.

[78] Witte, Bruno De. The Impact of European Community Rules on Linguistic Policies of the Member States[A]. in *A Language Policy for the European Community*[C]. Florian Coulmas(ed.). New York: Mouton de Gruyter, 1991.

[79] Wright, Sue. The Right to Speak One'S Own Language: Reflections on Theory and Practice[J]. *Language Policy*, Vol. 6, 2007.

[80] Wright, Sue. *Language Policy and Language Planning: From Nationalism to Globalisation*[M]. London: Palgrave Macmillan, 2004.

[81] [德]贝垭特,科勒 & 康策尔曼,托马斯. 欧洲一体化与欧盟治理[M]. 北京:中国社会科学出版社, 2004年.

[82] 曹慧. 法国公投否决"欧盟宪法条约"的文化分析[J]. 法国研究, 2007年第

1 期.

[83] 曹廷军. 语言即人,人即语言——反思英语全球化与弱势民族语言文化的丧失[J]. 外语学刊,2007 年第 5 期.

[84] 曹锡龙,未来世界格局——西方的预测[M]. 北京:世界知识出版社,1992 年.

[85] 陈春常. 欧洲一体化进程中的文化多样性[J]. 国际观察,2003 年第 1 期.

[86] 范俊军. 少数民族语言危机与语言人权问题[J]. 贵州民族研究,2006 年第 2 期.

[87] 傅荣,王克非. 欧盟语言多元化政策及相关外语教育政策分析[J]. 外语教学与研究,2008 年第 1 期.

[88] 傅荣. 论欧洲联盟的语言多元化政策[J]. 四川外语学院学报,2003 年第 3 期.

[89] 葛壮. 前南斯拉夫的崩解及其警示[J]. 世界经济研究,2003 年第 5 期.

[90] 顾海良. 斯大林社会主义思想研究[J]. 北京:中国人民大学出版社,2008 年 9 月.

[91] 汉斯-尤根,扎赫卡. 闫淑凤翻译. 欧盟事务手册[M].北京:国家行政学院出版社,2006 年.

[92] 赫蒂根,马迪亚斯. 张恩民翻译. 欧洲法[M]. 北京:法律出版社,2003 年.

[93] [美]亨廷顿,塞缪尔. 程克雄翻译. 我们是谁——美国国家特性面临的挑战[M]. 北京:新华出版社,2005 年.

[94] 胡显章. 全球化背景下的文化多样性与文化自觉[J]. 清华大学学报(哲学社会科学版),2007 年第 3 期.

[95] 金炳镐. 民族理论通论[M]. 北京:中央民族大学出版社,1994.

[96] [法]拉哈,法布里斯. 彭姝祎翻译. 欧洲一体化史(1945—2004)[M]. 北京:中国社会科学出版社,2005 年.

[97] 李春华. 文化民族主义:原初形态与全球化语境下的解读[J]. 当代世界与社会主义,2004 年第 5 期.

[98] 李建新. 新疆维汉关系的调查研究[J]. 西北民族研究,1996 年第 1 期.

[99] 李锦芳. 中国濒危语言研究及保护策略[J]. 中央民族大学学报(哲学社会科学版),2005 年第 3 期.

[100] 李敬忠. 语言演变论[M]. 广州:广州出版社,1994 年.

[101] 李林杰,李劲松. 论"主体民族"观念的现代转换[J]. 黑龙江民族丛刊,2006 年第 5 期.

[102] 李明明. 试析欧洲认同与民族认同的关系[J]. 欧洲研究,2005 年第 3 期.

[103] 李明明. 试析一体化进程中的欧洲认同[J]. 现代国际关系,2003 年第 7 期.
[104] 李振宏. 新中国成立 60 年来的民族定义研究[J]. 民族研究,2009 年第 5 期.
[105] 刘光华等. 运行在国家与超国家之间——欧盟的立法制度[M]. 南昌:江西高校出版社,2006 年.
[106] 刘建伟. 中国生态问题与生态治理理念研究(博士论文),西安交通大学 2009 年.
[107] 刘思华,方时姣,刘江宜. 经济与环境全球化融合发展问题探讨[J]. 陕西师范大学学报(哲学社会科学版),2005 年第 2 期.
[108] 刘文秀,汪曙申. 欧洲联盟多层治理的理论与实践[J]. 中国人民大学学报, 2005 年第 4 期.
[109] 刘文秀. 界定欧盟政体性质的几个因素[J]. 欧洲研究,2004 年第 1 期.
[110] 刘雪莲. 全球化背景下国家中心地位的变迁[J]. 社会科学战线,2007 年第 5 期.
[111] 罗尔斯,约翰. 政治自由主义[M]. 南京:译林出版社,2000 年.
[112] 马戎. 民族社会学[M]. 北京:北京大学出版社,2004 年.
[113] 马戎. 全球化与民族关系研究[J]. 西北民族研究,2007 年第 4 期.
[114] 马戎. 试论"族群"意识[J]. 西北民族研究. 2003 年第 3 期.
[115] 马胜利. 欧盟公民权与欧洲认同[J]. 欧洲研究,2008 年第 1 期.
[116] 马胜利. 欧洲一体化的重要任务—文化欧洲建设[J]. 德国研究,1997 年第 3 期.
[117] [意]梅吉奥妮,玛丽娅·格拉齐娅(意大利). 欧洲统一 贤哲之梦——欧洲统一思想史[M]. 陈宝顺,沈亦缘翻译. 世界知识出版社,2004 年.
[118] 穆立立. 欧洲民族概论[M]. 中国社会科学出版社,1998 年.
[119] 欧洲委员会文化合作教育委员会编写. 刘骏,傅荣主译. 欧洲语言共同框架:学习、教学、评估[M]. 外语教学与研究出版社,2008 年.
[120] [荷]佩克曼斯,雅克. 吴弦,陈新翻译. 欧洲一体化——方法与经济分析[M]. 北京:中国社会科学出版社,2006 年.
[121] 钱雪梅. 文化民族主义刍论[J]. 世界民族,2000 年第 4 期.
[122] 钱雪梅. 文化民族主义的理论定位初探[J]. 世界民族,2003 年第 1 期.
[123] 秦志希,刘建明. 论欧洲电视跨文化传播与欧洲一体化[J]. 欧洲研究,2003 年第 4 期.
[124] [英]史密斯,安东尼. 龚维斌,良警宇翻译. 全球化时代的民族与民族主义

[M]. 北京:中央编译出版社,2002 年.

[125] 苏联科学院. 苏联民族国家建设史(上册)[M]. 商务印书馆,北京:1997 年.

[126] 田德文. 欧盟社会政策与欧洲一体化[M]. 社会科学出版社,北京:2005 年.

[127] 王伯荪,王昌伟,彭少麟. 生物多样性刍议[J]. 中山大学学报(自然科学版),2005 年第 6 期.

[128] 王彩波. 欧盟政体与政治[M]. 吉林:吉林大学出版社,2007 年.

[129] 王希恩. 当代西方民族理论的主要渊源[J]. 民族研究,2004 年第 2 期.

[130] 王雅梅,谭晓钟. 从欧元图案透视欧盟文化政策[J]. 社会科学研究,2004 年第 2 期.

[131] 王昱. 论当代欧洲——体化进程中的文化认同问题,兼评欧盟的文化政策及其意向[J]. 国际观察,2000 年第 6 期.

[132] [美]约瑟夫,威勒. 程卫东等翻译. 欧洲宪政[M]. 中国社会科学出版社,2004 年.

[133] [美]温特,亚历山大. 秦亚青翻译. 国际政治的社会理论[M]. 上海:上海人民出版社,2000 年.

[134] 伍慧萍. 德国的欧盟语言政策:从边缘化到重视[J]. 德国研究,2003 年第 2 期.

[135] 夏建平. 认同与国际合作[M]. 北京:世界知识出版社,2006 年.

[136] 谢军瑞. 欧洲联盟的多官方语言制度[J]. 欧洲研究,2001 年第 1 期.

[137] 熊亮. 驳超国家组织论—兼论欧洲联盟的性质[J]. 东南亚纵横,2008 年第 7 期.

[138] 徐大明. 语言变异与变化[M]. 上海:上海教育出版社,2006 年.

[139] 徐世璇. 语言濒危原因探析——兼论语言转用的多种因素[J]. 民族研究,2002 年第 4 期.

[140] 许洁明,李尔平. 断裂与延续——欧洲文化族及其具象初探[J]. 欧洲研究,2005 年第 3 期.

[141] 杨玲. 斯大林的民族理论与民族政策的错位[J]. 当代世界与社会主义,2005 年第 2 期.

[142] 姚勤华. 民族文化的政治功能——认识欧洲一体化的一个视角[J]. 世界民族,2002 年第 3 期.

[143] 詹真荣,熊乐兰. 论列宁关于民族问题的基本观点[J]. 马克思主义研究,2006 年第 12 期.

[144] 张骥,刘中民. 文化与当代国际政治[M]. 北京:人民出版社,2003 年.

[145] 张生祥. 欧盟的文化政策——多样性与同一性的地区统一[M]. 北京:中国社会科学出版社,2008年.

[146] 张生祥. 新认同政治与欧洲认同的逐步形成[J]. 德国研究,2006年第1期.

[147] 张淑娟,黄凤志."文化民族主义"思想根源探析[J]. 世界民族,2006年第6期.

[148] 张旭鹏. 文化认同理论与欧洲一体化[J]. 欧洲研究,2004年第4期.

[149] 赵勇. 欧洲联盟公民权的建构——从1970年代到《马斯特里赫特条约》[J]. 欧洲研究,2005年第3期.

[150] 中国社会科学院民族研究所编 国家发展与语言多样性——国外语言政策与语言规划进程[C]. 北京:语文出版社,2001年.

[151] 中国社会科学院民族研究所编. 国家、民族与语言:语言政策国别研究[C]. 语文出版社,2003年.

[152] 中国社会科学院苏联东欧研究所,国家民族事务委员会政策研究室编译. 苏联民族问题文献选编[C]. 北京:社会科学文献出版社,1987年.

[153] 周弘. 民族建设、国家转型与欧洲一体化[J]. 欧洲研究,2007年第5期.

[154] 周庆生. 魁北克与爱沙尼亚语言立法比较[J]. 外国法译评,1999年第1期.

[155] 周尚文,叶书宗,王斯德. 苏联兴亡史[M]. 上海:上海人民出版社,2002年.

[156] 周炜. 西藏的语言与社会[M]. 北京:中国藏学出版社,2003年.

致　谢

　　本书在博士论文基础上修改而成。2010年5月底,我的论文《集体认同视角下的欧盟语言政策研究》在上海外国语大学通过了博士论文答辩。这里,我要首先感谢恩师、上海外国语大学束定芳教授。若没有先生的悉心指导,博士论文不可能顺利完成。从论文一开始,先生就从研究思路及论证方法等方面给予了很多帮助。在课题研究及论文撰写过程中,从研究方法的改进,到论文结构的调整,先生都提出了具体修改建议。先生的认真严谨、谆谆教诲和耐心指导始终是鼓励我完成博士论文强大的精神力量。

　　感谢上海外国语大学何兆熊教授、梅德明教授、戴炜栋教授和虞建华教授。在我攻读博士学位期间,他们分别讲授了语用学、语言哲学、二语习得及美国文学等课程。这里,我要特别感谢梅德明教授和戴炜栋教授。在讲授课程之余,两位教授还抽出时间专门指导博士班同学的课题研究,使我从中受益匪浅。

　　感谢西安交通大学张思锋教授,他对论文的写作提出了很多宝贵建议。感谢西安交通大学外国语学院各位同事,他们在我读博期间对我的支持与关照使原本几乎难以承受的双重任务——读博和工作——得以完成。

　　感谢中国—欧盟欧洲研究项目以及西安交通大学丝绸之路欧洲研究联合中心的支持,使我得以于2007年5月至10月到荷兰莱顿大学专心从事课题研究,为博士论文的写作奠定了基础。期间,我还前往布鲁塞尔访问了欧盟多语政策部、翻译部等机构,收集了大量宝贵的文献资料。

　　感谢中国社会科学院民族学与人类学研究所的周庆生研究员。2009年12月至2010年5月,我参加了由他主持的国家语委重点项目"中国语言生活状况报告(2009上编)"课题组,负责该书参考篇《欧盟语言政策》研究报告的撰写。在撰写本研究报告过程中,周庆生研究员以及课题组其他专家，包括北京大学陆俭明教授、中央民族大学戴庆厦教授、中国传媒大学陈章太教授、暨南大学郭熙教授等，都对研究报告的撰写思路提出了很多宝贵的建议。这里，我要特别感谢时任教育部语言文字信息管理司司长的李宇明教授，他在参加课题组讨论时针对我的研究报告所提的宝贵建议对我深有启发。

感谢北京大学社会学系马戎教授，他在族群社会学方面的研究给我以深刻启发，我曾与他讨论本研究涉及的相关问题，他对本书的撰写提出了诸多宝贵建议。

感谢上海外国语大学语言研究院赵蓉晖教授、北京大学出版社刘文静编辑在本书出版过程中给予的大力支持，他们的帮助与督促最终促成了本书的出版。我所在工作单位——西安交通大学为本书提供了学术专著出版资助，在此一并表示感谢。

需要说明的是，本书基本框架与博士论文一致，书中大部分内容及文献资料根据近年来欧盟的发展进行了更新及修改。由于本人水平有限，书中疏漏乃至谬误之处恐在所难免，希望读者不吝赐教。